国家社科基金后期资助项目

（批准号22FJYB026）

"双碳"目标下
能源产业数字化：
理论逻辑与协同路径

Digital Energy Transformation under Dual Carbon Targets：
Theoretical Logic and Collaborative Paths

任芳容　著

人民出版社

策划编辑：郑海燕
责任编辑：高　旭
封面设计：胡欣欣
版式设计：姚　菲
责任校对：周晓东

图书在版编目（CIP）数据

"双碳"目标下能源产业数字化 ：理论逻辑与
协同路径 ／ 任芳容著． -- 北京 ： 人民出版社，2025.8.
ISBN 978 - 7 - 01 - 027330 - 3

Ⅰ.F426.2

中国国家版本馆 CIP 数据核字第 20252PP326 号

"双碳"目标下能源产业数字化：理论逻辑与协同路径
SHUANGTAN MUBIAO XIA NENGYUAN CHANYE SHUZIHUA
LILUN LUOJI YU XIETONG LUJING

任芳容　著

人民出版社 出版发行
（100706　北京市东城区隆福寺街 99 号）

中煤（北京）印务有限公司印刷　新华书店经销

2025 年 8 月第 1 版　2025 年 8 月北京第 1 次印刷
开本：710 毫米×1000 毫米 1/16　印张：17.75
字数：314 千字

ISBN 978 - 7 - 01 - 027330 - 3　定价：92.00 元

邮购地址 100706　北京市东城区隆福寺街 99 号
人民东方图书销售中心　电话（010）65250042　65289539

国家社科基金后期资助项目

出版说明

后期资助项目是国家社科基金设立的一类重要项目，旨在鼓励广大社科研究者潜心治学，支持基础研究多出优秀成果。它是经过严格评审，从接近完成的科研成果中遴选立项的。为扩大后期资助项目的影响，更好地推动学术发展，促进成果转化，全国哲学社会科学工作办公室按照"统一设计、统一标识、统一版式、形成系列"的总体要求，组织出版国家社科基金后期资助项目成果。

全国哲学社会科学工作办公室

序　言

2020 年 9 月 22 日,习近平主席在第 75 届联合国大会一般性辩论会上作出我国二氧化碳排放力争于 2030 年前达到峰值、努力争取 2060 年前实现碳中和的重大宣示,即"双碳"目标。这一伟大承诺不仅对我国的产业转型提出了新要求,也为我国的产业升级指出了新方向。面对这一历史机遇,我国诸多重点产业迅速建立起迈向"双碳"目标的准备机制和具体的时间表。中国产业转型升级正式迈入了"双碳"时代。而能源产业作为国民经济的命脉所在,以及碳减排的主战场、主阵地,如何把握绿色低碳发展的时代脉搏,顺应能源变革的潮流和趋势,同时又能立足国情,切实可行地推动产业转型发展,已经成为我国能否高质量实现"双碳"目标的关键。

能源产业的"双碳"轨道有着纷繁复杂的岔道口,每一条岔路也都荆棘密布。作为关乎国计民生的基础性产业,能源产业无论是供给侧还是需求侧,所要应对的问题都极为复杂,通过传统方式已难以避免供需双方在实际需求与最优化利益之间的错配,这为"数字化"的应用提供了新场景、新机遇,同时带来了新挑战。我国能源产业的转型发展仍处于"摸着石头过河"的探索期,战略与路径的选择带有一定的随机性,利益相关方的反应带有一定的试探性,如何协同考量供需双侧的关系与矛盾,打造基于双侧信息沟通的一体化互联互通平台,将成为数字化、智能化在能源产业应用的新趋势。

能源由污染到清洁、由高碳到低碳的变革是一个长期的、融合渐变和突变的过程,涉及多类技术、多种产业和多类不同主体,是一个复杂的系统演化过程。而数据资源作为新型生产要素的充分流通和使用,有助于带动能源网络各环节的互联、互动、互补,提升产业链上下游及行业间协调运行效率,促进能源绿色低碳发展的跨行业协同。因此,推动能源行业数字化转型是大势所趋。

正是在这样的时代趋势和发展要求下,该书作者对能源产业数字化发展的理论逻辑与协同路径进行了系统深入探讨。首先,选取了工业、交通、建筑三个能源需求侧典型产业,油气、煤炭、电力三个能源供给侧传统核心产业,光伏、风电、水电、氢能四个能源供给侧重要清洁产业,通过对这些产业的数字化转型特点与发展现状进行梳理与总结,明确了供需双方实际发展需求与现有发展情况错位的症结所在,指出了当前数字化转型在能源产业应用的优势与短板。其次,借助大数据技术和相关工具,作者对能源企业数字化转型推动主业绩效提升的理论机制进行了研究,构建了理论模型并进行了实证研究,揭示了数字化转型推动能源产业主业绩效提升的机理,有关结论为数字化转型在当今能源产业应用的合理性提供了证据。最后,书中还对当前世界范围内主要经济体的能源产业数字化转型案例进行了研究,深入分析了国内四家头部能源企业的数字化转型实践,并总结出"数字生态创新→产业数字化→数字产业化"梯次演化为主攻方向的能源产业数字化转型的分级衔接协同路径。结合当前的"双碳"目标,书中为能源产业未来数字化转型方向和策略提出了一系列具有针对性的建议。

该书以前瞻的视野和严谨的笔触讨论了"双碳"目标下能源产业数字化转型的供需双侧协同路径,其中的许多观点与我不谋而合。2024年适逢碳达峰碳中和重大宣誓四周年,四年来,绿色发展理念已深入人心,并切实转化为产业的行动。这一转变背后,市场化机制发挥着至关重要的作用。以市场杠杆为工具,以利益驱动为动力,有利于实现碳价值配置均衡化、碳交易主体利益最大化,有利于解决能源领域内的供需失调现象。而数字化作为连接能源市场供需双侧的重要手段,能够打通既有市场环境下难以逾越的鸿沟,串联起供需双侧的实际需求。有关研究发现,数字化应用能够提高企业碳边际减排成本,有力奠定了碳交易市场的形成,从而激励企业更自主降碳。随着我国碳市场的建立和不断完善,市场在资源优化配置中的功能将进一步释放,必然进一步助推能源供需双侧的清洁化与绿色化。

能源产业的数字化转型是应对能源革命、产业转型升级和数字革命深度融合发展趋势的必要措施,是实现碳达峰、碳中和目标的关键。现阶段我国能源产业仍处于数字化转型初期,尚存在一些短板和问题。该书在上述领域开展了积极而有益的探索,我们期待出现更多的优秀成果,助力我国"双碳"目标的顺利实现。

2025 年 4 月于南京

目 录

前　　言

2030 年前完成碳达峰,2060 年完成碳中和的"双碳"目标,需要广阔而深远的经济社会系统性改革,而能源绿色低碳建设就是其中的重点。能源产业作为当前绿色低碳工作的主战场、主阵地,其转型提升也是我国顺利实现"双碳"发展目标的关键途径和必然选择。在实现经济循环流转和产业关联畅通的新发展格局下,以技术赋能、数据驱动为显性特征的数字经济成为时代潮流。让数字化为能源低碳发展战略赋能,让碳中和为能源产业数字化导航,成为"双碳"目标下能源高质量可持续发展的全新使命与重要议题。而"双碳"目标则与能源产业数字化存在以下三个方面的联系:

首先,"双碳"目标对能源产业转型提出了新的要求。能源活动是碳排放的最主要来源,能源产业转型升级也成为我国"双碳"目标实施和路径选择中的关键点。"双碳"目标对我国能源产业转型提出了新的更高要求。一方面,要求能源产业以提升发展质量和经济效益为导向,转变长期以来高投入、高耗能、低效率的粗放型增长模式,真正推动质量变革与效益变革;另一方面,要求能源产业以绿色经济和低碳发展为导向,从能源品类属性、产业链位置、产供储运销环节等全过程、全方位推进减污降碳,积极开发洁净燃料与节能环保产品,助力我国"双碳"目标如期顺利实现。

其次,能源产业数字化是助力中国"双碳"目标达成的根本基础。数字化技术已成为促进碳减排的重要途径。据世界经济论坛的最新调查结果,数字技术有助于在全球范围减少约 15%—18% 的二氧化碳排放量。各国的适应气候策略,如欧洲的《绿色发展新政》、日本的《绿色发展战略》和中国的《2030 年碳达峰行动方案》等,都明确提倡通过数字化技术推动全社会绿色低碳转型发展。而随着工业互联网与数字经济的加快融合,各类前沿信息技术在能源系统中的运用范围不断扩大。数字化技术不仅是能源产业转型升级的必然选择,其在能源领域高质量可持续发展中的重要意义也将越来越突出。一方面,数字化已成为赋能我国能源产业转型发展的主要渠道。传统能源公司经过信息化、数字化、智能化改革,基本实现了业务流程与组织管理的全新再造,大幅提升公司产品服务质量和企业运行效率,从而减少了资源耗费、成本支出和碳排放量;而传统能源产业长期累积的大规模产品、装备、运行等信息资源,则成为企业寻求转型发展和技术创新时的核心资源保障。另一方面,数字化转型也是培育发展能源领域新业态的必然需要。当前能源产业中,除传统的燃煤、燃油等化石能源之外,多能互济、智慧交互的清洁能源技术高速迭代,已成为能源产业最新的发展趋势之一。而随着数字科技在能源产业的开发设计、产品制造、运维管控、能耗监控、风险预警、消费服务等各环节中日渐深入与融合,能源产业正在经受巨大产业变革与深度技术重构,数字化技术已然成为应对新业态发展趋势至关重要的物理基础与科技基石。

最后,能源产业的数字化变革是处理非传统危机的关键手段。随着中国步入新发展格局的崭新阶段,能源产业也面临新一轮的机遇和挑战,体现出新的发展趋势和行业特征。随着"云大物移智链"和新数据通信技术等在能源领域的广泛应用,数据交互规模日益庞大复杂,智能巡查监控装置、无人机、智能表等多元的智能终端接入能源信息系统,对原有安全防护体系与设备造成极大冲击。网络安全和信息安全带来的非传统风险与危机成为能源高质量转型不可回避的重要挑战。通过数字化转型,将有助于协调经济发展和信息安全的双向关系,持续改善我国能源产业的安全效益,增强能源安全风险对抗能力,推动国家智慧能源体系构建与国家安全长久稳定发展。

"双碳"目标下,能源产业数字化转型的迫切性和重要性虽明显提高,但在政策落地和实际推动的过程中,仍存在诸多挑战和更高要求。主要有以下四个方面:

第一,数字化和碳减排有待协同。数字化发展是能源转型升级与节能增效的双重产业需要。绿色低碳和工业数字化的叠加发展已成为能源产业的全新态势。但由于当前数字化与碳减排的交叉结合和互促互济较弱,二者协同发展的方向与路径仍需更加明晰。首先是目标协同,能源产业的数字化发展应以建设绿色低碳、安全有效的现代能源系统为核心,利用数字化技术推动企业"节能减碳"和"降本增效",助力"双碳"目标实现。其次是路径协同,除能源结构转型、工业现代化转型等常规路径外,还应对数字化转型的最新发展态势及节能减碳效果加强关注,切实增强数字技术赋能行业转型发展的实效。最后是政策协同,应将数字化转型发展的相关支持举措纳入"双碳"目标各项配套政策之中,从而更有效地推动能源领域数字化与节能减碳的良性互促与融合发展。

第二,安全是发展的前提。能源产业数字化转型面临来自数字经济本身的安全问题与能源安全问题相叠加的双重挑战。首先,能源产业数字化互联后,无论是能源生产端还是用户端,一旦数据安全没有得到有效保护,其数据隐私尤其是涉及商业秘密、知识产权、关键业务等的敏感数据,将面临在网络中暴露的潜在风险。其次,能源产业是涉及国家安全的重要战略性支柱产业,能源产业数字化必须考虑能源系统的稳定供应与安全保障。

第三,数据孤岛问题是普遍挑战。数据孤岛指由物理原因、逻辑因素等所导致的数据分散现象。数据孤岛导致数据无法集中聚合和开放共享,是各行各业数字化进程中遇到的普遍性难题。同时,由于能源是国家最重要的战略性资源,加之能源产业本身的技术物理属性,信息资源共享困难尤为多样,数据孤岛现象更加凸显。其一,能源产业在数字化发展的进程中,由于数据标准要求不统一、数据服务制度不健全,产生了大量的多源异构数据,给数据的整合兼容和关联分析造成很大障碍。其二,"双碳"目标下能源产业的数字化转型发展,涉及能源产业各个细分行业信息,包括资源与环境、生态建设、节能减排等一系列跨区域和跨部门的数据协同与共享开放,更增加了公开与使用的难度。

第四,商业模式问题是关键制约。目前实践中的我国能源产业数字化,仍然更多侧重于强化传统意义上行业与企业内部信息化管理和数据库建设。在数字经济背景下,能源产业数字化要求从新兴概念的普及逐步转化为商业模式的清晰,从而达到数字化技术与业务形态的相互交融,产生更具有规模的产业新形态。由于能源产业信息化程度的提高和各种监测设备、智能传感器的广泛应用,能源领域已积累与社会经济、环境保护等密切关联的海量数据,能源大数据在诸多领域都具有巨大的应用潜力和空间。但受限于权责归属、盈利方式的清晰性欠缺,产品设计与服务模式的成熟度欠佳等弊端,能源大数据库和服务平台等的商业化潜力和资源价值还远未得以有效发挥。

本书正是顺应能源绿色低碳发展和数字化转型相叠加的新趋势,研究"双碳"目标约束下未来能源产业数字化与高质量发展的理论机制、主要趋势、深层关键问题与实现路径。除前言和总结与展望外,重点围绕四个部分共10个章节展开翔实研究与深入剖析。

第一部分,能源产业数字化时代背景与理论框架研究,具体内容包括第一章至第二章。从"双碳"目标下未来能源的经济、技术与环境出发,深入剖析能源产业数字化新时代的基础、选择与路径,围绕能源孤岛到数字互联系统的能源系统性变革,梳理能源产业数字化与"双碳"目标相关研究脉络,深化对能源产业数字化赋能"双碳"目标实现的认识和把握。依托新发展格局与发展经济学的基本原理和方法论,结合低碳经济学、产业经济学等重要相关理论,界定能源产业数字化的科学内涵及学理基础,构建"双碳"

目标驱动下供需双侧推动能源产业数字化的机制框架,形成能源产业数字化与"双碳"目标有效衔接的知识体系与理论逻辑。

第二部分,能源产业数字化供需双侧协同发展研究,具体内容包括第三章至第五章。通过重点选取工业、交通、建筑三个需求侧用能典型产业,油气、煤炭、电力三个传统能源供给侧核心产业以及光伏、风电、水电、氢能四个清洁能源供给侧重要产业,对供需双侧能源典型核心和重点行业的数字化转型发展水平与现状特征进行梳理,明晰我国供需双侧能源产业数字化在产业堵点、区域平衡和技术迭代等方面存在的关键问题与突出障碍,为设计推动能源产业数字化的供需双侧协同发展路径奠定现实基础和有效支撑。

第三部分,能源企业数字化转型与主业绩效评估实证研究,具体内容包括第六章至第七章。基于大数据识别手段和 Python 语言构建能源企业数字化转型推动主业绩效提升的理论机制和实证模型,论证核心假设——能源企业数字化转型推动主业绩效提升的成立性,并通过分位数检验、延长观测窗口等方法对重要属性特征进行稳健性检验与异质性测度。通过创新性构建创新投入与创新产出、企业价值与财务稳定两组中介变量指标,定量识别能源企业数字化转型影响主业绩效中介效应和门槛效应的存在性,为深入刻画能源企业数字化转型对主业绩效影响的机制路径和非对称效应提供实证依据和数据支持。

第四部分,"双碳"目标下能源产业数字化协同路径研究,具体内容包括第八章至第十章。针对国际能源产业数字化的战略布局与前沿应用,分析我国能源产业数字化可能面临的经济波动、信息安全和新贸易保护等跨领域风险,明确以"数字生态创新→产业数字化→数字产业化"梯次演化为主攻方向的分级衔接协同路径,并针对性地提出有效助力"双碳"目标实现的政策框架、支撑体系与对策建议。多维度、全要素系统发力,促进能源产业和企业运营效益优化与效率提升,激发各类市场主体创新活力,聚焦绿色低碳可持续发展,让"碳中和"为能源产业数字化导航,数字化为能源低碳发展战略赋能。

"双碳"目标下的能源产业数字化供需双侧协同发展,是兼顾能源低碳产业链深度融合、能源产销空间均衡、能源技术耦合发展、能源市场相互联动与政策体系协调保障的全新绿色发展方式。本书对优化数字经济赋能能源产业高质量集聚模式,提升数字经济赋能能源产业高质量集聚能力,提高数字经济赋能能源产业高质量的政府综合服务能力,对建设"双碳"目标下能源强国和能源产业安全高效发展具有重要的理论价值与现实意义。具体

而言,本书的研究目标可以归结为以下三个方面:

第一,话语体系与理论创新目标。以供需双侧能源产业数字化发展为切入点,将揭示"双碳"目标下能源产业数字化的发展规律、运行机理与时代特征。通过探索构建我国"双碳"目标下能源产业数字化理论框架、评价体系和协同路径,总结形成可复制、可推广的典型经验和中国模式,有助于丰富我国能源系统变革与智能产业发展的话语体系建设。

第二,咨政目标。决策通过系统剖析我国"双碳"目标下供需双侧能源产业数字化的现实需求、发展现状和面临障碍,明晰我国推进能源产业数字化发展的关键节点、重点问题及保障因素,设计推动数字经济赋能能源产业高质量协同发展的支撑体系,并提出了促进数字能源产业化发展的政策建议,为政府相关部门提供咨政建言和决策依据。

第三,产业化实践应用目标。充分利用大数据挖掘、提取和分析上市能源企业数字化转型强度与主业绩效提升的机制原理,构建能源产业数字化与主业绩效关联度的评价体系和影响因素,借鉴分析国内外领军能源企业数字化的创新探索经验,为行业部门和各级政府对"双碳"目标下能源产业数字化内在需求和外部约束的科学认知提供前沿工具和可行依据。

第一章 数字化:"双碳"目标下的 未来能源新时代

2020 年 9 月,国家主席习近平提出了"2030 年前实现二氧化碳排放达峰,二氧化碳排放量达到峰值,2060 年前实现碳中和,二氧化碳达到相对'零排放'"的承诺性目标(以下简称"双碳"目标)。依据"双碳"目标要求,2005—2030 年,每单位 GDP 的二氧化碳排放量将减少 65% 以上;到 2030 年,非化石燃料在一次能源利用中的占比将达到 25% 左右,与此同时,风力和太阳能装机将上升到 1200 吉瓦以上(目前约为 540 吉瓦)。2025 年之前,煤炭用量增长将受到限制,此后逐步减少煤炭使用率直至淘汰。因此,"双碳"目标的提出为我国的能源产业结构调整提供了新的思路。能源产业应由传统"高投入、高消耗和低效率"的粗放式发展转向"低投入、低能耗和高效率"的高质量发展。同时,能源产业要坚持"绿色、低碳"理念,从不同能源品种、产业链中下游、产供储运销各个方面多角度推进减污降碳,积极推动清洁能源、节能环保等环保产业的发展,以助力"双碳"目标的实现。

在全球信息化进程不断加快和能源产业革命不断深入发展的今天,数字技术已被广泛运用于能源系统中。面对《欧洲绿色新政》和《日本绿色发展战略》等能源发展的全球性大背景,现代化的数字技术不但是我国能源产业转型和发展的必然选择,也是我国依托数字技术节能降耗实现"双碳"目标的崭新途径。目前,在煤炭、油气等传统化石能源领域,数字化、信息化、智能化技术的应用极大地提升了生产效率和减少了资源消耗。在光伏、氢能等清洁能源的新兴产业,数字技术更是不可或缺的物理基础和创新基石。随着能源产业的深刻重构和重大变革,多能互济、智慧互联已经成为未来能源的发展新方向。

面向碳中和的未来能源产业数字化,正在推动中国站在绿色低碳发展的最前沿,为社会经济可持续高质量增长提供安全可靠的能源供应。本书将从能源产业数字化理论与分析框架、供需双侧能源产业数字化趋向、能源企业数字化转型与主业绩效实证测度、全球能源产业数字化发展方向及应用趋势、未来能源产业数字化的跨领域风险、面向碳中和的未来能源产业数字化对策建议等方面,对"双碳"目标下我国能源产业数字化的理论逻辑与协同路径进行深入探索,将进一步推动我国能源产业"双碳"目标实现,为丰富和完善具备中国特色的能源产业数字化与能源经济学理论体系提供有力支撑。

第一节　研究背景与研究意义

“双碳”目标的提出成为新发展格局下中国社会经济政策的重要转折点，这一愿景呼吁生产和用能方式发生深刻而长期的转变，是中国应对气候变化新政中不可或缺的核心构成。

自“十五”计划（2001—2005年）中首次发布可再生能源发展五年规划，中国先后制定了多个应对气候变化的重要方案（见表1-1）。“十二五”时期引入了碳排放强度（单位 GDP 的二氧化碳排放量）减少17%的新目标并配有温室气体限排工作计划。2015年提交的《国家应对气候变化规划（2014—2020年）》为《巴黎协定》的谈判和中国首份国家自主贡献预案的制定提供了依据。“十四五”时期首次未设定明确的 GDP 增长目标，但将能源强度和碳排放强度分别降低13.5%、18%作为强约束力目标，被认为是中国碳中和道路上的关键里程碑。这一系列方案与规划的出台不仅有效地缓解了当前我国面临的大气污染与能源消耗问题，也为加快清洁能源转型进程实现能源安全和气候目标奠定了重要基石。

表1-1　中国应对气候变化的国家方案

时间	相关法律、国家战略和行动计划
2001—2005 年	“十五”计划首次发布可再生能源发展五年规划
2006—2010 年	“十一五”规划将能源消耗强度纳入新目标。提出在规划期间单位 GDP 能耗降低 20% 左右，全国主要污染物排放总量减少 10% 的约束性指标
2011—2015 年	“十二五”规划将碳排放强度纳入新目标，发布《国家应对气候变化规划（2014—2020 年）》《大气污染防治行动计划》（2013—2017 年）等
2016—2020 年	“十三五”规划纳入了国家自主贡献中设定的目标，出台《打赢蓝天保卫战三年行动计划》等
2021—2025 年	“十四五”规划设定了有约束力的目标，包括将能源强度和碳排放强度分别降低 13.5%、18%
2026—2030 年	将陆续出台有关应对气候变化的相关政策文件

资料来源：笔者根据中国政府网各年的《中国应对气候变化国家方案》自行整理所得。

一方面，在能源安全、经济发展和气候变化等多因素的推动下，降耗增效和可再生能源发展始终是中国节能减排综合方案中的核心内容（见

表 1-2）。2005 年颁布的《中华人民共和国可再生能源法》是促进可持续发展的首项重大立法,通过发放优惠电价、贴息贷款以及减税等财政奖励促进了风能和太阳能光伏产业的快速发展。2014 年,工业和信息化部出台的《全国工业能效指南》为工业能源消费明确了总量标准、能效标准和基准值。"十四五"规划明确列出了增加水电装机、部署智能电网技术、加强输电系统和储电能力以提升波动性可再生能源消纳水平等系列重大能源基础设施开发项目。

表 1-2 中国节能减排的综合方案

时间	相关法律、国家战略和行动计划
2001—2005 年	"十五"计划首次发布可再生能源发展五年规划
2006—2010 年	"十一五"规划首次提出了降低能源强度的目标(计划期间降低 20%),2007 年相应出台了配套的《节能减排综合性工作方案》
2011—2015 年	"十二五"规划规定能源消费总量的上限,以及将能源强度降低 16% 的目标,发布《全国工业能效指南》(2014 年版)
2016—2020 年	"十三五"规划对煤炭消费设定了新的上限,并将能源强度目标确定为 15%。出台第一部鼓励可再生能源的重要法律《中华人民共和国可再生能源法》等一系列综合方案
2021—2025 年	"十四五"规划将新能源和新汽车技术确定为战略性新兴产业,强调要加大力度改革能源市场,推进低碳能源投资,确保能源安全
2026—2030 年	将陆续出台有关节能减排的相关政策文件

资料来源:笔者根据中国政府网各年的《节能减排实施方案》自行整理所得。

　　另一方面,我国长期以来形成的煤炭为主和空间不均的能源消费结构,决定了传统能源产业变革面临实际需要和客观困难,能源转型绝不可能一蹴而就。当前,中国能源板块以煤、电、油、气为基础结构,客观上形成了以央企为主导,以大型电厂、大型电网和天然气长输网络为主的产业模式。能源产业的保供性、经济性和安全性应成为中国能源发展模式中不可忽视的重要特征。

　　近年来日益严重的资源与环境问题凸显,传统粗放型发展模式转向高效集约型发展模式的呼声高涨。但中国实现"双碳"目标的难度要远高于欧洲和其他国家。中国近期五年规划在单位 GDP 二氧化碳强度、一次能源需求总量等目标方面虽已基本完成预期(见表 1-3),但顺利实现 2030 年"碳达峰"和 2060 年"碳中和"的强约束性承诺依旧任重道远。2019 年中国的碳排放总量约占全球的 1/3,但全球可再生能源和核能发电量已经首次高于煤炭。到 2025 年可再生能源在全球电力供应的比重将高于燃煤。在

2010—2019 年减排 30% 的基础上,欧洲和美国还将在 2030 年之前继续削减 1/3 的二氧化碳排放。到 2030 年,中国的二氧化碳排放量将会下降到 48%,燃料和燃气占 30%,非化石能源占 22%;而风力发电和太阳能发电所占比例将达到 9.6%。到 2050 年,风力和太阳能的发电量将增加 21.3% 和 26.7%,即可再生资源的发电量将会超过 50%。因此,中国"双碳"目标的实现面临来自国际政治舆论和国内经济发展的双重压力。

表 1-3　近期五年规划目标和实际实现情况　　　　(单位:%)

目标指标	2006—2010 年		2011—2015 年		2016—2020 年		2021—2025 年
	"十一五"规划	实际实现	"十二五"规划	实际实现	"十三五"规划	实际实现	"十四五"规划
单位 GDP 二氧化碳强度	—	—	-17	-20	-18	-18.8	-18
单位 GDP 能源强度	约-20	-19	-16	-18.2	-15	-14	-13.5
一次能源需求总量(十亿吨煤当量)*	约2.7	3.3	<4.0	4.3	<5.0	4.98	待定
非化石燃料占一次能源需求总量的比重 **	—	—	11.4	12	15	15.9	约20
太阳能光伏装机(GW)	0.3	0.86	21	43	110	253	待定
风力装机(吉瓦)	10	31	100	131	210	282	待定

注:* 一次能源需求总量的上限自"十二五"(2011—2015 年)以来一直是指示性目标之一。** 中国一次能源数据使用部分替代方法衡量。
资料来源:中国的多个五年规划;MEE(2021),*Report on the State of the Ecology and Environment in China* 2020;NBS(2021),Statistical Communique on the 2020 National Economic and Social Development;SCIO(2021),SCIO Briefing on China's Renewable Energy Development。

因此,面对"双碳"目标,我国能源体系和结构必将迎来彻底性的变革与重塑。第一是能源体系转型,从过去集中大规模的能源供给转变为以可再生能源为主的分散化和多元化供给。尤其是针对可再生能源的随机性、波动性、干扰性进行信息交互,结合多种形式实现削峰填谷,增加可再生能源吸纳比例,是目前面临的重大挑战和技术难题之一。第二是能源服务转型,从热电冷等单一能源利用转变为综合能源梯级使用的混合性和适应性服务。尤其是借助智能电网和电力物联网,在需求侧进行节能改造和能效服务,在供给侧建设分布式能源体系,是目前面临的重大挑战和技术难题之二。第三是能源交易转型,从独立电网、气网单独交易转变为电、水、气、热等能源互联网交易。尤其是推动能源市场的开放和升级,建立新型能源市场交易体系和商业运营平台,形成新的能源经济增长点,是目前面临的重大挑战和技术难题之三。下面将从面向碳中和的未来能源经济、技术与环境;能源产业数字化的基础、选择与路径;能源孤岛到数字互联的能源系统性变革三个方面展开具体论述。

一、面向碳中和的未来能源:经济、技术与环境

面向碳中和未来能源产业发展将给经济、技术与环境污染排放等各方面带来影响。"双碳"承诺目标以《巴黎协定》中国家自主贡献(NDC)强化目标为主要情景依据。2060年的碳中和目标涵盖所有的温室气体排放,而不仅仅是能源体系的二氧化碳排放。因此,如何从经济、技术与环境等多维度来提供量化框架评估承诺目标情景下未来能源产业数字化对排放趋势的影响,将对支持实现承诺目标的能源体系政策制定起到关键支撑作用。

(一) 经济成本比较

要实现承诺目标情景所设想的清洁能源转型,需要大幅增加能源供给侧和需求侧设备及基础设施等能源相关投资。从供给侧投资的增长来看,主要集中于发电领域。主要是由于可再生能源的单位成本下降,对可再生能源以及核能、氢能和其他低排放燃料的投资将会增加,以逐步抵消化石能源在生产与发电方面快速下滑所带来的影响。尤其是电网现代化扩张、终端用途电器和电器设备(包括电池、热泵和工业发动机)等均需要更多资本支持。

从需求侧投资的增长来看,终端用能部门的投资总额将大幅提高。其中由于出行需求增加、电动车初期资本投入成本较高等原因使交通运输部门的增幅最大。在建筑行业,建筑围护结构改造、高效电器和供热设备支出推动了大额投资的增长,尤其是钢铁、水泥和化工生产等建筑原材料的上游产业将改用更昂贵的低碳环保技术。

伴随"双碳"目标的持续性推进,能源投资总额将以每年约10%的比例逐步增长,并在2030年和2060年等重要节点年份达到相对峰值。私人资金将是实现碳中和大量新增投资的最主要来源,其主要原因是私人资金的投入对清洁能源技术提供的激励措施更具备弹性。政府的直接投资重点支持基础设施开发和示范性技术创新,由此形成的项目更加具备吸引私人投资的融资能力。加之能源税改革、适当的监管框架等公共政策推动下,新增

私人资本投资将成为能源体系投资总额中的重要组成。

（二）能源技术效率比较

依据承诺目标和既定政策,国际能源署、英国石油公司和清华大学等典型机构对 2030 年中国的能源消费总量及结构进行了预测仿真。其结果显示,2030 年我国能源消费总量将达到（52 — 60）$\times 10^8$ 吨标准煤,均值约为 6.3$\times 10^8$ 吨标准煤,相较 2020 年能源消费总量 4.97$\times 10^9$ 吨标准煤增长 6.3$\times 10^8$ 吨标准煤,年均增长超 6$\times 10^7$ 吨标准煤。我国煤炭消费占比为 43%—50%,均值约为 45%,较 2020 年下降 11.7%,年均下降约为 1.2%。中国非化石能源消费占比为 20%—30%,均值约为 26%,较 2019 年上升 10.7%,与预期 25% 的目标基本持平。

除个别极端预测情景外,中国 2040 年、2050 年能源消费总量将达到（50—60）$\times 10^8$ 吨标准煤,均值为 5.7$\times 10^9$ 吨标准煤。该预测结果与 2030 年基本相当,说明 2030 年之后中国的能源消费总量与结构进入了相对稳定期。不同情景预测的煤炭及非化石消费占比数据差异较大,碳捕集利用与封存（Carbon Capture,Utilization and Storage,CCUS）技术应用是影响结果的重要因素之一。

通过采取产业升级和结构调整、技术节能和管理节能等举措,与 2020 年水平相比,我国单位 GDP 能源消费量预期在 2025 年、2030 年、2050 年和 2060 年分别下降约 15%、28%、65% 和 75%。能源消费总量于"十六五"时期进入平台期,2040 年以后开始下降,2060 年用能水平与 2020 年基本相当。在实现碳达峰前,减排量由能效提升所主导实现,该措施将贡献超过 60% 的减排量。说明能源技术效率在数字化推动和"双碳"目标约束下得到了极为明显的提升。

（三）环境污染排放方面比较

《国家环境空气质量标准》于 1982 年首次发布,修订版于 2012 年出台并于 2016 年全面实施。2013 年发布《大气污染防治行动计划》,2018 年启动为期三年的空气污染治理行动计划。在过去 30 年间,针对大气污染问题的坚定措施持续更新和推进。2016 — 2020 年,全国二氧化硫（SO_2）排放量下降了近 40%,$PM_{2.5}$ 排放量减少了近 35%,这些成效的取得主要得益于家庭领域逐渐停止使用传统生物质取暖做饭和工业领域强有力地控制污染物排放。中国的空气质量虽已有显著改善,但在城市和产业集群地带室内外空气污染问题依旧与世界标准有较大差距。我国只有约 1% 的人口生活在 $PM_{2.5}$ 浓度水平符合世卫组织准则的环境中,约 80% 的人口暴露于高于世卫组织最宽松的临时目标 1 的 $PM_{2.5}$ 浓度水平。

"十三五"规划的目标是在2020年达到国家空气质量标准的天数比例超过80%;而实际达标的天数在2019年为82%,2020年为87%(根据新冠疫情的影响进行调整后为84.8%)。"十四五"规划将2025年的目标提高到87.5%,$PM_{2.5}$浓度在2025年前降低10%并在重点城市消除重污染。对京津冀区域、长江三角洲和汾渭平原等重点地区,还将控制氮氧化物(NO_X)排放量减少10%。

在承诺目标情景中,化石燃料燃烧大幅减少,同时控制污染和收紧排放标准工作持续展开,将推动中国空气质量的显著改善。预期2030年的$PM_{2.5}$排放量将下降到2013年的40%左右,而2060年约为2013年的9%。同时,预计2030年的氮氧化物和二氧化硫排放量将分别减少约35%、30%;2060年二者的降幅将分别达到90%以及80%。

(四) 信息和通信技术的能源消耗

数字经济的迅速崛起已经成为我国高质量发展的重要战略支撑。数字技术以其高效集约的资源配置方式成为助力"双碳"目标实现的强劲推手。但伴随数字化进程的加快,信息通信行业的能源需求和二氧化碳排放的不断增加已经成为不可忽略的新挑战和新议题。总体来看,中国信息和通信技术的能源消耗有以下两个方面的突出特点:

碳排放总量小但增速快,存在结构性差异。我国信息和通信技术产业规模增长快,相较于其他经济部门,碳排放总量规模相对较小。根据全球电子可持续发展倡议组织(GeSI)《SMARTer2030报告》的调查,2023年,通信技术工业在世界范围内的二氧化碳排放量大约为2%,并有望在2030年下降到1.97%。按照国家统计局的能耗输入量表,中国信息和通信技术产业的二氧化碳排放量在2023年达到1.58亿吨,占我国二氧化碳排放总量的1.68%。总的来说,与钢铁、电力和交通等其他行业相比,信息和通信技术产业本身的二氧化碳排放量相对较低,并在短时间内继续维持这一趋势。但不容忽视的是,信息和通信技术产业碳排放规模增长快的趋势性特点。2019—2023年,我国工业行业的二氧化碳排放量呈缓慢下降态势,而信息和通信技术产业的二氧化碳排放量增幅高达61%,增幅位居所有行业首位。随着数字化转型和算力需求的增加,信息和通信技术产业的二氧化碳排放量将持续高速发展。

图1-1可以非常清晰地看出近年来信息和通信技术产业的碳排放增速情况。信息和通信技术服务业的碳排放量在2019—2023年增加超过50%,且比重还在持续上升,充分说明信息和通信技术产业碳排放的结构性差异。

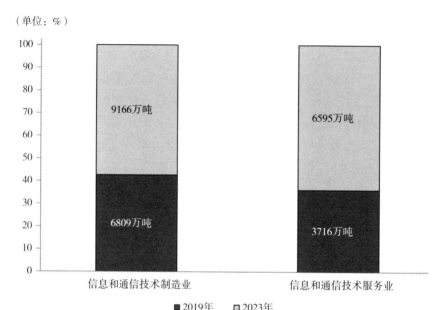

（单位：％）

图 1-1　2019 年和 2023 年信息通信产业碳排放量

资料来源:笔者根据中国碳核算数据库及《信息通信行业绿色低碳发展行动计划（2022—2025 年）》自行整理所得。

数字基建加速兴起,但节能降碳仅局限于重点用能领域。作为算力基础架构的典型,数据中心伴随新基建的热潮加速扩展。2015—2023 年,数据中心的年平均发展速度均超过 30%。北京、上海、广州、深圳等一线大城市的数字基础设施布局向其都市圈外围区域呈卫星式发展,并逐步辐射至中西部地区。目前,全国已有四百万个在建数据中心,未来三年内绝大多数将正式投入使用。数字基建的加速兴起为重点领域的节能降碳提供了良好的条件,但随着 5G 商用后 5G 基站的大规模建设,移动通信基站所带来的能源消耗控制和能源效率提升问题迫在眉睫。如何在合理有效的基站密度基础上共建共享基站以实现节能减排目标是需要深入探究的重要课题。

二、能源产业数字化的新时代:基础、选择与路径

自 2009 年起,中国就位居世界能源消耗总量的首位。当前,矿物质燃料依旧是我国能源消费的主要构成。其中,燃煤占全国总能耗的 50% 以上,远高于世界平均水平。图 1-2 显示 2000 年和 2023 年中国的能源消费结构。可以看出,2023 年我国的煤炭消耗已达到 56.8%,由此带来的二氧化碳排放量占总排放量的 80% 以上,较 2000 年降低了 13%。随着我国工业化进程的持续加快,电力需求量也一直处于增长态势。而电力行业作为

我国煤炭消耗最大的产业之一,由此带来的二氧化碳排放增量也不容忽视。当然,在能源技术发展和国家政策导向的多重作用下,我国能耗增速明显放缓,结构持续优化。清洁能源比重已从 2000 年的 9.5% 上升到 2023 年的 24.3%,增长了近 3 倍。该数值已经基本接近 2030 年清洁能源占比达到 25% 左右的约束性目标。

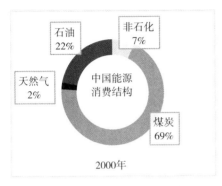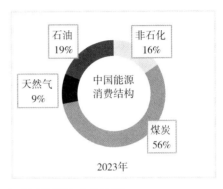

图 1-2　2000 年和 2023 年中国能源消费结构图

资料来源:笔者根据国家统计局《2023 年国民经济和社会发展统计公报》及人民网数据自行整理所得。

进入"双碳"目标下的能源革命新阶段,以优化生产、传输、交易、消费等资源配置、安全保障与智能交互能力为主要目标的数字化转型成为能源可持续高质量发展的新方向。通过加快普及数字文化、数字人才和数字战略,在保障能源安全的基础上有序推进"双碳"目标实现。

整体来看,能源产业数字化是以现代化能源体制为框架,以数字化科学技术为手段,对全流程信息进行开发、收集与共享以达到智能化运行、管理和流通等多重目的。具体来看,我国目前存在的"双高"和"双峰"特点突出,面临着大力推进能源清洁化、新能源高比例并网、分布式电源、微电网接入等多重问题,急需运用数字思维,破解安全、经济和绿色发展"不可能三角"难题。如以新能源为主体的新型电力系统转型升级,加速"源网荷储"衔接和智能电网改造,加强互联互通和智能调控,提高清洁能源消纳和储存能力等均是能源数字技术规模化应用的必要趋势。

（一）　生产数字化的核心路径——新型基础设施

数字新基建是伴随着数字经济的发展和运用而逐步发展起来的新型基础设施。其主要特点为新的发展思想、新的数据技术和新的发展方向。数字基础设施可以促进信息基础设施、融合基础设施和创新基础设施的发展,是能源产业生产数字化的核心路径。

首先,数字新基建将推动传统的能源设施向智能融合转型升级。在中国的工业化与城镇化进程中,常规的能源基础建设是以稳定的能源供应为基础的,而信息技术与能源基础设施深度整合下的能源产业数字化,将支持传统能源基础设施向信息化、数字化、网络化和绿色化改造升级,推动能源生产和消费方式的高质量智能化发展。

其次,数字新基建将为我国能源产业数字化转型发展带来智慧信息基础。能源产业数字化转型发展的实质是以信息的自由流通将传统能源与新生产资料结合,从而促进整个能源体系的资源再配置。数据本身作为一种新的生产元素,在数字新基建的场景中能够为能源产业创新带来"乘数效应",完成从技术设想到应用场景的布局规划和前瞻应用。

（二）传输数字化的核心路径——新型数字技术

大数据、人工智能、移动互联网、云计算、5G 等新一代数字技术的出现,为能源迈向数字化开启了崭新机遇。将新技术与能源产业相结合,把信息要素深深地融入能源产业制造经营和客户服务的全流程,产业价值链的深度和广度得以不断放大和层层叠加。

目前,能源产业的数据体量和维度不断增加,对数据存储、处理、分析的需求和能力要求日益提高,参与交易的各方主体对数据共享、共用、可信的需求不断增强。区块链技术、数字孪生技术等与培育多元化能源市场主体的新形势高度契合,这些技术的广泛和深度应用恰逢其时。

具体来看:区块链技术的分布式存储、可溯源、防止篡改、共享共用等特点可为当前能源产业数字化业务难点提供解决方案。通过打通能源数据壁垒,区块链技术将重构能源主体信任关系、分配关系和所有权关系。在新能源消纳、电力交易、商业保险等业务领域提高项目参与各方数据的互信、共享与共用,提升电网数字化、智能化、网络化水平。数字孪生技术则是在"双碳"目标和"建设以新能源为主的新电网"等战略背景下应运而生的。通过智能决策、反馈控制和操作功能的反复叠加,构建敏捷的人机融合交互系统,在真实物理空间和虚拟数字空间搭建"信息—物理—人"交互的系统。突破常规机械建模和最优控制手段无法满足随机性、间歇性、波动性特征的分布式能源监测分析和运行要求,在高维、量化、多层次的视角辅助运营调控决策领域发挥其独特潜力与时空优势。

（三）交易数字化的核心路径——新型产品服务

未来能源多使用场景与信息几何式传播呼唤新的交易与服务模式。从消费互联网发展到产业互联网,市场主体的产品逻辑在发生根本性变化。能源产业数字化需要充分考虑产业互联网的新特点,在个性化、定制化与实用性中探索新型能源数字平台等新的产品与服务模式。

新型能源数字平台本质上是能源互联网平台生态中形成的一种新型基础设施。依据其虚拟化、平台化、生态化的特征,使能源能够进行跨越时间维度和空间维度的有效监控、管理和交易,从而极大地保障了价值的流动方向。为能源供给、消费注入数字化新动能,显著提升能源生产、消费和交易的效率,重新塑造未来能源经济活动形态。较为典型的是,以"能源+绿色产业链"为基础,开展各种市场主体合作。并利用能源数字工具代表各类主体对能源直接、间接消费的量化关系,以此建立虚拟市场与现实世界之间的映射关系。以解决当前统一碳市场交易中,无法精准计算碳排放的分配份额,也无法准确得知节能减排的实施效果和欠缺对交易主体"如何减、减多少"的明确指导等问题。因此,数据要素对现代能源产业体系的推动作用,主要体现为依托能源网络平台发挥的规模经济效益和溢出效益,为能源新产品、新服务、新技术、新业态、新模式提供新的发展可能性。

(四) 消费数字化的核心路径——新兴市场培育

能源产业数字化需要培育由多元化市场主体参与、多种能源互济互补的全新市场。2021 年 7 月 16 日,我国的碳交易市场迎来了一个崭新的繁荣时期,电力市场是唯一被列入的能源交易对象。碳市场交易主体与电力市场主体的高度重合,为能源产业数字化的消费市场带来了广阔空间。

能源数据市场中的企业可以利用基于新型电力系统的电力大数据,对其进行清洗、分析和价值发掘,并利用其独特的碳减排技术和碳减排的特性,促进碳市场走向成熟。一方面,碳交易规模的扩大将有利于电力市场主体竞争优势凸显;另一方面,碳交易数据也有利于政府及监管单位识别优秀电力企业,及时清理电力系统落后产能。同时,利用对电网的实时监测和电能质量的规范化,便于实现对电网二氧化碳排放指标的计算,准确掌握各个发电厂的碳排放基准。因此,基于数据要素的能源经济必将为"双碳"目标下推动电力市场、碳市场和能源数据市场的多方融合发展贡献重要力量。

三、能源系统性变革:从能源孤岛到数字互联系统

能源产业正在开启新技术协同发展的数字化时代,从能源产业变革历程来看主要可分为四个变革阶段:

国有企业时代:以能源生产或垄断资源的国有企业为主导,经营活动的重点在资源寻找、实现资源统筹平衡、保障能源供应以及获得企业利益等方面。能源市场存在不成熟、分散化、过于依附其他环节的问题。缺乏标准化

及规范化管理,信息化程度极低。与消费者距离较远,用户接受度低。

渠道优先时代:以能源销售渠道优势企业为主导,如中国石化。构建并经营自有分销道路,逐步形成网络化优势部署全国。拥有基本信息化,一定自动化设施及管理方法。消费者接受度提高,部分用户产生付费意愿。

智能销售时代:在新一轮的产业变革中开始运用大数据、云计算等技术,从用户流量、网络技术、平台化等多个角度出发,以多维度方式将用户与公司结合,逐步实现线上与线下融合。高度的市场化建立起产业规范化发展体系。新的消费价值链正在形成。消费倾向提高,移动端能源使用的习惯逐步形成。

智能生产时代:能源系统引入物联网、区块链、数字孪生、边缘计算等技术,并在生产、运输、分销、零售等环节落地,能源产业走向专业化、智能化、联网化时代。

由此可以看出,单一类型能源企业向综合能源服务商转变成为满足用户多元化和高品质能源需要的核心路径。能源孤岛向数字互联系统转变不可逆,能源终端化和分布化成为必然趋势。通过智能需求响应、分布式发电、微电网和发电一体化、电力系统数字化、可再生能源并网、智能电网改造等能源数字互联技术推动了能源产业因地制宜、多能互补和产业互惠的融合发展。

(一) 智能需求响应

风能、太阳能等作为我国重要的可再生能源类型,近年来已实现大规模电网接入。但面对波动性高、随机性强的清洁能源特性,电力供应与需求的实时协同受到很大限制。而智能需求响应则可以很好地为多个能源的集成需求提供技术支持,通过强化用户和电网之间的交互能力,对挖掘用电侧的调节能力起到积极作用。通过需求响应(Demand Response,DR)项目对用电方式进行合理调整,使负荷特性呈现"柔性特征"[1]。智能需求响应将需求侧可调度的资源作为供应侧的替代资源,改变了过去单纯依靠装机容量的增加来满足需求的发展模式。储能技术、负荷聚合技术、信息与通信技术、电力计量技术、智能控制技术等是实现能源互联网下的智能需求响应的主要基础技术。由于需求响应的机理和行为规律错综复杂,电力市场价格和激励机制将受到运行模式、用电结构等多因素影响。随着智能电网的进一步发展,用户可依据市场的价格或激励信息,对供电模式进行积极调整,

---

[1]　王珂、姚建国、姚良忠、杨胜春、雍太有:《电力柔性负荷调度研究综述》,《电力系统自动化》2014年第20期。

以确保电网的安全、可靠、节能的需要。

（二）分布式发电

目前电力系统的新能源主要来自太阳能和风能。分布式电力最大的优点是能够实现对风能、太阳能等资源的高效利用，从而提升能源的利用效率，并与主电网相互补充增强电力系统的可靠性和安全性。其基本原理是采用分散能源只向少数客户提供电力，或将少量客户整合到电力系统。与常规电力系统相比，分布式发电以其能耗低、灵活性强、环境适应度高等优势逐渐成为电网的重要组成部分。尤其是在用户密度较低的区域，采用分布式发电可以按需进行分配，增加能源系统的柔性，同时也极大地提升了能源系统的运行可靠性。

（三）微电网和产消合一

与传统的电力控制装置相比，微电网具有更加科学和高效的微型配电系统，它具有储能装置、分布式电源和变流器等多个方面的功能。随着经济社会快速发展带来的电能需求不断增长，微电网不仅可以提高电能的利用率，同时可以作为配电网络之间的连接，进而实现对各个地区的控制，以提升系统的可靠性、灵活性和可访问性。

因此，在智能网络与微电网背景下，能源和信息的双向流动促使许多消费者转型为"产消合一者"。即参与消费、生产和储能的主体将可能融为一体，既是能源的使用者也是某种市场行为的参与者。微电网和产消合一的商业模式对分布式能源网络的灵活性提出了更高的要求。数字化、智能化技术将有效帮助微电网和产消合一模式实现对各种能源的统一协调和安全控制，优化节能技术，积极推动能源产业的增值业务发展，并从技术、环保、经济效益等多个层面对能源产业数字化产生深远影响。

（四）电力系统数字化

能源产业数字化中的最核心和最重要组成是电力系统数字化。电力系统的数字化将带动技术、资金、人才、物资等多方面的整合，体现出能源、工业等实体经济和数字经济的集成效应。数字技术创新性与能源系统社会性的特点相联系，将推动实体经济与数字系统的纵深化发展，满足社会公共需求的可持续长久发展。电力系统数字化的优势主要体现为以下三个方面：

1. 物理系统深化发展

在新的电网环境中，将逐步实现源、网、荷、储等全环节的数字化，使整个电网在新的能源空间中实现一个完全的统一，从而实现资源配置、能动性、安全性管控、保障能力和快速反应能力，在能力需求之上适应碳排放、碳交易、企业信用等级评估、城市环境治理等多元化的外部要求。

2. 信息系统强化发展

在信息采集层面,智能传感器、边缘计算技术等提升了能源信息采集的效率和质量,充分运用能源产业在数据资源、算法算力等方面的优势,构建具备特大规模数字化服务能力的融合型信息基础设施,进一步加大对数字经济和数字中国建设的基础保障能力;在信息处理层面,实现更大规模的数据实时归集、统一存储与共享,形成"计算能力+数据模型+算法算力"的综合体系,可开展人工智能技术在负荷建模、新能源设备建模、电力电子设备建模、设备缺陷和故障识别、能源系统优化等领域的研究与实践。

3. 与社会系统融合泛化发展

电力系统的发展将会渗透到能源生产、管理和经营的全过程,从而促进整个能源产业全要素、全产业链、全价值链的深度互联和协调优化,有效支撑产业内外部服务融合,推动能源生态系统的形成。可通过建立整合的数据联网系统,面向政府部门、能源生产商、设备制造商、终端用户等各个能源产业链的参与者,向上整合能源流、信息流、价值流等多种可再生能源,向下整合智慧用能、需求侧管理,横向实现多网融合、多能互补整合能源产业链优质资源,开展面向能源生产、传输、消费等环节的新业务应用与增值服务。推动与社会体系交通、金融等行业泛化联动,积极构建城市能源服务体系,为智慧城市能源供应提供保障,引导能源在城市中的合理布局,提升清洁能源供应能力以及能源管控和应急处置能力。

(五)波动性可再生能源并网

在实现"双碳"目标从高碳电网到零碳电网的演进过程中,大规模可再生能源的使用和智能化是能源系统的发展趋势。在已有研究的基础上进行总结和归纳,新型电力系统的特征主要体现在高比例可再生能源、高比例电力电子、灵活柔性和安全可控四个方面[①]。从煤炭、天然气等传统能源的稳定性控制过渡到高波动的可再生资源,对其他工业的矿物资源进行深层次的替换,低温、热、电、气等多种能源的深度结合,形成以电网为能源中心的一体化能源体系。在电源侧形成发电机与电力电子变换器并存的混合发电系统[②]。以及新能源汽车、分布式储能、柔性负荷设备等领域的发展,均为需求端管理创造了条件。数字化技术以及系统的弹性调整能力可能成为促进跨周、跨季节和跨行业能源均衡的一种有效途径。通过大力突破"卡脖

---

①　郭剑波:《新型电力系统面临的挑战以及有关机制思考》,《中国电力企业管理》2021年第25期。

②　黄雨涵、丁涛、李雨婷、李立、迟方德、王康、王秀丽、王锡凡:《碳中和背景下能源低碳化技术综述及对新型电力系统发展的启示》,《中国电机工程学报》2021年第41期。

子"关键技术,以国产化代替进口的大功率电力设备是实现可再生能源高比例接入的重要保障。加强电力系统的故障调节能力,将提升电力系统消纳可再生能源的能力,促进我国能源使用的洁净化和节约化转型。

（六）能源系统智能化转型

信息技术、通信技术、控制技术和储能技术的发展使能源系统在可靠供应、安全运行、清洁消纳等领域具备了转型升级的技术基础,能源产业数字化之路越来越清晰。

1. 基于分布式等多种新型发电技术的微电网发展

电力系统历经近 20 年的快速发展,在运行稳定性、安全性和经济性上有了本质性提高,逐渐实现了由单一设备并网到即插即用、灵活组网的转变。在未来智能技术的支持下,通过精确功率预测、优化并网、智能化调度等技术,微型电网可以整合、协调分布式电源与配电网络之间的联系,达到电网的自平衡和优化。微型电网的建立,可以提高能源整体使用效率,提供个性化供电服务;同时还可以降低电力网络负荷、改善电力的可靠性和安全性能,从某种意义上降低了能源消耗对生态的负面冲击,从而形成清洁、低碳的能源供给体系。

2. 基于需求侧多能互补技术的泛能网演变

泛能网是一种根据用户特点和资源情况整合多类能源的综合性能源服务。通过构建泛能网,可以改善能源使用状况,缓解电力供需关系,发挥多能融合和多设施协同的潜在价值。通过泛能网的建设与运行,可以有效整合可再生能源,消除能源浪费和利用率低下的问题,改善电力供需平衡。

3. 基于数字技术和特高压技术的智能电网演进

智能电网的演进基于数字技术和特高压技术。具体包括数字技术、信息技术和控制技术等,从而实现源、网、荷之间的动态交互。构建安全高效、清洁低碳、双向互动的智能电网,可以改善能源使用状况,缓解电力供需缺口,满足大容量、远距离和高可靠性的输电需求。智能电网的大力推广普及,将有助于可再生能源的安全消纳,提升能源系统的安全性和稳定性水平,并有效推动制造行业等其他行业的稳定发展和产业链升级。

4. 基于储能技术和现代信息技术向能源互联网演进

在能源管理方面,新型储能技术可以提高电力供应的持续性与稳定性,进而实现能源的有效配置与调控①。在能源信息服务方面,利用云计算、大

---

① 张世通、童波、赵越:《基于 Storm 组件的计算模块在智慧能源管控系统中的应用》,《电力信息与通信技术》2020 年第 10 期。

数据分析等技术,对能源数据进行采集、管理、分析和交互,支撑多能互补、需求侧响应和跨类别能源交易等新型服务。在能源信息服务方面,由于储能的广泛使用,能源的供求关系变得更具弹性和便利,可以根据需求来确定能源的来源、路径和目的地,实现点到点的传输,从而突破能源的生产消费边界,实现能源供应和利用方式的个性化、定制化。

5. 智慧能源体系的形成

从智慧能源体系的演进轨迹来分析,其经历了从初期的信息化建设到现在互联网全面赋能的转变。在信息化建设初期,各类数据与智能技术在能源的生产、输送、消费等各个阶段进行了交互融合,形成了一套具有高度适应性的智慧能源控制系统。在互联网全面赋能的高级阶段,储能技术的发展和大范围使用使电力发、输、配、用的同步性不再是必需,电力的供给和一次能源的供给之间可以进行时间和空间上的分离,从而对终端能源的实时调用和自由供应提供了保障。

综上分析,能源产业数字化是基于数字化和信息化发展背景,利用微电网、泛能网、智能电网及能源互联网等新技术,在不同类型、不同规模的能源及需求之间,实现能源实时平衡、灵活调度、优化配置和安全运行的新一代能源发展体系。在"双碳"目标背景下,以产业数字化为载体驱动能源结构性变革和绿色低碳发展,是弥补我国能源系统在随机性、波动性、不稳定性等薄弱环节实现绿色、低碳发展的重要路径和必然选择。

第二节　学术研究综述

近年来,气候变化和低碳减排一直是学者研究的热门话题,众多学者对全球以及中国的低碳减排问题进行了研究讨论,如对全球碳预算、低碳转型机制、减排情景与减排路径研究等,特别是对能源、电力等主要的二氧化碳排放部门的研究较为全面。

一、碳中和的实现路径

碳中和是一个长期且充满挑战的社会转型过程,我国碳中和目标的实现路径可以在借鉴国内外降碳减排的经验之上,结合我国的政策和市场机制,构建以碳中和目标为导向的减排路径体系。国际能源署(International Energy Agency,IEA)认为全球净零排放的实现需要清洁生产技术、清洁能源、居民行为以及以可再生能源为主的能源供应结构等多方面的改变。国际可再生能源机构(International Renewable Energy Agency,IRENA)在《世界能源转型展望:1.5℃路径》报告中指出,可再生发电技术、绿色建筑等创新技术对碳中和的实现会发挥重要作用。欧盟先后出台的《欧洲绿色协议》《欧洲气候法案》等文件,设计了开发清洁能源、发展循环经济、促进建筑业的绿色转型发展等七大方面的举措以促进碳中和的实现。为实现碳中和目标,大部分国家以产业政策为主,制定了如下减排路线,具体包括以下五个路径:(1)发展清洁能源,推动能源供给侧全面脱碳。(2)减少建筑物碳排放,打造绿色建筑。出台能源建筑评价体系,推广绿色能效标识,并对老建筑进行绿色改造,对新建筑实行"前置式管理"。(3)减少交通运输业碳排放,推广新能源汽车等碳中性交通工具及相关基础设施,发展交通运输系统数字化。(4)减少工业碳排放,发展生物能源碳捕获和碳储存技术。(5)减轻农业生产碳排放,加强自然碳汇。

　　我国双碳目标的实现关键在于构建绿色低碳循环发展的经济体系和清洁、低碳、安全、高效的能源体系,众多学者围绕碳中和的实现路径、实现模型以及相关政策设计等方面展开研究。(1)从碳中和实现路径的研究来看,关于中国的碳中和实现路径的研究可划分为两个方向,零碳图景和净碳图景。零碳图景是在高能效的前提下超高比例的非化石能源满足全社会的用能需求。在零碳图景的用能结构中,可再生能源占一次能源比重将达到80%—84%,化石燃料与可再生能源及绿氢耦合,构建煤基零碳/低碳综合能源中心,实现能源利用和工业生产过程深度减排。但高比例非化石能源系统存在风能和太阳能等可变的可再生能源的波动性与间歇性问题。目前,储能、需求响应、先进输电网络等技术理论上能兼容新能源发电的特性。净碳图景则是保留一定规模的化石能源,通过碳链技术以实现二氧化碳的储存和循环利用。净碳图景的优势是能消除化石能源的高碳属性,减少化石燃料快速退出可能引发的负面影响,但是碳捕获技术需要考虑经济性、技术的可行性以及生态安全等问题。高比例非化石能源和化石能源脱碳均是实现碳中和目标的可选路径,但二者在系统中的可塑性、经济适用性和减碳效果等方面还需进一步讨论,无论选择哪一种路径都应该最大程度地降低转型难度以及转型的风险和代价。(2)从碳中和实现模型研究来看,利用能源—环境—经济综合模型(MARKAL-MACRO)生成中国未来能源发展和碳排放的参考情景,发现中国的碳减排成本较高,以煤炭为主的能源资源特征使中国的碳减排空间有限,经济发展仍是优先方向。构建中国省际能源系统 TIMES(The Integrated MARKAL-EFOM System)模型进行低碳情景分析,预计我国 2050 年最终能源消耗强度将降低 65%—90%。构建中国—全球能源经济(C-GEM)模型,捕捉全球多个地区和部门(包括五个能源密集型部门)的生产、消费和贸易的相互作用,以分析全球能源需求、二氧化碳排放和经济活动。利用自主研发的国家能源技术经济模型,从自下而上的行业视角对中国中长期二氧化碳排放的总体目标和实现路径进行研究。应用对数值除法指数分析影响二氧化碳排放的各种因素,并引入全球能源互联场景,对各影响因素对二氧化碳排放的缓解潜力进行分析。MARKAL-MACRO、TIMES、C-GEM 等碳中和实现模型的构建为中长期减排路径和政策研究提供理论支撑。(3)从碳中和实现的政策设计研究来看,自"十一五"以来,中共中央、国务院以及有关部门出台的 168 项政策文本中不仅包括已形成特色的行政指令性政策(如目标责任考核制度)和"由点及面"的试点示范区域与时间,而且包含了经济激励类(如价格政策、总量—交易政策、财税补贴政策等)、直接规制类(如法律法规等)和低碳研发科技政策等。我国的低碳政策已形成比较完整的体系,但也存在顶层设计的法律相对欠缺、有关低碳科技创新政策的体系化设计相对缺乏等不足。

二、能源产业变革历程

　　碳中和不仅仅是一个简单的目标,其本质更是一场广泛而深刻的经济社会系统性的变革,而能源体系重塑、能效水平提升、商业模式创新等能为碳中和的实现提供驱动力。

　　能源变革本质上是能源生产、消费方式、商业模式的变革。从世界能源变革史来看,一般将能源产业的变革划分为三个阶段。第一阶段的能源变革发生于英国,从薪柴时代转向煤炭时代,第二阶段能源变革从煤炭时代转向了石油时代,目前正进行第三阶段的能源变革,其核心是推动能源体系向可再生能源的转型[①]。在关于当代能源产业变革的研究可分为两大方向,分别是化石能源和可再生能源。在化石能源研究领域中,学者认为目前经济社会将主导能源消费形式由石油向天然气进行转变。天然气的大规模利用能解决以石油和煤炭为主的能源消费结构带来的环境污染和能源依赖问题;IEA 对"页岩气革命"对人类社会的可能影响以及其未来的发展趋势进行了预测等。在可再生能源领域中,大部分学者都认为能源体系向可再生能源转型是经济社会发展的必由之路。通过对可再生能源转型的具体路径的具体关注,研究以可再生能源分布式发电为基础的能源体系基础设施建设、管理体制等的变革。

　　我国在第三阶段的能源产业变革历程又可细分为四个变革阶段:(1)第

---

① 林卫斌、方敏:《能源体制革命:概念与框架》,《学习与探索》2016 年第 3 期。

一阶段以能源生产或资源垄断等国有企业为主导,经营活动主要是寻找资源,实现计划内外资源统筹平衡,促进合理分配,保证当地能源市场的供应,获得企业利益。此时能源产业存在内部动力不足,以及效率提高积极性低、服务质量低、社会效益低等问题。(2)第二变革阶段以能源销售渠道优势企业为主导,如中国石化。构建并经营自有分销道路,逐步形成网络化优势部署全国。(3)第三变革阶段能源产业服务开始利用大数据、云等技术,从用户流量、互联网技术、平台化模式等方面切入,通过多维数字化手段将不同类型用能用户和企业绑定到平台,逐渐完成能源消费的线上线下一体化。市场化程度高,行业标准化确立,并朝向品质化提升发展。"油+非"等新消费价值链条出现,产业链体系开始重构。消费者付费意愿高,移动用能习惯逐渐被培养。《第三次工业革命》中首次提出能源互联网,其成为第三次工业革命的核心之一。其减排思路包括清洁替代通过能源供给侧以太阳能、风能、水能等清洁能源替代化石能源,逐步减少煤炭等化石能源燃烧使用;"电能替代"通过能源需求侧以电代煤、以电代油、以电代气、以电代初级生物质能,摆脱化石能源依赖等。(4)第四变革阶段,能源系统引入物联网、区块链、数字孪生、边缘计算等技术,并在生产、运输、分销、零售等环节落地,能源产业将走向专业化、智能化、联网化时代。

三、数字化转型发展理论

　　近年来,国内对数字化转型发展概念的研究也不断丰富,较多学者从企业层面对其定义作出解释。吴江等(2021)学者[1]提出,数字化转型发展是指企业通过将通信、计算、信息和连接等技术进行结合,开展产品、组织、模式、流程、服务等方面的协同转型,以更有效地设计企业商业活动并促成社会、生态和产业效应的过程。从产业层面来看,数字化转型的内涵是指将大云物移智链等先进技术与企业的业务流程相结合,降低行业间信息壁垒,改变产业运营管理模式,实现产业协同转型。李载驰等(2021)[2]整合了国外众多学者对数字化转型的定义,从主体(宏观和微观视角)、技术范畴(信息化和数字化视角)、转型领域(业务和组织视角)和转型效果(企业和社会视角)四个方面、八大视角系统阐述了数字化转型的概念内涵,提出了一个较完整的定义,即数字化转型是指转型主体通过结合信息、计算、通信和连接技术,改变自身的管理、运营、产品、商业模式、生产流程等各方面属性,以实

---

①　吴江、陈婷、龚艺巍、杨亚璇:《企业数字化转型理论框架和研究展望》,《管理学报》2021年第12期。

②　李载驰、吕铁:《数字化转型:文献述评与研究展望》,《学习与探索》2021年第12期。

现改进主体目的的过程。将数字化转型概念进行外延,当前学界形成了以下数字化转型理论:

数字化赋能理论基于"授权赋能"的管理学概念而产生,从组织和个人视角分别提出了结构赋能、领导赋能和心理赋能的观点,强调了数字技术运用对赋能对象能力的提升作用。关系理论探讨了企业在数字化转型进程中通过平台生态建设,加强与其他主体的互动和联系,促进平台生态系统不断优化的具体实施路径。该理论主要包括生态理论和复杂适应系统理论。其中,生态理论强调企业在数字化转型中不仅要考虑内部协同,也要考虑与外部各主体之间的全面协同,从而形成共建共享的平台生态效应。复杂适应系统理论解释了数字平台中的组件和功能如何通过将平台与多种社会和技术环境连接起来并产生新的互动和信息交换,以推动平台生态系统不断发展与进化。科技给予理论基于行为主体与数字技术的二元关系探究了数字化转型的过程与实现机制;意义建构理论则在科技给予理论的基础上考虑了行为主体的主观认知行为,通过意义建构(情境认知)和意义给赋(传递思想)论述了企业对数字化战略认知的形成与交互过程。

一般认为,数字化转型通过影响企业的研发探索能力与研发利用能力提升了产品开发的绩效。因此,实践中的数字化转型可细分为诸多变革模式。如战略性变革、研发组织结构性变革、流程主导变革和以人为中心的变革等。其中,战略性变革可对应生态导向型战略,典型案例为宝钢集团的绿色智造和钢铁生态服务体系;研发结构性变革可对应技术主导型战略,典型案例如长安新能源汽车企业的全球数字化研发体系;流程主导型变革可对应业务主导型战略,典型案例有红领集团开发的数字化服装定制模式;以人为中心的变革可对应变革依赖型战略,典型案例为海尔集团的"海尔育人"体系。

四、能源产业数字化

目前,学者关于能源产业数字化的研究主要集中在需求侧数字化、供给侧数字化以及能源企业数字化三个方面。(1)需求侧数字化变革。用能终端将呈现复杂多样化的趋势。用户侧可能包括工业部门、交通运输部门、建筑业等。制造业数字化转型是深化供给侧结构性改革与推动经济高质量发展的战略性选择。制造业数字化转型以"互联网+"为代表的现代信息技术驱动为路径,是经济性、社会性以及体制性的全面改造交通运输部门的智能化转型主要体现在公路运输上,通过 V2G 技术作为智能电网的重要组成部分,其核心是利用大量电动车的储能设备作为电网和可再生能源的缓冲。

建筑业是城市能源消耗的大户,绿色建筑和智慧建筑可在较大限度上降低能耗,减少碳排。智能建筑是以物联网、云计算等大数据互联网为依托,涉及建筑、城市电网、网络城市环境等方面的建筑生态圈。(2)供给侧数字化变革。现有的电网结构和运行管控方式,很难保证大规模可再生能源的接入和消纳。供给侧能源包括传统能源供给和清洁能源供给。其中传统能源供给侧的油气行业的数字化转型成为油气企业实现高质量发展的重要手段。目前,油气行业的数字化转型主要集中在作业现场智能化、生产运营一体化、贸易销售平台化和研究设计协同化四个方向①。煤炭行业数字化、智能化还处于初级阶段。目前数字化在煤炭行业中的应用主要为煤矿的业务数字化、数字化能力、能力平台化以及平台生态化的数字化智慧运营。清洁能源产业数字化变革进程中,"源网荷储"一体化是构建以新能源为主体的新型电力系统的实现路径,碳中和背景下清洁能源的数字化转型主要包括清洁能源产销的区域协调、新型能源系统耦合、能源低碳产业链的上下协调等问题。其中光伏行业在能源体系中的应用主要是通过光伏并网使太阳能转化为电能,依靠光伏并网逆变器来实现。光伏—储能系统削峰填谷的能效能带来一定的经济效益和减排效益,并且电价收费模式、储能系统、用户用电习惯等因素会对光伏用户的直接受益产生影响。风电行业的研究主要集中在大功率风电机组技术、智能电网调控技术、大规模储能技术和非并网应用技术展开。水电与光伏、氢能等可再生能源相比技术较为成熟,基于信息化、自动化、智能化等技术手段可构建完整的数字化大坝混凝土温控智能监控系统以实现水电工程的动态高效管理,人工智能、云计算、大数据等技术与水电工程建设相结合,可形成大坝智能管理集成平台。氢能源的利用技术主要集中在燃料电池的应用上,如面向高比例可再生能源消纳的电氢能源系统,可降低电解制氢的成本;针对燃料电池汽车供能的考虑不确定性的电—热—氢综合能源系统,可兼顾可再生能源的经济性、高效性和可靠性。(3)能源企业数字化变革。在数字经济时代,不少能源企业顺应时代发展需求,以数据驱动企业转型。企业的数字化转型具有多方面含义,包括业务流程和组织结构的变革,企业与外界之间互动方式的变革,进入新市场的变革等。数字化转型能够帮助企业建立开放式网络化创新渠道、实现组织管理创新以及企业人力资本水平提升。数字化企业是企业高质量发展的重要引擎也是构筑能源企业国际竞争新优势的有效途径,是实现"双碳"目标的重要途径之一。能源企业可以区块链、云计算等技术为基础,利用数字

---

① 王同良:《油气行业数字化转型实践与思考》,《石油科技论坛》2020年第1期。

化技术进行能源网络一体化设计。能源企业数字化具有以传感网络建设提升数据感知能力、以数据挖掘推动运营决策精益化、由优化产品质量向提升消费体验转变、以能源产业数字化推动商业模式创新、以需求为导向构建协同创新网络这五大趋势。综上可以看出,国内外研究成果普遍认为数字技术在改进资源配置、强化市场协同方面具有更为明显的优势,为能源产业的转型发展提供了新契机。但仍存在以下几个方面的不足:一是现有成果虽从不同角度对未来能源生产消费与数字化发展进行了预测,但在理论脉络上将能源产业数字化与"双碳"目标的叠加分析尚有欠缺;二是现有成果对碳中和远景目标对能源产业结构和高质量发展产生的影响进行了分析,但在新发展格局下中国能源产业数字化赋能"双碳"目标实现的科学内涵与驱动机制尚无明确阐释;三是现有成果对加快能源产业结构调整升级和构建绿色清洁低碳体系的必要性进行了论述,但在能源产业数字化全面推进"双碳"目标实现的战略导向和技术路径尚未提出完整的政策框架。

因此,本书对新发展格局下能源产业数字化赋能"双碳"目标实现高质量增长和化解非对称性矛盾的理论逻辑进行了深入剖析,在"企业—产业—政府"分级衔接路径和可行机制的具体分析基础上提出供需双侧能源产业数字化协同发展路径,为我国如期实现"双碳"目标贡献智力成果和可行方案。

第三节　研究内容与研究方法

一、研　究　内　容

（一）研究框架思路

本书研究主线是从能源产业数字化赋能"双碳"目标实现的视角下,深入探讨能源产业数字化与节能增效如何有效衔接问题,并将研究视野向前后两端延伸。研究前端致力于系统梳理能源系统性变革的时代背景与经验做法,归纳总结世界范围内能源转型政策与数字化经验,剖析供需两侧能源产业数字化现状与影响,形成"双碳"目标下能源产业数字化的理论逻辑体系;研究后端侧重于聚焦未来能源产业数字化的成效评估与实践重点,前瞻性论证未来能源产业数字化发展方向、应用趋势与跨领域风险,探讨构建"企业—产业—政府"分级衔接的数字化转型体系,形成"双碳"目标下能源产业数字化的协同路径。由此形成的机理分析、现状分析、实证分析、对策分析的研究框架见图1-3。

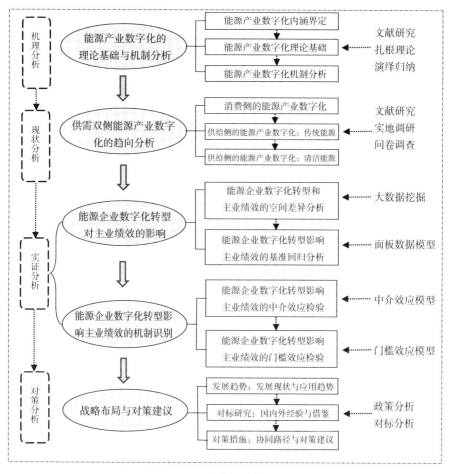

图1-3 本书结构框架图

(二) 主要研究对象与内容

本书基于能源低碳化发展和数字化转型并举的新趋势,探索"双碳"目标约束下能源产业数字化与高质量发展的理论机制、主要趋势、深层次问题与实现路径。除前言和结论展望外,本书重点围绕四个部分共10个章节展开,具体研究内容如下:

第一部分为能源产业数字化的发展背景与理论基础研究,具体内容包括:

第一章,数字化:"双碳"目标下的未来能源新时代。从"双碳"目标下的能源发展趋势出发,对新时代能源产业发展的基础、选择与路径进行分析,并围绕能源孤岛到数字互联系统的能源系统性变革,梳理能源产业数字化与"双碳"目标相关研究脉络,深化对能源产业数字化赋能"双碳"目标实现的认识和把握。

第二章,能源产业数字化理论与机制分析。依托新发展格局与发展经济学的基本原理和方法论,结合低碳经济学、产业经济学等重要相关理论,界定能源产业数字化的科学内涵及学理基础,构建"双碳"目标驱动下供需双侧推动能源产业数字化的机制框架,形成能源产业数字化与"双碳"目标有效衔接的知识体系与理论基础。

第二部分为能源产业数字化供需双侧的相关理论机理研究,具体内容包括:

第三章,需求侧的能源产业数字化:现状与影响。通过重点选取工业、交通、建筑三个需求侧用能典型产业,对需求侧能源产业数字化的现状与影响进行深入剖析,以需求侧典型产业的数字化用能和数据互联为核心基础,构建能源产业与实体经济深层次交叉赋能的理论逻辑。

第四章,供给侧的传统能源产业数字化趋向。重点选取油气、煤炭、电力三个传统能源供给侧核心产业,在数据技术、服务能力、生态建设三个重要核心层面,挖掘传统能源的数字产业新模式和减碳发展新方向,构建供给侧的传统能源产业数字化高质量可持续发展的理论逻辑。

第五章,供给侧的清洁能源产业数字化趋向。选取具有典型性的清洁能源供给侧核心产业,梳理该领域的数字化发展水平与现状特征,并明确在产业、区域以及技术三个层面所存在的问题和困难。通过推导能源产业数字化供需双侧的理论逻辑,为设计推动能源产业数字化的供需双侧协同发展路径奠定现实基础和有效支撑。

第三部分为能源企业数字化转型与主业绩效评估的实证分析,具体内容包括:

第六章,能源企业数字化转型与主业绩效的测度评估,基于大数据识别手段和 Python 语言构建能源企业数字化转型推动主业绩效提升的理论机制和实证模型,论证核心假设——能源企业数字化转型推动主业绩效提升的成立性。并通过分位数检验、延长观测窗口等方法对重要属性特征进行稳健性检验与异质性测度。

第七章,能源企业数字化转型与主业绩效的影响因素,通过创新性构建创新投入与创新产出、企业价值与财务稳定两组中介变量指标,定量识别能源企业数字化转型影响主业绩效中介效应和门槛效应的存在性,为深入刻画能源企业数字化转型对主业绩效影响的机制路径和非对称效应提供实证依据和数据支持。

第四部分为"双碳"目标下能源产业数字化协同路径研究。具体内容

包括:

第八章,全球能源产业数字化发展方向与应用趋势。针对国际能源产业数字化的战略布局与前沿应用,进行全球能源市场的现状分析与规模预测。

第九章,未来能源产业数字化的跨领域风险。面对近年来全球性突发危机对世界能源供求格局的短期和中长期影响,分析我国能源产业数字化可能面临的经济波动、信息安全和新贸易保护等跨领域风险,为未来能源产业数字化协同路径的提出奠定坚实基础。

第十章,面向碳中和的未来能源产业数字化协同路径。以我国面向碳中和的能源产业数字化发展机理与未来发展方向为基础,明确以"数字生态创新→产业数字化→数字产业化"梯次演化为主攻方向的分级衔接协同路径,并针对性提出有效助力"双碳"目标实现的政策框架、支撑体系与对策建议。

二、研 究 方 法

(一)系统分析方法

运用系统分析对能源产业数字化与碳减排的互促互济关系,探寻供需两侧能源产业数字化发展动态特征,剖析"双碳"目标驱动我国能源产业数字化的内在机理、边界条件与发展过程,形成行为研究→价值研究→规范研究的系统分析基本步骤,辅以文献研究和辩证研究等方法开展多学科、多层次的跨界综合探讨,针对能源产业数字化的未来发展机制、模式、路径和政策体系进行归纳和演绎,为本书协同发展模式、安全战略框架等政策研究提供科学基础。

(二)实证研究方法

依托 Python 语言的大数据挖掘分析功能对上市能源企业年报文本关于数字化转型的关键词进行识别、词频计数,得到数字化转型的"文本强度"并以此为代理变量实证揭示数字化赋能能源企业主业绩效的内在机理、中介效应及门槛效应,为数字经济引领能源产业技术创新,推动我国能源高质量可持续发展提供实证依据。

(三)质性分析方法

不同阶段、不同区域、不同类型的能源产业和企业存在典型差异,在"企业—产业—政府"分级衔接路径和可行机制层面存在较大差别。本书对我国能源重点行业进行多样本数据获取,分析内在关联、深层意义与演化规律,为构建能源产业数字化及产业化实践有效助力"双碳"目标实现的机制对策提供支撑。

第四节　研究特色与创新之处

本书围绕"双碳"目标下能源产业数字化的理论逻辑、深层问题、关键障碍和协同路径,通过全新的理论探讨、实证检验与经验借鉴,得出了一系列富有新意的观点和结论,研究成果具有重要的学术价值和创新之处。

一、研 究 特 色

(一) 从时代背景出发,解读能源数字化转型的科学内涵和机理条件

本书基于新发展格局与发展经济学理论,聚焦国家"双碳"目标要求和能源安全需要,首先界定了未来能源数字化的内涵范畴与转型特征,并通过分析能源数字化赋能"双碳"目标的机理与条件,系统构建了"减碳目标约束—产业绿色发展—企业节能高效"的研究层次。由此填补了当前研究针对能源数字化与碳减排协同路径不明确、绿色低碳发展与能源安全战略理解一致性等不足。面向能源绿色发展的"和谐、持续、效率"目标,拓展未来能源数字化转型的需求、成效与趋势研究。

(二) 从技术路径出发,凝练能源数字化发展的理论体系和实践依据

本书遵循自主可控和绿色低碳发展的中国实践理念,构建"双碳"目标下能源数字化的多维多层研究框架,深入梳理供给侧和需求侧能源数字化的技术路径和可行方案,补充了现代能源发展研究体系的数字化属性和实践性特点,能够为各行业部门、各区域政府规划提供前沿工具和理论依据,对推动我国能源可持续高质量发展具有重要现实意义和社会价值。

(三) 从整体布局出发,践行我国生态文明建设的可行模式和政策框架

本书立足生态文明建设整体布局和"四个革命、一个合作"能源安全新战略背景,探究我国能源数字化转型的高质量发展问题,通过节能与提效双轮驱动、供给与消费两端发力,系统性归纳能源数字化转型协同发展要点,有利于提高社会各界对能源数字化转型内在需求和外部约束的科学认知,促进各地区、各行业结合自身发展实际应对能源安全挑战和生态文明发展难题,通过总结规律、突破方向、找准抓手和把握要点,为我国如期实现"双碳"目标贡献智力成果和可行方案。

二、创　新　之　处

（一）学术思想的创新

"双碳"目标驱动下,数字化成为助力能源产业清洁低碳、高效发展的变革性要素。"双碳"目标是能源转型驱动力,数字转型是低碳高效核心力。能源产业数字化应以数字战略为先导,以改革创新为根本动力,从高质量发展全局出发,以数字生态创新→产业数字化→数字产业化梯次演化为主攻方向,多维度、全要素系统发力,促进能源产业和企业运营效益优化与效率提升,激发各类市场主体创新活力聚焦绿色低碳可持续发展,让碳中和为能源产业数字化导航,数字化为能源低碳发展战略赋能。

（二）学术观点的创新

绿色低碳发展和数字化转型相叠加已然成为能源产业发展的重要趋势,但当前产业数字化与节能低碳的互促互济作用还未凸显,推动两者的深度耦合和协同发展必须依赖于"目标—路径—政策"的多维实践体系。一是目标协同,绿色低碳、安全高效的未来能源体系构建是能源产业数字化的重要导向,节能减排、降本增效助力"双碳"目标实现是能源产业数字化的基础指引。二是路径协同,突出能源产业数字化可能存在的非对称效果,从"产权特征"与"区位特征"等视角出发,深入区分能源产业数字化影响主业绩效的结构性差异,切实增强数字技术赋能产业绩效提升与可持续发展的成效。三是政策协同,理解"双碳"背景下供需双侧能源产业数字化协同发展的新内涵,构建以产业协同、空间协调、技术驱动、市场配置等内容为主体的系统政策框架,将数字化相关政策嵌入碳达峰、碳中和各项配套政策之中,以更好地促进能源领域数字化和碳减排的良性互动,为政府有效治理提供有益的经验证据。

（三）研究方法的创新

从微观结构视角拓展对能源企业主业绩效提升的认识,丰富资本市场同能源企业数字化转型"互动—关联"模式的理解。在研究数据上,基于Python爬虫文本识别功能,采用关键词"搜索—配对—加总"的方法对沪深两市能源上市企业年报进行全面分析,为准确评估能源企业数字化转型的经济效应提供切实佐证。在研究范式上,以"基准分析—中介机制—异质性检验"为演进框架,从创新投入与产出、企业价值与财务稳定等多重渠道探求能源企业数字化转型与主业绩效之间的机制"黑箱",为能源企业数字化转型赋能主业绩效提升和高质量发展的理论机制提供了坚实的数据支撑。

三、学 术 价 值

通过前期研究与学术探索,本成果的学术价值主要体现在:

（一） 支撑和丰富能源产业的数字化发展理论

本书基于新发展格局与发展经济学理论,聚焦国家"双碳"目标要求和能源安全需要,界定未来能源产业数字化的内涵范畴与转型特征,挖掘能源产业数字化赋能"双碳"目标的机理与条件,系统构建了"减碳目标约束—产业绿色发展—企业节能高效"的研究层次,填补了已有研究成果对能源产业数字化与碳减排协同路径不明确、绿色低碳发展与能源安全战略缺乏一致性等不足。以多元化视角将能源绿色发展的内涵外延,支撑和丰富能源产业的数字化趋势研究和发展理论。

（二） 补充和完善碳中和愿景下的能源经济学体系

本书遵循自主可控和绿色低碳发展的中国实践理念,构建了"双碳"目标下能源产业数字化的多维多层研究框架,创新性提出供给侧和需求侧能源产业数字化的技术路径和可行方案,总结出现代能源发展研究体系的数字化属性和实践性特点,补充和完善碳中和愿景下的能源经济学和工业经济学体系,为行业部门和各级政府对能源产业数字化内在需求和外部约束的科学认知提供前沿工具和理论依据。

第二章 能源产业数字化
理论与机制分析

　　能源的数字化发展对企业提高经营绩效、能源产业转型升级、实现国家"双碳"目标具有重要意义。作为微观层面的转型主体,能源企业在能源产业数字化发展过程中发挥着关键作用。同时在宏观视角下,由能源企业所组成的能源产业以及培育和引导产业发展的政府也起着不可忽视的协同效应。本章以"双碳"目标为驱动因素,以战略一致性理论、动态能力理论为主,以技术创新理论、关系理论、社会技术系统理论、双元能力理论、科技给予理论、意义建构理论为辅,主要探讨能源产业数字化的理论与实现机制。通过以能源企业为概念主体,以大云物移智链等新一代数字技术为支撑,从企业层面的战略、管理、运营三个属性出发,结合产业层面对模式选择、技术水平、业务沟通的关键作用,综合考量政府在能源产业数字化转型过程中所具备的政策引导和行政干预职能,将微观、中观、宏观三个层面的协同效应链接起来,创新性地提出能源产业数字化的概念,系统阐述数字化转型发展的主要理论,并以需求侧的工业、交通、建筑三类需求侧能源企业及供给侧的石油、煤炭、电力、光伏、风电、水电、氢能七类供给侧能源企业的数字化转型发展实践案例为主体,全面分析二者之间的作用机制与协同发展关系,有利于探索能源企业数字化的具体实施途径与协同发展路径,并为能源产业制定数字化战略、选择数字化模式、研发数字化技术、开展数字化业务、进行数字化管理、实施数字化运营提出有效策略,为政府更具针对性地出台相关政策法规提供参考,对"企业—产业—政府"分级衔接的协同路径的构建具有深刻的理论价值与实践意义。

第一节　能源产业数字化内涵界定

　　在学术界,"数字化转型"一词最早由麦卡锡(McCarthy)提出,但其尚未给出明确的定义。之后,通过对282篇文章的综述,系统构建了产业数字化框架,并将其定义为:为应对数字技术冲击而作出的新价值创造途径,并管理会对结果产生积极或消极影响的结构变化和组织障碍的过程。此后在产业经济领域,产业数字化的概念被进一步外延和细化。

　　2012 年,国际商业机器公司(IBM)较早提出了"产业数字化转型"这一概念,强调运用数字技术重塑客户价值主张和组织交付运作模式。埃森哲咨询公司指出,产业数字化的重要特点是应用数字化技术提高产业运营效率。麦卡锡全球研究所指出,产业数字化可细分为资产数字化、运营数字化、劳动力数字化三个方面。数字化转型发展涉及领导能力、运作方式、工作资源、全面体验、数据信息五个方面。微软公司认为产业数字化路径包括用户交互、员工赋能、提升运营效率和转型产品与服务四个方面。而阿里巴巴集团则提出,产业数字化的重点应包含统一 IT 架构、业务中台互联网化和数据在线智能化三个方面。通过数字技术构建从数据收集和传送、到数据储存、再到数据处理和反馈的闭环,从而减少不同层级和行业之间的信息壁垒,提升行业整体运营水平,建设创新数字经济体系。

　　综上可以看出,目前针对能源产业数字化的概念界定还较为模糊和宽泛。本书基于上述学者提出的产业数字化转型,结合能源产业自身的特点,提出能源产业数字化的内涵如下,即能源产业数字化是指通过运用大云物移智链等新一代数字技术,重塑产业战略、模式、技术、业务、管理、运营等各大模块,打造具有战略谋划、数据赋能、创新能力的现代化能源产业集群,促进能源产业全面转型升级,推动全社会能源利用效率提升和结构优化的过程。该内涵以能源企业为微观主体实践,将大云物移智链等新一代数字技术作为技术范畴,以包含业务在内的整体组织为转型领域,系统阐释了能源产业数字化在微观(企业)、中观(产业)和宏观(政府)层面的协同作用效果,能够较好地填补当前企业界和学术界对能源产业数字化概念研究的空缺。图 2-1 展示出能源产业数字化具体的概念机理。

第二节　能源产业数字化理论基础

　　产业数字化理论对开展数字化转型发展实践具有重要的指引作用。基于上述对能源产业数字化的概念界定,本节将继续深入探讨产业数字化,从而为后续的能源产业数字化分析奠定坚实的理论基础。当前学术界运用较广泛的产业数字化理论主要基于产业的数字化转型、升级发展而提出,包括动态能力理论与战略一致性理论,技术创新理论等。其中,动态能力理论和战略一致性理论对能源产业数字化更具有针对性和普适性。本书认为感知能力、获取能力、转化能力、整合能力是能源产业数字化动态能力的四个核心方面,而战略执行一致性、技术转化一致性、竞争潜力一致性、服务水平一致性则是能源产业数字化实践需重点关注的四个维度。

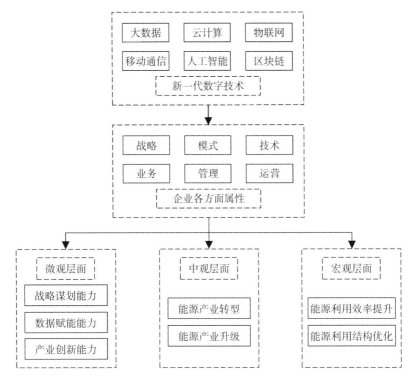

图 2-1　能源产业数字化的概念机理

一、动态能力理论

动态能力理论是最具活力的战略管理方法之一,可作为数字化转型发展对产业和企业绩效影响的中介机制。该理论最初于 1994 年由国外学者蒂斯等(Teece 等,1994)[1]提出,其认为动态能力是为获取和保持竞争优势,集成、构建和重新配置产业内外部资源的能力。随后,动态能力理论的内容不断被厘清和深化。艾森哈特等(Eisenhardt 等,2000)[2]提出,动态能力是指创建新的资源配置以建立短期竞争优势,同时提升现有资源配置以获取长期竞争优势的能力。国内部分学者指出,动态能力是指通过动力、学习和匹配三大机制交替运转的机理,以战略分析、定位、实施、评价和调整为路径,整合和配置内外部资源,重建竞争优势,以不断适应内外部环境的能力。从资源异质性、组织惯例和高阶能力三个视角来看,动态能力是企业在适应

①　Teece D., Pisano G., The Dynamic Capabilities of Firms: An Introduction, *Industrial and Corporate Change*, Vol.3, 1994.

②　Eisenhardt K. M., Martin J. A., Dynamic Capabilities: What Are They? *Strategic Management Journal*, Vol.21, 2000.

市场环境变化时形成的一种组织惯例,是企业提高绩效的核心能力。因此,动态能力是分析能源企业数字化转型的重要视角。通过对现有文献的梳理,本书归纳出如下定义:动态能力是指企业为保持和获取竞争优势、适应数字化环境,持续建立、调适、重组企业内外部资源,感知变化、获取价值、转化资源、整合战略的一种弹性能力。

动态能力理论具体包括感知、获取、转化、整合四个方面的能力①。具体而言,感知能力通过识别、开发和评估三个阶段实现。其中,识别是指企业事先过滤和筛选市场信息以甄别外部市场环境存在的机会和威胁。开发是指企业进一步挖掘相关信息以确定具体的市场领域。评估是指企业运用技术分析等手段衡量市场机会的潜在价值。获取能力分为设计、选择和承诺三个过程。其中,设计是指企业根据当前市场环境制定符合战略目标的相关方案。选择是指企业从众多方案中挑选最具可行性和实效性的解决方案。承诺是指企业针对实施方案作出的与产品、服务、流程或商业模式选择相关的具体决策。转化能力包括利用、创建、获取、释放四个行动。利用是指企业运用现有的资源配置制定战略规划和决策。创建是指企业创造新的资源以建立新的竞争优势。获取是指企业对内外部资源的取得和使用。释放是指企业淘汰落后的资源组合以改善企业现有的商业模式。整合能力能够帮助平台领导者在跨网络效应导致高度相互依赖的条件下,设计和转换其商业模式、产品和生态系统,从而降低自身的交易成本并将自身置于更不可或缺的位置,以达到创造和获取价值的目的。

二、战略一致性理论

战略一致性理论可用于企业数字化转型战略的制定和实施。学术界对战略一致性理论的定义经过丰富的研究逐渐深化。早期,莱克等(Reich等,1996)认为战略一致性是指业务与信息技术(简称IT)战略的匹配过程②。汉德森等(Henderson等,1993)则认为,一致性不仅指业务与IT战略的一致性,也应该是业务与IT基础设施和流程之间保持一致的过程③。此后,其他学者提出,信息技术应与企业战略相融合,而不是仅仅将其视为功

---

① 韦影、宗小云:《企业适应数字化转型研究框架:一个文献综述》,《科技进步与对策》2021年第11期。

② Reich B.H., Benbasat I., Measuring the Linkage between Business and Information Technology Objectives, *MIS Quarterly*, Vol.20, 1996.

③ Henderson J.C., Venkatraman N., Strategic Alignment: Leveraging Information Technology for Transforming Organizations, *IBM Systems Journal*, Vol.32, 1993.

能层面的战略与企业的业务保持一致。另外,战略一致性不是一个最终状态,而是信息技术和企业战略之间动态同步的过程。基于上述讨论,本书归纳总结出该理论的内涵如下:战略一致性理论是指数字战略与企业需求不断变化和相互适应以保持动态一致的过程。该内涵具有三个前提条件:第一,企业的绩效取决于支持成功实现战略决策的结构和能力;第二,战略一致性是一个企业和信息系统(简称 IS)战略相互驱动的双向过程;第三,战略一致性是一个不断适应和变化的过程。

战略一致性理论的主要内容可分为战略执行、技术转化、竞争潜力与服务水平四个核心领域。战略执行一致性是指企业通过灵活的领导力、混合技能的发展和架构视角,制定明确的战略目标。其中,灵活的领导力反对严格的角色定义,强调团队合作和持续改进,并要求与客户保持密切沟通;混合技能包括商业技能、战略技能和 IT 能力;架构视角为企业及其外部伙伴的结构和运作提供了总体蓝图,使企业能够以有限的资源最有效地实现其目标。技术转化一致性是指企业通过建立架构视角识别出最可行的数字技术及与其对应的数字系统架构以实行企业战略。竞争潜力一致性是指企业运用数字创业和价值创造,影响新产品与服务等关键属性并创建新的关系形式,以调整企业的竞争潜力。其中,数字创业是指建立一个新的组织,以及发展一个依赖信息和通信技术运作或提供产品服务的现有组织。服务水平一致性是指企业通过价值保护者协助内部服务机构数字化,从而实现服务水平的调整。其中,价值保护者是指确保 IT 基础设施能够加强企业内外部运营的能力以及整个价值链的核心能力。

三、其他数字化转型理论

技术创新理论强调技术创新对企业生产水平的促进作用,主张企业数字化转型的主导动因是数字技术革新,探讨了数字技术在企业业务改进、价值创造、产品研发等过程中的作用。技术创新理论包括技术示能性理论和数字化赋能理论。其中,技术示能性理论是指企业为实现某个特定目标,运用数字技术所采取的行为。根据企业对技术工具的认识、掌握程度和综合运用能力,数字技术既可能对企业实现目标产生支持作用,也可能产生抑制效果。

社会技术系统理论主要包括多层次视角的理论框架和转型管理理论。其中,多层次视角的理论框架主张数字化转型是宏观层面的外部环境(经济、政治、文化等因素)、中观视角的社会技术体制(现有企业、技术、标准等)和微观维度的创新利基(创新企业、创新技术或产品等)三个要素交互作用的结果;转型管理理论认为社会技术系统的转型是一个持续渐进的过程,包括战略管理(可持续观念的建立)、策略管理(体制变革)和运作管理(转型实践)等层次,强调短期目标和长期愿景的一致性,以推动系统的可持续发展。双元能力理论探究了在数字化转型影响企业绩效的过程中,双元能力产生的中介效应。

第三节 "双碳"目标驱动下的能源产业数字化分析框架

当前学术界从不同理论视角出发探究数字化转型的机制、路径与结果,构建了各具特色的数字化转型分析框架。其中,大部分学者从企业的微观层面出发制定数字化转型的研究框架,少数学者则以行业或国家作为转型主体,从中观和宏观的视角构建了数字化转型的理论分析框架。

在国家层面,部分学者基于创新环境、创新主体、创新机制和创新资源等方面研究了数字化转型对国家创新体系的作用机理。如翟云等从数字社会、数字生态、数字政府和数字经济四个角度入手,探索了数字化转型对提升国家治理能力的作用机制[1]。通过宏观的视角进行数字化转型研究有助于构建数字化转型的制度体系框架,具有统筹全局的视野;但缺乏具体的行业架构分析,无法结合各行业的特点提出更具针对性的对策建议。

在行业层面,学者大多从煤炭、油气、电力等能源细分行业探究了能源产业数字化转型的路径与挑战,并据此提出研究对策。如吴张建基于电力行业视角,从电网侧、发电侧和用电侧三个方向提出了能源产业数字化的主要问题、技术路线和行动方案[2]。祝合良等人基于推—拉理论,从数字技术、经济模式、治理模式和基础保障四个方面构建了产业数字化转型的动力体系[3]。通过行业的中观层面进行数字化转型研究能够全面剖析某一特定行业的转型特点,具有一定的全局视角,但缺乏细致的企业架构研究,无法针对企业数字化转型的战略实施和执行提出具体的改进方案。

在企业层面,动态能力理论和双元能力理论在探究制造企业数字化转型对企业绩效的影响中较为常见。并根据战略一致性理论和动态能力理论分析企业数字化转型的过程和机理。如池仁勇等人从制造过程数字化和商

---

① 翟云、蒋敏娟、王伟玲:《中国数字化转型的理论阐释与运行机制》,《电子政务》2021年第6期。

② 吴张建:《面向碳中和的未来能源发展数字化转型思考》,《能源》2021年第2期。

③ 祝合良、王春娟:《"双循环"新发展格局战略背景下产业数字化转型:理论与对策》,《财贸经济》2021年第42期。

业模式数字化两个角度分析了企业数字化转型对组织财务绩效的作用机制①。朱秀梅等人基于技术创新理论、关系理论和战略理论从产品、组织、模式、流程、服务五个方面探究了企业数字化转型的前因、过程和结果②。也有学者从模式与战略、组织变革、创新管理、创业管理、平台生态治理、营销管理、运营管理等方向出发,结合数字技术与企业实践构建了企业数字化转型与管理的分析框架。以及基于数字技术和消费需求两个驱动因素,探究企业数字化转型的积极和消极影响等。

　　由于企业层面出发建立的数字化转型分析框架相较于行业和国家层面的研究架构更具有针对性且更为细致具体,有利于构建微观层面的数字生态系统,自下而上地推动全行业乃至整个国家的数字化转型进程。因此,本部分主要通过整合目前学术界关于数字化转型的主要理论及分析框架,基于国家"双碳"目标,结合能源产业的特点,从企业的微观视角出发,创新且系统地构建能源产业数字化的分析框架如图 2-2 所示。

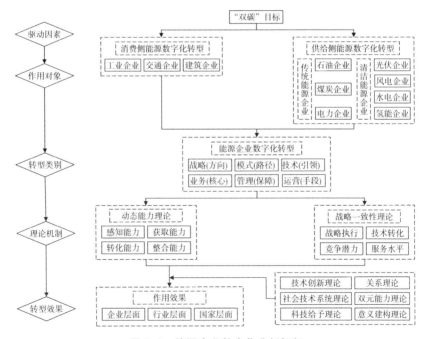

图 2-2　能源产业数字化分析框架

①　池仁勇、郑瑞钰、阮鸿鹏:《企业制造过程与商业模式双重数字化转型研究》,《科学学研究》2022 年第 40 期。
②　朱秀梅、林晓玥:《企业数字化转型:研究脉络梳理与整合框架构建》,《研究与发展管理》2022 年第 4 期。

本书以"双碳"目标为驱动因素,分别从需求侧(工业、交通、建筑部门)和供给侧两个方面分析了能源产业数字化转型的机制与路径:在需求侧着重提高企业的用能效率,促进产业优化升级;在供给侧着重开发清洁可再生的新能源,并逐步降低化石燃料的使用占比,以改善能源利用结构;以动态能力理论(感知能力、获取能力、转化能力、整合能力)和战略一致性理论(战略执行、技术转化、竞争潜力、服务水平)为主,以技术创新理论、关系理论、社会技术系统理论、双元能力理论、科技给予理论和意义建构理论等理论为辅,全面剖析需求侧和供给侧的能源企业在战略、模式、技术、业务、管理和运营六个重点方面所作出的数字化转型实践及其对企业、行业和国家三个层面的数字化转型的作用效果。其中,供给侧的能源企业可进一步划分为传统能源企业(石油企业、煤炭企业、电力企业)和清洁能源企业(光伏企业、风电企业、水电企业、氢能企业)。

一、能源产业数字化战略分析

数字化转型战略是指为实现数字化转型,依托数字技术应用的理念、方法和机制所制定的愿景、目标和生态蓝图,是战略管理的重要组成部分。作为数字化转型的方向,数字化转型战略决定了数字化转型的基本路径。因此,数字化转型战略的制定成为能源产业实施数字化转型的首要任务之一。

(一) 数字化转型战略的定义和类型

学术界针对数字化转型的战略规划展开了丰富的研究。塞巴斯蒂安(Sebastian 等,2017)通过对 25 家企业的数字化转型进程开展研究,制定了客户参与战略与数字化解决方案战略[①]。特卡西等(Tekic 等,2019)基于企业数字化运营的商业模式发展程度和对数字技术的掌握程度,提出了颠覆性战略、技术引领战略、商业模式引领战略和差异化模拟战略[②]。企业应根据自身数字化转型动力和阻力的大小,采用激进式、渐进式或混合式战略,但各类数字化转型战略的适用主体仍待进一步研究。后续学者进一步细化上述研究,依据企业规模、技术实力和数字化阶段,将企业的数字化转型战略分为防守型、进攻型和混合型战略。其中,防守型战略主要适用于数字技术实力较弱或处于数字化发展初步阶段的中小企业。此类企业应进行平台

---

① Sebastian I.M., Ross J.W., Beath C., How Big Old Companies Navigate Digital Transformation, *MIS Quarterly Executive*, Vol.3, 2017.

② Tekic Z., Koroteev D., From Disruptively Digital to Proudly Analog: A Holistic Typology of Digital Transformation Strategies, *Business Horizons*, Vol.6, 2019.

创新合作和数字技术革新,同时运用数字技术提高现有产品、服务、流程等各方面的数字化水平,以逐步开展数字化转型。进攻型战略适用于数字技术实力雄厚或处于数字化发展成熟阶段的大型企业。此类企业可运用数字技术自主研发新产品,通过投资、并购等方式开拓新市场,以提供新的价值主张。混合型战略则适用于具有一定的数字技术储备或数字化发展处于中等水平的企业。此类企业应综合运用进攻型和防守型的策略,优先发展局部优势并逐渐拓宽到全局,以不断提升企业的数字化实力。也有学者通过整合分析学术界和实践中的数字化转型战略类型和特点,依据企业的组织适应性水平与数字化资源投入程度提出了变革依赖型、生态导向型、业务主导型和技术主导型四类数字化转型战略。其中,变革依赖型战略是指依赖于外部企业建立数字化平台的战略,适用于组织结构灵活、数字化基础薄弱的小型企业。生态导向型战略是指通过引领数字化平台生态建设,改善企业运作模式,促进平台生态系统的可持续发展,适用于数字化资源丰富的大型企业。业务主导型战略着重从具有优势的传统业务中开展数字化转型,以提升业务绩效,适用于组织惯性较大、对数字化技术依赖性不强的传统企业。技术主导型战略指通过数字技术的研发和创新来改善企业的生产流程,从而提升运营效率,适用于对技术有较高依赖度的传统大型企业。

基于战略一致性理论分析王永贵等所提出的四种数字化转型战略类型,可以发现,战略执行一致性可对应生态导向型战略,强调企业构建平台生态系统,以加强与各主体的联系;技术转化一致性可对应技术主导型战略,强调企业开展技术研发与创新,以识别出最可行的数字技术;竞争潜力一致性可对应业务主导型战略,强调企业将数字技术创新运用于各个业务环节以提高企业竞争力;服务水平一致性可对应变革依赖型战略,强调企业通过借助外部企业的数字化平台以提升服务水平。

(二) 能源企业的数字化转型战略分析

表2-1列出了部分需求侧代表性企业所运用的数字化转型理论、采取的数字化转型战略类型、具体的实践案例及实践成效。

从能源需求侧角度可以看出,业务主导型、生态导向型和技术主导型是三类常用数字化转型的战略类型。它们注重业务流程和全生命周期的数字化创新,以价值创造为根本目标,推动企业数字化转型向高质量可持续发展。

表 2-1　需求侧能源企业数字化战略分析

企业类型	企业名称	理论类型	战略类型	实践案例	最终结果
工业企业	安阳钢铁	动态能力理论	业务主导型战略	发力新基建、打造"样板间"、按下快进键	推动企业数字化转型
	海尔集团	关系理论	生态导向型战略	提出了用户和企业的网络化战略	促进工业行业数字化转型
交通企业	中国一汽	动态能力理论 技术创新理论	技术主导型战略	以商业创造等为关键,以价值创造为目标,打造新的品牌潮流 IP	推动企业高质量发展
	长安汽车	关系理论	生态导向型战略	与宁德时代、华为公司达成战略合作关系	创建智能电动汽车技术平台
	东风汽车	科技给予理论	业务主导型战略	提出了"数字东风,驱动梦想"的蓝图	推动各项业务的数字化创新
	中交集团	关系理论	生态导向型战略	着力打造交通基建互联网生态	建设"数智中交"
建筑企业	中国铁建	动态能力理论 战略一致性理论	技术主导型战略	提出了"建设一流数智企业"的战略目标	推动企业信息化建设和数字化转型
	上海建工	技术创新理论 社会技术系统理论	技术主导型战略	制定了科技创新、服务商转型及数字化转型的三大战略	成为建筑全生命周期服务商领跑者

资料来源:IEA,The Potential of Digital Business Models in the New Energy Economy,2022。

　　从表 2-2 供给侧的部分企业角度可以看出,进攻型战略作为不同于需求侧战略三种类型的突出代表。这与能源供给主体中传统能源企业和清洁能源企业所面临的全新发展格局不无关联。以南方电网的进攻型战略为例,该公司将数字化转型作为企业战略转型的基本路径,确立了向智能电网运营商、能源产业价值链整合商和能源生态系统服务商转型的"三商"转型战略,促进能源产业转型发展,提高现代化治理能力。

表2-2　供给侧能源企业数字化战略分析

企业类型	企业名称	理论类型	战略类型	实践案例	最终结果
石油企业	中石油	动态能力理论,战略一致性理论,社会技术系统理论	进攻型战略	"数字中国石油"战略	推动石油行业高质量发展
	中石化	技术创新理论	业务主导型战略	"一基两翼三新"格局	实现价值创新
	英国石油公司	动态能力理论,战略一致性理论,关系理论	生态导向型战略	与其他企业合作共建能源生态系统	实现能源产业数字化和净零碳目标
	埃克森美孚公司	技术创新理论,关系理论	技术主导型战略	建立技术合作伙伴关系	提高企业运营效率
	壳牌集团	动态能力理论,战略一致性理论,双元能力理论	混合型战略	智能制造数字化产品	赋能合作企业和客户
煤炭企业	国家能源集团	动态能力理论,战略一致性理论,技术创新理论	进攻型战略	平台化发展,数字化运营,生态化协作,产业链协同,智能化生产	促进煤炭行业数字化转型
	中国煤科	动态能力理论,战略一致性理论,关系理论	生态导向型战略	"煤智云"大数据中心	推动构建煤炭行业数据生态系统
	中煤集团	动态能力理论,战略一致性理论,社会技术系统理论	进攻型战略	"数字中煤"战略	促进能源产业低碳创新发展
	陕西煤业化工集团	技术创新理论,双元能力理论	技术主导型战略	围绕创新链布局产业链,开展技术创新研发	推动企业高质量发展

续表

企业类型	企业名称	理论类型	战略类型	实践案例	最终结果
电力企业	施耐德电气企业	动态能力理论、战略一致性理论、关系理论	生态导向型战略	"数字化领导者"和"行业应用专家"	实现供应链整体碳减排
	南方电网	关系理论、社会技术系统理论	进攻型战略	"三商"转型战略	推动国家现代化治理能力提升
	法国电力公司	科技给予理论、意义建构理论	生态导向型战略	信息化、智能化、数字化	建立大型综合能源生态型企业
光伏企业	天合光能	动态能力理论、战略一致性理论	进攻型战略	用户体验、运营管理、业务模式的数字化转型	成为智能光伏的参与者、推动者和引领者
	晶澳科技	动态能力理论、战略一致性理论、技术创新理论	进攻型战略	创新驱动、数字驱动、智能引领	打造智能制造工厂和人性化组织生态
	能环宝	科技给予理论	技术主导型战略	能环宝智慧服务系统	提高光伏电站运营效率
风电企业	三一重能	动态能力理论、战略一致性理论、关系理论	技术主导型战略	"1+5"数字化转型战略	推动风电行业数字转型
	华锐风电	科技给予理论	技术主导型战略	智能化战略	提升企业运营效率
水电企业	中国电建	动态能力理论、战略一致性理论	生态导向型战略	综合服务和项目管理大数据平台	打造具有竞争力的能源生态圈
	三峡集团	动态能力理论、战略一致性理论、技术创新理论	技术主导型战略	"双轮驱动"战略	促进水电行业数字转型

续表

企业类型	企业名称	理论类型	战略类型	实践案例	最终结果
氢能企业	提亚数科	科技给予理论、关系理论	生态导向型战略	能源供给、流程制造、城市用能管控	推动构建氢能生态系统
	深兰科技	技术创新理论	技术主导型理论	人工智能燃料电池整车系统平台	推动氢燃料电池物流车降本增效

资料来源：IEA, The Potential of Digital Business Models in the New Energy Economy, 2022。

（三）能源产业数字化战略分析总结

通过上述战略分析可发现,能源企业大多基于动态能力理论与战略一致性理论制定数字化转型战略,而其他理论则具有重要的辅助作用。其中,技术创新理论、社会技术系统理论、科技给予理论、双元能力理论主要运用于技术主导型和业务主导型战略,关系理论主要运用于生态导向型和变革依赖型战略。大多数能源企业采用的战略为生态导向型和技术主导型,即以构建数字化平台生态系统和技术研发创新的方式推动数字化转型,较少能源企业采用业务主导型和变革依赖型。原因在于:其一,能源企业的转型发展对技术依赖性较强,传统能源企业依赖数字技术进行高效转化和清洁生产,清洁能源企业依赖数字技术进行能源开发与利用,故而较多采用技术主导型战略。其二,业务主导型战略适用于对技术依赖性不强的传统大型服务企业,对能源企业较不适用,故而较少采用业务主导型。其三,各类能源企业之间通过开展战略合作,共同打造数字化平台,可促进数字技术创新,推动企业数字化转型,故而较多采用生态导向型。其四,本书分析中所提到的能源企业大多为国内外大型能源企业,具有一定的数字化资源积累,一般不需要依赖外部企业建立数字化平台,故而较少采用变革依赖型。未来,各类能源企业在制定数字化战略时,应充分考虑自身所处的行业特点,结合企业的核心竞争优势等特性,制定合理的数字化战略,为企业数字化转型指明正确的方向。

二、能源产业数字化模式分析

数字化转型模式是指企业在数字化转型的长期探索与实践过程中,逐渐发展出的具有一定参考价值、可供其他企业效仿的行动范式。作为企业数字化转型的路径,数字化转型模式决定了企业技术、业务的发展路线,为企业的管理、运营提供了基本的行为准则。

（一）数字化转型模式的定义与类型

当前学术界对数字化转型模式的探索仍处于起步阶段,相关研究在近年来开始有明显的增多。具体而言,学术界主要采用案例研究、文献调查等分析方法,结合各行业数字化转型的战略特点,总结了各具特色的数字化转型模式。

在宏观层面,针对中国经济、社会、人口现状,主要有基于技术优势、基于人口优势和跟随者三类数字化转型模式。具体而言,基于技术优势模式强调技术创新和技术研发,旨在通过数字化技术的应用打造全球领先的数字产业;基于人口优势模式是指充分利用中国庞大的消费者市场,优先进行消费端的数字化转型;跟随者模式是指紧随当今世界数字经济发展潮流,积极学习发达国家先进的数字化技术,将数字基础设施应用到各大领域,推动全社会数字化转型。

在中观层面,基于产业结构演变的影响因素,主要有创新动因主导的增值服务模式和由社会动因主导的倒逼模式。其中,创新动因主导的增值服务模式是指由企业内部的数字技术创新、业务革新、组织变革等内生力量驱动的产业数字化转型模式;倒逼模式是指由制度转变、社会需求变化、竞争压力等社会因素驱动的产业数字化转型模式。

在微观层面,基于制造企业数字化转型的内外部动因,主要有模块嵌入式、业务聚焦式、平台共享式、并购重组式和价值链拓展式五大数字化转型模式。其中,价值链拓展模式分为水平拓宽和纵向延伸两种类型,即开展多元化业务和增加产品附加值,分别对应变革依赖型和技术主导型战略;业务聚焦模式是指企业将数字技术着重应用于核心业务,可对应业务主导型战略;模块嵌入模式是指企业将适合数字化转型的流程模块嵌入企业转型的过程中,可对应混合型战略;并购重组模式是指企业并购数字化企业,并利用其已有数字技术,快速占领数字市场,可对应进攻型战略;平台共享模式是指企业与上下游企业共同搭建数字化平台,实现数据共享、资源互通,可对应生态导向型战略。王永贵等(2021)[①]还提出了效率提升驱动、客户体验驱动、业务变革驱动和商业模式创新驱动的四大转型模式。其中,效率提升驱动模式对应技术主导型战略,是指企业通过数字技术研发和应用提高生产运营效率;客户体验驱动模式对应变革依赖型战略,是指企业根据客户个性化需求提供相关产品或服务,以增强用户的数字化体验;业务变革驱动模式对应业务主导型战略,是指企业通过数字化技术重塑业务流程与结构,以实现业务转型和绩效增长;商业模式创新驱动对应生态导向型战略,是指企业通过建立数字生态平台,与生态伙伴共同创建新的价值主张,实现互利共赢。

然而,目前学术界对能源产业数字化模式的研究相对匮乏。本书通过归纳、梳理数字化转型模式的相关文献,结合能源产业自身的特点,全面系统地总结出技术创新、业务变革、客户体验、平台共享四种能源产业数字化模式。

其中,技术创新模式对应技术主导型战略,是指能源企业通过数字技术研发与应用,改善能源开采、运输、转化等各大流程,降低能耗成本,提高运

---

① 王永贵、汪琳:《传统企业数字化转型战略的类型识别与转型模式选择研究》,《管理评论》2021 年第 33 期。

营效率;业务变革模式对应业务主导型战略,是指能源企业通过深化数字技术在各类能源业务中的运用,重塑业务结构与流程,进而提升企业绩效;客户体验模式对应变革依赖型战略,是指企业聚焦于客户需求,通过数字技术提高能源服务效率,满足客户多元化用能需求,增强客户的数字化体验;平台共享模式对应生态导向型战略,是指能源企业联合其他转型主体共同打造能源生态系统,促进数据信息的互联互通和资源平台的共建共享,实现合作共赢。

（二）能源企业的数字化转型模式分析

根据能源产业数字化的四种基本模式,表2-3和表2-4分别列出了需求侧和供给侧企业在数字化转型模式方面的实践与成效。

表2-3　需求侧能源企业数字化模式分析

企业类型	企业名称	理论类型	模式类型	实践案例	最终结果
工业企业	海尔集团	关系理论	平台共享	采用"平台+小微企业"的数字化发展模式	构建了海尔智家、卡奥斯、海纳云、盈康一生、海创汇五大平台
	首钢集团	社会技术系统理论	客户体验	实施产品线上结算、用户自主下单等方案	提高了销售效率,增强了用户数字化体验
	美的集团	科技给予理论	业务变革	重构业务流程,打造数字化系统	推动企业实现全面数字化和智能化
交通企业	中国一汽	社会技术系统理论	客户体验	跨域创新、直接在线、持续迭代	满足用户需求、增强用户体验
	中交集团	技术创新理论	业务变革	实施系统的业务重构	为企业创造更多的商业价值
	上汽大众	社会技术系统理论	客户体验	通过线上与线下相结合的模式升级客户的数字化体验	推动各环节用户全生命周期的数字化转型
建筑企业	中国铁建	科技给予理论	业务变革	开展智慧制造、智慧运营、智慧施工等数字化转型活动	推进企业数字化转型进程
	上海建工	技术创新理论 科技给予理论	业务变革 客户体验 技术创新	搭建工程全周期数字化建造体系、构建集团全产业运营大数据平台、加强数字化品牌建设、培养专业化人才	全方位推动企业数字化转型

资料来源:笔者根据国家能源局《"十四五"现代能源体系规划》及各企业年报中数据自行整理所得。

表 2-4 供给侧能源企业数字化模式分析

企业类型	企业名称	理论类型	模式类型	实践案例	最终结果
石油企业	中石油	技术创新理论	技术创新	产能驱动向创新驱动	形成了石油钻探开采的核心技术
	中石化	科技给予理论、关系理论	技术创新、客户体验、平台共享	智能化、共享化、线上化、服务化	推动企业数字化转型
	壳牌集团	动态能力理论	业务变革	嵌入式数字化治理运营	提高企业运营效率
煤炭企业	国家能源集团	科技给予理论、意义建构理论	技术创新	智能生产、智慧管理、智慧运营	深化数字技术在各方面的创新运用
	中国煤科	技术创新理论	技术创新、客户体验	智能矿山建设一体化解决方案	引领煤炭行业数字化转型
电力企业	国家电网	科技给予理论	业务变革	将数字技术运用于电网生产、企业经营、客户服务	实现业务数字化转型
	南方电网	社会技术系统理论	业务变革、客户体验、平台共享	数字电网	促进电力行业转型升级
	施耐德电气	动态能力理论、关系理论	平台共享	规划先行、场景聚焦、敏捷韧性、生态共赢	推动电气行业数字化转型
光伏企业	天合光能	科技给予理论	客户体验、业务变革	借助数字技术降低企业运营成本,增强客户体验,创新业务模式	推动企业数字化转型
	晶澳科技	动态能力理论	业务变革	智能化生产制造体系	推动光伏企业数字化转型

续表

企业类型	企业名称	理论类型	模式类型	实践案例	最终结果
风电企业	三一重能	科技给予理论、意义建构理论	业务变革	"工业4.0"与数字技术深度融合	实现生产智能化,运营可视化
	华锐风电	技术创新理论	技术创新、客户体验	开展混塔、前馈控制算法等关键技术的研发	满足客户对低用电成本和高可靠性的需求
水电企业	三峡集团	技术创新理论	技术创新、业务变革	工程管理系统	推动电力生产和流域调度数字化
	中国电建	关系理论	平台共享	以建筑信息模式为核心的基础数字技术平台	推动共建工程数字化生态圈
氢能企业	宝丰能源	技术创新理论	技术创新、业务变革	"光伏+氢能"的新能源综合应用发展布局	推动新能源替代式发展的产业化应用
	潍柴动力	科技给予理论	客户体验	全程服务中心系统	提升服务质量,塑造良好口碑

资料来源:笔者根据国家能源局《"十四五"现代能源体系规划》及各企业年报中数据自行整理所得。

从需求侧角度,客户体验和业务变革是企业数字化转型以达到能源高效利用的常见举措。如,首钢集团基于社会技术系统理论,采用客户体验模式,实施了产品线上结算、用户自主下单等方案,极大地提高了销售效率,增强了用户数字化体验,在业务流程的全生命周期取得了节能增效的突出优势。

从供给侧的角度,对传统能源企业而言,数字化转型过程主要依托赋能、优化、再造三个阶段[①],综合技术创新、客户体验和平台共享等模式,推行智能化、共享化、线上化和服务化四种转型路径。而对清洁能源企业而言,借助新一代信息技术推进企业数字化转型,降低企业运营成本,不断增强客户体验,持续创新业务模式则是不断推动企业数字化转型的可行路径。如宝丰能源作为一家氢能企业,基于技术创新理论,推行业务变革和技术创新模式,构建了“光伏+氢能”的发展布局,建立了高度智能化的生产制造体系,以新能源与化石能源的融合式发展为抓手,积极推进新能源替代式发展的产业化应用,减少化石能源在一次能源消费中的占比。

(三) 能源产业数字化模式分析总结

根据上述分析可知,单一数字化转型模式或混合数字化转型模式在供需双侧能源企业数字化转型中具有一定的应用。在混合数字化转型模式中技术创新、业务变革、客户体验和平台共享四类模式的深度融合十分常见。同时,可以发现技术创新模式主要运用了技术创新理论,业务变革模式主要运用了科技给予理论,平台共享模式主要运用了关系理论,客户体验模式主要运用了社会技术系统理论。

值得一提的是,各个理论与各类模式之间并非严格的一一对应关系:动态能力理论、技术创新理论、关系理论、社会技术系统理论、科技给予理论和意义建构理论可相互结合,共同运用于企业数字化转型的单类模式中;而单个理论也可以适用于多种模式。能源企业在制定数字化转型路径时,可加强对四大模式的综合应用:通过平台共享模式推动技术创新,通过技术创新模式带动业务变革,通过业务变革模式增强客户体验,再通过客户体验模式进一步驱动平台共享、技术创新和业务变革,充分发挥四类模式的特点,全面推动能源产业数字化进程。

---

① 孙振星:《助力“双碳”光伏产业大有可为》,《华兴时报》2022年第4期。

三、能源产业数字化技术分析

数字化转型技术是基于计算机、互联网、多媒体等信息技术产生的,借助计算机、通信卫星等电子设备,用于表达、传输和处理所有信息的数字技术,主要包括大云物移智链等。数字化转型技术作为企业数字化转型的引领,为企业数字化转型中的业务、管理、运营等方面注入强大动力,有利于增强顾客与企业的交互关系,重塑企业业务结构,提升产品的生产效率和质量,从而提高企业绩效。

（一）数字化转型技术的定义与类型

赵剑波(2022)①提出了四种当前主流的数字化转型技术范式,分别为工业互联网、产业互联网、智能制造和反向制造。具体而言,工业互联网是指一种将人、物、机器和计算机相连接,通过数据分析与智能工业操作,提高企业产出的信息技术网络。产业互联网是指利用数字化手段,整合产业链上下游企业的经营生产资源,打造各类数字化服务平台,促进产业转型升级的信息技术范式。智能制造是指将制造业与数字技术深度结合,强化对智能制造技术和系统的开发和应用,以创造价值的数字技术范式。本书将智能制造的概念主体进行调整,以能源产业作为主体,提出智能能源的概念:将数字技术与能源产业高度融合,运用智能能源技术改进能源企业的业务、运营、管理等各方面属性,构建人机一体化的智能能源系统,以推动能源产业数字化的技术范式。反向制造是指利用数字技术将用户直接与生产厂商进行连接,使工厂根据用户需求进行生产,以满足用户个性化诉求,降低企业库存成本的反向生产模式。

结合数字化转型战略和模式进行分析,可以发现,工业互联网主要适用于采用业务主导型战略及业务变革模式的企业;产业互联网可用于实施生态导向型战略和平台共享模式的企业;智能能源可服务于采用技术主导型战略和技术创新模式的企业;反向制造则适用于采用变革依赖型战略和客户体验模式的企业。

（二）能源企业的数字化转型技术分析

在能源企业数字化转型的技术应用中,可参考的理论主要包括技术创新理论、社会技术系统理论、双元能力理论、科技给予理论、关系理论等。其中,技术创新理论、双元能力理论可对应智能能源范式,关系理论可对应产

① 赵剑波:《企业数字化转型的技术范式与关键举措》,《北京工业大学学报(社会科学版)》2022年第1期。

业互联网范式,科技给予理论可对应工业互联网范式,社会技术系统理论可
对应反向制造范式。表 2-5 和表 2-6 分别列出了供需双侧能源产业数字
化的技术范式和实践应用。

表 2-5　需求侧能源企业数字化技术分析

企业类型	企业名称	技术范式	实践案例	最终结果
工业企业	安阳钢铁	智能制造	实施无人天车、机器人替代等方案	构建立体化的"智慧安钢"
	海尔集团	产业互联网	整合供应链上下游的小微企业	形成高效运转的海尔小微生态圈
	美的集团	智能制造	着力研发智能产品,积极打造智能制造工厂	推动企业的数字化转型
交通企业	东风汽车	工业互联网	将数字孪生技术贯穿于虚拟生产、虚拟产品、实际生产及实际产品的全流程中	构建高效协同的工业互联网体系
	上汽通用	智能制造	重构传统物流业务流程,推进各环节的智能化升级	优化企业整体运营效率
	树根互联	工业互联网	建立根云平台,实现全要素数字化管理	提高了企业的生产效率和加工质量
建筑企业	陕西建工	产业互联网	将供应链金融、政府监管、人员管理、物流管理等纳入统一的数字化平台体系	实现产业链上下游的协同运作
	重庆建工	工业互联网	打造了集智能制造、智慧物流、电子商务于一体的公鱼互联云平台	实现数字化管理、智能化生产及网络化协同
	山西建设	智能制造	将大数据、物联网、云计算等数字技术充分运用于建造过程与建筑产品中	有效提升了企业运营效率

资料来源:笔者根据国家能源局《"十四五"现代能源体系规划》及各企业年报中数据自行整理所得。

表 2-6　供给侧能源企业数字化技术分析

企业类型	企业名称	技术范式	实践案例	最终结果
石油企业	壳牌集团	工业互联网	智慧油田项目 Smart Fields	提高企业的生产运营效率

续表

企业类型	企业名称	技术范式	实践案例	最终结果
石油企业	中石化	智能能源	智能油田、智能管道、智能化加油服务站、智能物流系统	推动企业数字化转型
	贝克休斯公司	工业互联网	利用人工智能和图形处理技术加速提取油气行业数据	降低石油开采、运输、加工等方面的成本
煤炭企业	国家能源集团	智能能源	智能矿山、智能电站	推进企业智能化生产进程
	中煤装备公司	工业互联网	综采工作面智能开采系统	提升煤矿开采效率
	中国煤科	智能能源	智能开采、智能运输、智能选煤厂	积极推进智能化煤矿建设
电力企业	南方电网	工业互联网	设备状态监控平台、三维数字化通道、无人机自助巡检	促进企业数字化转型
	国家电网	产业互联网	虚拟电厂智能管控和技术支撑平台	实现用户、供应商等各类主体的广泛参与和互动
	施耐德电气企业	工业互联网	Eco Structure 工业互联网平台	提升电气企业运营效率
光伏企业	天合光能	智能能源	推出高功率、低电压的光伏组件产品	降低光伏平衡系统的成本
	晶澳科技	工业互联网	5G+智慧工厂、数字化赋能系统、大数据中心	推动技术创新,改进工艺流程,促进光伏行业数字化转型
	晶科能源	智能能源	推出 N 型单晶钝化接触组件	助力国家实现"双碳"目标
风电企业	金风科技	工业互联网	构建风电场整体解决方案	为风电场宏观选址、建设、运营等提供数字技术支撑
	三一重能	智能能源	构建高效、清洁、柔性的数字化生产体系	全方位推动企业数字化转型
	运达风电	工业互联网	风电数字化运营管理平台	提高企业的运营效率
水电企业	中国电建	工业互联网	基于数据孪生的大数据运营平台	推动智能能源的建设
	大渡河公司	工业互联网	深化数字技术在感知、传输、存储、计算、分析方面的应用	推动企业数字化转型

企业类型	企业名称	技术范式	实践案例	最终结果
氢能企业	提亚数科	反向制造	为政企部门提供数字孪生氢能产业链全生命周期管理解决方案	满足政企部门对能源设备数据管理、产品企业溯源的需求
	中国能源	产业互联网	中氢科技的氢燃料电池项目	推动氢能行业数字化转型
	国家电投集团	工业互联网	开展氢能关键技术的研发	推动企业成为关键氢能源供应商和先进氢能技术和设备提供商

资料来源:笔者根据国家能源局《"十四五"现代能源体系规划》及各企业年报中数据自行整理所得。

从需求侧的角度,智能制造的技术范式将数字孪生技术贯穿于虚拟生产、虚拟产品及实际生产的全流程中,通过对重要工序、关键岗位等进行智能化和数字化改造,实施无人天车、机器人替代等方案,形成了高效运转的节能增效生态圈。如陕西建工基于产业互联网的技术范式,将供应链金融、政府监管、人员管理、物流管理等纳入统一的数字化平台体系,实现了产业链上下游的协同运作,大大降低了作为建筑企业产品的直接和间接能源消耗。

从供给侧的角度,对传统能源企业而言,将大数据、物联网、人工智能等数字技术运用到核心生产业务中,可以改进复杂环境下的通信技术、数据处理技术和控制技术,以数字化转型为契机加速摆脱传统能源面临的全球性困境。对清洁能源企业而言,数字技术在感知、传输、存储、计算、分析等方面的广泛应用,是构建高效、清洁、柔性数字化生产体系的基础支撑,也是助力国家实现"双碳"目标的重要手段。如风电行业中的领军企业——金风科技基于工业互联网范式,运用大数据、云计算、人工智能等技术,构建了风电场整体解决方案,为风电场的宏观选址、建设、运营等多个环节的数字技术应用奠定了良好的条件。

(三)能源产业数字化技术总结

总体而言,各类能源企业采用的技术范式主要为智能能源和工业互联网,大多数能源企业通过技术研发和创新,将数字技术与企业核心业务相结合,推动生产、业务、运营、管理等各方面的数字化转型。基于客户体验模式的反向制造范式以及基于平台共享的产业互联网范式在能源企业中运用较少。原因在于,采用反向制造的技术范式要求生产厂商与客户建立有效的沟通渠道,而产业互联网范式要求能源产业各主体之间互联互通,两者均对能源企业的平台建设提出了较高要求。未来,能源企业应积极打造数字化服务平台,加强与客户的沟通互动,以及时满足客户的个性化需求;同时,联合其他主体共同打造技术交流合作平台,以推动能源产业整体数字化转型。

四、能源产业数字化业务分析

数字化转型业务是企业基于自身的数字化转型战略和模式,将数字化技术与自身所处行业特点相结合,所制定的一系列与数字化转型相关的具体行动方案。它是企业开展数字化转型管理与运营的前提。作为企业数字化转型的核心,数字化转型业务能够显著影响企业数字化转型发展的成效。

(一) 数字化转型业务的定义与类型

在需求侧企业中,工业行业的能源消耗主要包括了上游的原材料制造,中游的工业产品制造以及下游的成品生产。交通行业的能源消耗主要包括上游的规划设计及原料制造,中游的装备生产与建造施工以及下游的设备应用及运营维护。而建筑行业的能源消耗主要包括上游的建筑设计与产品开发,中游的构件加工和建筑施工以及下游的运维管理等工作。

在供给侧能源企业中,石化板块的业务可分为上游的油气钻探、油气田开发,中游的油气存储、油气运输以及下游的炼油、化工及油品零售等;煤炭板块的业务主要包括上游的煤矿生产装置制造,中游的煤炭开发、洗选以及下游的煤炭运输与销售等;电力板块的业务主要包括上游的发电,中游的输电、变电、配电及下游的供电和用电;光伏板块的业务主要包括上游的硅矿开发、硅片生产,中游为电池片、电池组件生产以及下游的应用技术研发等;风电板块的业务主要包括上游的风电设备制造,中游的风力发电以及下游的风电运输及销售;水电板块的业务主要包括上游的水电发电设备制造、中游的水电开发以及下游的水电运行技术与销售业务;氢能行业的业务主要包括上游的制氢技术、中游的储氢、输氢技术以及下游的用氢环节。

基于上述数字化转型业务定义与分类,本书将从工业、交通、建筑、石油、煤炭、电力、光伏、风电、水电、氢能十类供需双侧涉能企业的具体实践出发,详细探究数字化业务的开展对企业数字化转型的作用机理和效果。

(二) 能源企业的数字化转型业务分析

表2-7和表2-8分别列出了供需双侧能源产业数字化的理论类型与业务案例。社会技术系统理论、关系理论和科学技术理论为需求侧能源产业数字化提供了重要的学理依据。通过利用数字技术打造了信息化采购、工程核算、资产运营等数字化平台,不断推进企业的数字化转型进程。如东

风汽车采用技术创新理论,积极研发港口无人驾驶、无人配送车辆等相关产品,着力推动智能驾驶的全场景覆盖,为交通领域的节能降耗作出了积极尝试。上海建工基于科技给予理论,将云计算、人工智能等数字技术运用于住宅、展馆、道路等多个建筑场景,助力建筑行业数字化转型进程。

表 2-7 需求侧能源企业数字化业务分析

企业类型	企业名称	理论类型	业务案例	最终结果
工业企业	美的集团	社会技术系统理论	实行以销定产的碎片化订单模式	降低了企业库存,提高了企业运营效率
	扬子石化	关系理论	构建集技术、管理、信息、商业模式于一体的数字化系统	推动平台生态系统建设
	首钢集团	科技给予理论	打造了钢铁 EBC(Enterprise Business Capability)电商销售系统	提高了企业的管理效率,满足了用户的个性化需求
交通企业	东风汽车	技术创新理论	研发港口无人驾驶、无人配送车辆等相关产品	推动智能驾驶的全场景覆盖
	北京现代	关系理论	与数衍科技合作打造数字化管理平台	提高了企业的销售运营效率
	江铃集团	社会技术系统理论	推出了智慧保养、故障预警和故障报警的全时运营服务	增强了用户的数字化体验
建筑企业	上海建工	科技给予理论	将云计算、人工智能等数字技术运用于住宅、展馆、道路等多个建筑场景	助力建筑行业数字化转型
	江西建工	科技给予理论	打造了信息化采购、工程核算、资产运营等数字化平台	推进企业的数字化转型进程
	福建建工	关系理论	运用致远互联协同运营平台,实现了招采、供应、签收、付款等业务流程的数字化转型	提高了业务管理效率

资料来源:笔者根据国家能源局《"十四五"现代能源体系规划》及各企业年报中数据自行整理所得。

表 2-8 供给侧能源产业数字化业务分析

企业类型	企业名称	理论类型	业务案例	最终结果
石油企业	中石油	技术创新理论	"梦想云"智能平台	提升地下断层的智能识别效率

续表

企业类型	企业名称	理论类型	业务案例	最终结果
石油企业	中石化	科技给予理论	石化智云工业互联网平台	推进经营管理、智能营运、智能油气田、智能工厂等15项业务转型
	壳牌集团	科技给予理论	运用数字孪生技术推动虚拟工厂建设	降低企业运营成本,提高生产的效率、安全性和可靠性
煤炭企业	中煤集团	科技给予理论	通过数字技术进行设备监控、客户挖掘、智能化开采、掘进、巡检	推动业务数字化转型
	山西焦煤集团	技术创新理论	"山西焦煤能源云"数字化管理平台	推进智能矿井建设
	神东煤炭集团	科技给予理论	锦界煤矿数字矿山	实现数据共享,推动业务协同化
电力企业	国家电网	社会技术系统理论	"网上国网"应用软件	推动客户服务的数字化转型
	法国电力集团	科技给予理论	New business 创新业务管理机构	推进能效管理、智能家居等方面的数字化转型
	韩国电力公司	关系理论	与通用电气合作共建高压直流基础设施	促进企业数字化转型
光伏企业	天合光能	关系理论	构建产学研合作平台,打造零碳建筑、智能园区等项目	推动建设新型电力系统
	晶科能源	技术创新理论、关系理论	构建垂直一体化的产业链布局	引领光伏企业数字化转型
	阳光能源	关系理论	与甄云科技合作打造数字化采购平台	推动采购业务的数字化转型
风电企业	金风科技	技术创新理论	推动数字技术在风电设备制造中的创新运用	推动风电制造数字化转型
	维斯塔斯	社会技术系统理论	数字化平台 Covento	增强用户的数字化体验
	华锐风电	科技给予理论	推出风电场智能管理系统、智慧风电场云平台等产品	推动风电行业数字化转型
水电企业	闽东电力	关系理论、科技给予理论	与致远互联合作打造任务管理、费用管控等数字化应用	推动企业实现数字化转型
	桂冠电力	技术创新理论	依托工业大数据生态云平台开展跨流域水电智慧调度的技术研究	促进电力生产智能化发展

续表

企业类型	企业名称	理论类型	业务案例	最终结果
氢能企业	协鑫集团	技术创新理论、关系理论	与中船派瑞氢能科技、北京绿氢科技合作开展科技创新	推动可再生能源制氢技术的发展和绿氢在工业、能源及交通等领域的应用
	国鸿氢能	关系理论	与鸿基创能、群翌能源等企业合作打造氢能科技产业园	推动氢能商业化和产业化

资料来源:笔者根据国家能源局《"十四五"现代能源体系规划》及各企业年报中数据自行整理所得。

从供给侧的角度,对传统能源企业而言可以基于社会技术系统理论,打造数字化服务体系,增强用户数字化体验,着力推动客户服务业务的数字化转型。如韩国电力公司与通用电气达成技术合作,共同推进高压直流基础设施的建设。也可基于科技给予理论,通过大数据分析实现对设备运转状况的实时监控以及对潜在客户的挖掘。如神东煤炭集团着力打造煤矿数字矿山,运用大数据、云计算、物联网等数字技术建立了生产控制系统、生产执行系统以及综合智能一体化平台,实现了数据共享,推动了业务协同化。

对清洁能源企业而言,基于技术创新理论可以不断深化数字技术在公司研发、运营管理、市场服务等方面的应用,推出了智能管理系统、智慧云平台等产品。如桂冠电力依托企业的工业大数据生态云平台,积极开展跨流域水电智能调度的技术研究,促进电力生产的智能化发展。天合光能通过构建产学研合作平台,融合各领域的技术优势,积极打造零碳建筑、智能园区等项目,推动建设新型电力系统,助力国家实现"双碳"目标。

（三）能源产业数字化业务分析总结

综上可知,能源企业在数字化转型过程中开展了各具特色的业务实践,其中主要运用的数字化转型理论有技术创新理论、关系理论、社会技术系统理论和科技给予理论,可见,数字技术为能源企业开展数字化转型业务注入了强大动力。同时,技术研发、平台合作等业务活动的开展也进一步推动了数字技术的创新性发展。由此可见,在能源产业数字化过程中,企业的技术与业务起到相互促进的作用。未来,能源企业可采用技术和业务双轮驱动的模式:一方面,通过与其他主体进行合作,积极开展能源技术研发与应用;另一方面,结合企业竞争优势,将数字技术创新运用于企业的各类业务活动中,以全面推进能源产业数字化。

五、能源产业数字化管理分析

数字化转型管理,又称数字化管理,是指企业在开展数字化转型业务实践中,为实现数字化转型的既定目标,运用数字技术创新开展的计划、组织、协调、控制等活动。

(一) 数字化转型管理的定义与类型

数字化管理的类型主要依据管理对象的不同来划分。一般认为,数字化管理包含组织、供应链、客户关系三大模块以及业务流、物流、资金流、知识流及控制流等不同类别。从更加宏观的角度出发,数字化管理可以概括性地划分为企业资源、企业管理行为和企业管理主体三大类型。其中,企业资源包含知识资源和财务资源,企业管理行为主要指企业在各项生产经营活动中的管理活动,企业管理主体包括一线员工、基层、中层和高层管理者。本书借鉴上述对数字化管理的分类方式,结合能源产业的特点,依据能源产业链的结构,提出能源产业数字化管理的五种主要类型:供应链管理、研发管理、生产管理、组织管理、营销管理。其中,供应链管理对应企业的采购部门,研发管理对应企业的技术部门,生产管理对应企业的生产部门,组织管理对应企业的人力资源部门、财务部门等,营销管理对应企业的市场部门。基于动态能力理论分析上述五种数字化管理类型可得,感知能力可以协助企业挖掘潜在的市场机会,适用于营销管理;获取能力是指企业在识别外部信息后所制定的相关策略,可应用于企业的研发管理和生产管理;转化能力帮助企业进行资源配置,适用于组织管理;整合能力可应用于平台生态系统建设,主要对应供应链管理。此外,技术创新理论主要对应研发管理,关系理论主要对应供应链管理,社会技术系统理论主要对应营销管理,科技给予理论主要对应生产管理,意义建构理论主要对应组织管理。值得一提的是,数字化转型理论与上述五种数字化管理并非严格的一一对应关系,各种理论可相互结合运用于一种数字化管理类型,单个理论也可同时协助企业开展多种数字化管理。例如,技术创新理论和关系理论可共同协助企业的研发管理,换言之,关系理论既可以协助企业进行供应链管理,也可应用于企业的研发管理。具体而言,企业通过打造技术交流合作平台,与其他企业共同开展数字技术创新,以研发新的数字化产品。此处的平台合作即为关系理论的内容,产品研发则为技术创新理论的内容。

(二) 能源企业的数字化转型管理分析

基于上述五种数字化管理类型,表 2-9 和表 2-10 分别列出了供需双侧能源产业数字化管理类型的具体实践与成效。

表 2-9　需求侧能源企业数字化管理分析

企业类型	企业名称	理论类型	管理类型	管理案例	最终结果
工业企业	安阳钢铁	科技给予理论	供应链管理、生产管理、营销管理	运用数字技术实施质量全过程管控	打造高效的产业供应链
	本钢集团	意义建构理论	组织管理	增强领导干部的管理能力,加强数字化人才培养,强化单位间的协调配合	推动企业的智能化升级和数字化转型
交通企业	东风汽车	意义建构理论	组织管理	建设具有创业精神、相互尊重、充分赋权等特征的企业文化	让组织更好地适应数字化环境
	长安汽车	社会技术系统理论、科技给予理论	营销管理	打造营销数字化中台	实现供应链信息的高效传递
	中交集团	科技给予理论	生产管理	打造了"云管理"的智慧梁场	保障了企业各生产环节的高效运转
建筑企业	上海建工	技术创新理论	研发管理	人才引进与自身培养相结合	打造了数字化研发团队
	广西建工	关系理论	生产管理	与广联达签署战略合作协议,共同建设大数据管理平台	推动建筑行业的数字化转型
	浙江建设	技术创新理论	研发管理	搭建科技研发平台,培养数字化人才队伍	促进企业数字化转型

资料来源:笔者根据国家能源局《"十四五"现代能源体系规划》及各企业年报中数据自行整理所得。

表 2-10　供给侧能源企业数字化管理分析

企业类型	企业名称	理论类型	管理类型	管理案例	最终结果
石油企业	中石油	科技给予理论	组织管理	数字档案管理系统	提高企业管理效率
	中海油	科技给予理论、意义建构理论	生产管理、组织管理	打造一体化数字管理平台,培养员工数字化意识	改善企业管理水平,助力员工参与数字建设
煤炭企业	中煤集团	意义建构理论	组织管理	数字人才培养	使员工加深对数字技术的了解
	国家能源集团	科技给予理论	生产管理	智慧管理平台	形成业务互通、数据共享、大统一、全覆盖的数字化管理模式

续表

企业类型	企业名称	理论类型	管理类型	管理案例	最终结果
电力企业	法国电力	社会技术系统理论	营销管理	数字化服务平台	提升服务效率和服务质量
	国家电网	科技给予理论	生产管理	设备资产精益管理系统 PMS3.0	推动设备管理体系高质量建设
	起帆电缆	关系理论、科技给予理论	供应链管理、生产管理、研发管理、营销管理	与360亿方云合作实现数据共享和在线协作	实现数字化高效办公
光伏企业	通威太阳能	科技给予理论	生产管理	建立 5G 应用基地,打造全自动智能制造生产线	引领光伏行业数字化转型
	清源科技	科技给予理论	生产管理	"智慧光伏+数字能源管理"方案	助力用电侧企业实现能源使用的数字化管理
风电企业	华锐风电	意义建构理论	组织管理	开展人员培训	提升员工技能,优化人力资源配置
	天顺风能	科技给予理论、关系理论	营销管理	与销售云合作实现市场、销售流程、项目交付和回款的数字化管理	全面提升企业的营销管理水平
	金风科技	科技给予理论	生产管理	大数据分析管理平台	推动企业数字化管理进程
水电企业	大渡河公司	科技给予理论	生产管理	流域智慧化管理新模式	提高企业的运营管理水平
	中国华能	意义建构理论	组织管理	开展人力资源、财务等业务的数字化建设	提高集团管理效率
	中国电建	科技给予理论	生产管理	工程项目管理系统	实现投资、合同、结算、质量、进度等环节的在线管控
氢能企业	中国能建	技术创新理论、关系理论	研发管理、生产管理	与氢阳新能源合作推进技术研发	推动氢能产业链和投建营一体化发展平台建设
	雪人股份	科技给予理论	生产管理	引入国际先进技术构建氢能源全产业链	提升企业的绩效

资料来源:笔者根据国家能源局《"十四五"现代能源体系规划》及各企业年报中数据自行整理所得。

　　从需求侧的角度,意义建构理论通过在组织管理方面不断增强领导干部的管理能力,加强数字化人才培养,强化单位间的协调配合,为企业的智能化升级和数字化转型注入了强大动力。如东风汽车在组织管理方面积极建设具有创业精神、相互尊重、充分赋权等特征的企业文化,从而让组织更好地适应数字化环境。社会技术系统理论和科技给予理论,在生产和营销管理方面以用户为中心能够实现供应链信息的高效传递。如浙江建设在研发管理方面基于创新技术驱动,积极搭建科技研发平台,大力培养数字化人才队伍,形成数字化管理的新格局。

　　从供给侧的角度,对传统能源企业而言通过在生产管理方面打造一体化的数字管理平台,实现了数据标准的统一管控,可以革新企业的项目管理流程并助力员工培养数字化意识、参与数字化建设。如中石油基于科技给予理论,在组织管理方面打造了数字档案管理系统,包括档案的收集、整理、保存、利用等九个功能,有利于节省人力成本、增强资料的安全性,提高企业的管理效率。

　　对清洁能源企业而言,可在生产管理方面构建工程项目管理系统,积极推动项目各参与主体的协同运作,着力实现投资、合同、结算、质量、进度等各环节的在线管控。如大渡河公司在生产管理方面将传统水电运营管理模式与新一代数字技术相结合,建立了以"数据驱动管理、人机交互协同"为核心的流域智慧化管理模式。雪人股份基于科技给予理论在生产管理方面利用国际并购、投资等方式积极引入国际先进技术,构建了氢能源全产业链。

　　(三)　能源产业数字化管理分析总结

　　根据上述分析,能源企业在数字化管理的实践中普遍运用到科技给予理论和意义建构理论:一方面,通过打造数字化管理平台,推动业务流程管理的数字化;另一方面,通过培养员工的数字化意识与数字技能,促进企业形成数字化氛围。社会技术系统理论、技术创新理论和关系理论在能源产业数字化管理中的应用较少。其中,社会技术系统理论主要体现在能源企业的客户服务管理方面:根据外部市场环境变化(宏观的经济因素),结合先进的数字技术(微观的创新利基)不断更新企业的服务流程(中观的现有技术),以提供高效、便捷的服务;技术创新理论和关系理论的运用则主要体现为:能源企业与其他主体间达成技术合作协议,共同开展数字产品的研发。未来,能源企业在数字化管理实践中应更加关注宏观的外部环境变化,以及时响应用户的需求,提升营销管理水平;更加注重研发管理中的技术创新,以不断深化数字技术在企业管理中的应用;积极协同外

界主体共同开展数字化管理方面的合作,以全面推动能源产业的数字化
管理进程。

六、能源产业数字化转型运营分析

数字化转型运营,是指企业在产品的采购、生产、运输、销售等各流程中
采取具体举措,以实现数字化转型目标的活动。

（一）数字化转型运营的定义与类型

依据供应链的基本结构,可将企业数字化转型运营划分为数字化采购
运营、数字化生产运营、数字化物流运营、数字化销售运营四个方面。具体
而言,采购运营是生产、销售运营的前提条件。企业将数字技术运用于采购
过程,将可通过数字化平台进行云端采购,并通过建立数字化采购系统,对
采购数据进行智能跟踪与分析,从而制定合理的采购策略,优化采购流程,
减少采购成本,提高采购效率。物流运营是采购、生产及销售运营的基本保
障。企业将数字技术运用于物流运营,可实现物流状态实时监控、物流运输
路径优化、无人配送物流服务,降低物流成本,提升物流速度,保证物流运输
的准时性和安全性,确保企业采购、生产环节的顺利展开,提升企业的销售
服务水平。生产运营是企业的核心内容,企业将数字技术运用于生产流程,
通过建立数字化仓储管理系统、智能制造系统、大数据分析平台和智能运维
平台,实现库存信息实时跟踪记录、生产制造车间无人化、制造流程实时监
管及设备情况实时监测,从而降低库存成本、提高生产效率、保证产品质
量、确保设备安全稳定运作。销售运营是企业进行采购和生产的最终目
的。企业将数字技术运用于销售环节,可通过大数据分析获取用户的喜
好,从而精准提供产品或服务;可通过打造数字化服务平台,及时响应客
户需求,提升服务质量;还可通过对市场情况的智能分析,及时调整采购
和生产策略。

（二）能源产业数字化转型管理分析

数字化转型管理分析中涉及的理论包括关系理论、社会技术系统理论、
科技给予理论和意义建构理论。具体而言,关系理论适用于各企业间运营
方面的合作;社会技术系统理论可用于分析宏观市场需求,以提升企业的销
售运营水平,优化采购、生产运营的决策;科技给予理论用于数字化运营平
台建设,意义建构理论用于企业数字化转型运营管理理念的提出、传递与渗
透。表2-11和表2-12分别列出了供需双侧能源产业数字化转型运营管
理的具体类型和实施成效。

表 2-11　需求侧能源企业数字化转型运营管理分析

企业 类型	企业 名称	理论类型	运营类型	运营案例	最终结果
工业 企业	美的 集团	科技给予理论	生产运营、销售运营	优化制造流程,实行产供销联动的方案	有效缩短了产品的交付时间
	华为 公司	技术创新理论	销售运营	推出了智能决策、智能体验、智能性能、智能规建四类产品	赋能企业运营效率的提升
交通 企业	江铃 汽车	科技给予理论	采购运营	建立了"电子签章系统"	有效提高了采购合同协议管理的运作效率
	上汽 大众	社会技术系统理论	销售运营	推出了高端化、智能化配置的新汽车产品	提高客户数字化体验
	东航 集团	科技给予理论	生产运营	打造了大数据分析平台	提高了航班的运行效率
建筑 企业	中冶 天工	科技给予理论	生产运营	打造了项目管控智慧平台	实现对工人的全职业周期管理
	中建 三局	关系理论	生产运营	打造物联网平台、数据中台、技术中台及业务中台	实现企业的数字化运营

资料来源:笔者根据国家能源局《"十四五"现代能源体系规划》及各企业年报中数据自行整理所得。

表 2-12　供给侧能源产业数字化转型运营管理分析

企业 类型	企业名称	理论类型	运营 类型	运营案例	最终结果
石油 企业	中石油	科技给予理论	生产运营	智能运营中心	实现数据共享、业务协同、智能监测、预警预测等功能
	中海油	科技给予理论	物流运营	全船智能集成平台	实现船岸一体化的数字化管理和货物远程监控
	英国石油公司	关系理论、科技给予理论、意义建构理论	生产运营	提出"智慧运营"的概念,与微软合作打造数字化管理平台	实现 AI 远程管理,提高企业运营效率

续表

企业类型	企业名称	理论类型	运营类型	运营案例	最终结果
煤炭企业	国家能源集团	科技给予理论	生产运营	协同调度智能化指挥平台和工业互联网平台	实现了一体化管控、智能化系统、可视化高度融合及全流程贯通、全产业链衔接和全场景监控
	中煤集团	关系理论	采购运营	与固安捷合作制定 MRO 工业品的一站式数字化采购方案	助力采购运营数字化转型
电力企业	国家电网	关系理论、科技给予理论	采购运营、物流运营	"5E—中心"数字化采购平台	实现智能采购和智慧物流
	法国电力公司	社会技术系统理论	销售运营	客户关系管理数据库	提升销售运营效率
光伏企业	阳光能源	关系理论	生产运营	与锦州移动达成5G战略合作	推动企业数字化生产
	晶科能源	关系理论	物流运营	与马士基合作为客户提供物流服务方案	推动绿色物流生态体系建设
风电企业	金风科技	科技给予理论	生产运营	建立风电智慧运营平台,打造数字化监控中心	推进风电产业数字化转型
	三一重能	科技给予理论	生产运营	数字化运营平台和体系	实现运营管理的标准化和智能化
水电企业	长江电力	科技给予理论	生产运营	建立包含企业各项经营活动的数据中心	降低公司的运营成本
	中国电建	社会技术系统理论	销售运营	电力报价决策支持系统	提高企业获利水平
氢能企业	提亚数科	科技给予理论	生产运营	氢能产业链全生命周期智能化运营管理机制	实现数据协调、安全监管等功能
	羚牛新能源	科技给予理论	物流运营	氢能物流资产服务网络	推动绿色物流体系建设

资料来源:笔者根据国家能源局《"十四五"现代能源体系规划》及各企业年报中数据自行整理所得。

    从需求侧的角度,数字化转型管理体系将通过优化制造流程,实行产供销联动的方案,有效缩短产品的交付时间。如华为公司在销售运营方面推出了智能决策、智能体验、智能性能、智能规建四类产品,为运营商提供有效的数字化运营转型服务,赋能企业运营效率的提升。上汽大众在销售运营方面针对年轻消费群体推出了高端化、智能化配置的新汽车产品,以高品质吸引年轻用户,提高客户数字化体验。

从供给侧的角度,生产运营、物流运营和采购运营的高效协同有助于推动建设安全可控的供应链生态。英国石油公司在生产运营方面扩大生成式人工智能的使用,与微软合作打造数字化管理平台,实现了 AI 远程管理,提高了运营效率。国家能源集团在生产运营方面搭建了协同调度智能化指挥平台和工业互联网平台,实现了智能化协同、一体化管控、可视化高度融合以及全场景监控、全流程贯通和全产业链衔接。提亚数科基于科技给予理论,在生产运营方面运用大数据、云计算等数字技术打造了氢能产业链全生命周期智能化运营管理体系,实现了数据协调、安全监管等功能,促进氢能行业与数字技术的相互融通,从而全面提高行业数字化水平。

(三) 能源产业数字化运营分析总结

通过上述分析,各类能源企业在数字化运营中大多基于科技给予理论,运用数字技术构建数字化运营平台,以提升采购、生产、物流和销售运营的效率。部分能源企业在数字化运营中采用关系理论,通过与外部企业达成战略合作协议,共同打造数字化运营体系,为企业各类数字化运营提供解决方案。社会技术系统理论和意义建构理论的应用较少。其中,社会技术系统理论大多体现在销售运营方面:能源企业通过数字技术分析宏观市场信息,可精准定位目标市场,提供个性化产品或服务,满足客户多元化需求,增加销售收入。意义建构理论的应用主要体现在生产运营方面:能源企业通过推行数字化运营的理念,增强员工的数字化意识,提高员工参与数字化建设的自主性和积极性。未来,能源企业应进一步加强外部宏观环境分析,以及时调整企业的运营决策;同时,将数字化建设的理念深度融入企业文化中,以推动企业整体运营效率的提升。

第四节　供需双侧推动能源产业
数字化的协同机制分析

19 世纪 70 年代,德国系统学家赫尔曼(Hermann,1983)在《系统学:一门协作的科学》中提出了协同的概念①,并经过多年研究,率先提出了协同

---

① Hermann、Haben,*Synergetics:An Introduction*,Springer,1983.

学理论。他通过对比各学科的非平衡相变发现虽然不同系统中的系统结构和性质存在很大不同,但是其非平衡相变的演变过程却遵循着相似的微分方程,因此他得出相变过程是由系统之间的协同行为决定,而非系统本身特性决定。接着其结合耗散结构理论、超循环论、混沌理论、突变论等复杂性科学理论的基础上,提出了描述自无序状态走向有序状态演化规律的协同学理论。协同论的出现为现代管理科学处理复杂性问题提供了革新性的思维方法。

作为能源消费大国和碳排放大国,2023 年我国能源消耗约占全球的26.1%,碳排放约占全球的 30.7%,在碳减排方面承受着巨大的国际压力,由"双碳"目标驱动的能源绿色低碳转型迫在眉睫。我国能源产业"分布广、品类多、差异大"的结构特点直接决定了能源产业协同发展的必要性和可行性。

首先,能源产业这一复杂系统存在与外界能量、物质与信息交换的条件,存在有序变量与无序变量间的相互协同与转化。能源产业各子系统的独立运动及子系统间的耦合运动,需要系统摆脱混沌无序自发走向有序,由低级有序走向高阶有序,最终完成能源产业系统内部在空间、时间与功能结构上自发有序的组织过程。

其次,当外界条件发生改变或聚集态达到某临界值时,能源产业这一复杂系统的临界值将发生改变。能源产业各子系统并非简单加总的相互作用,而是存在由量变到质变的相互作用与制约。如通过协同发展,则该过程可能会产生"1+1>2"的整体效应或集体效应,达到整个能源产业各子系统要素的不断优化。

因此,根据协同理论中的自组织原理,能源产业系统想要更好地发挥整个系统效能,就应从系统的自组织能力出发,提高各子系统或子系统要素之间的内部协同,在提高系统开放性的同时,必须重视能源产业各子系统要素的自主性。依据我国目前能源产业的现状特点,本书认为供需双侧是能源产业系统依托数字化转型发挥自主协同效应的两条重要主线。能源产业的数字化转型旨在推动大云物移智链等数字技术与能源产业属性深度融合,从而在需求侧实现"增效",即提高各类能源的使用效率;在供给侧实现"节能减排",即开发清洁能源,降低一次能源的使用占比,以降低能耗强度并减少碳排放。因此,能源产业数字化转型有助于推动我国绿色低碳的发展,并帮助政府更具针对性地发挥政策导向作用。

从协同主体来看,地方政府、能源产业与能源企业三者存在相互影响与动态博弈的互动过程,构建"企业—产业—政府"分级衔接的能源产业数字化协同路径对助力实现"双碳"目标具有重要意义。

首先,从能源企业主体来看,基于需求侧能源消费效率提升和供给侧能源生产可持续两个视角,能源企业的战略引领、管理机制和运营方式三类核心属性是数字化转型的协同机制基础。具体来看,第一,数字化转型战略对供给侧能源企业的数字化转型发展具有重要的引领作用。通过对能源企业的数字化转型战略进行分析,有助于为企业的数字化转型发展提供清晰的蓝图,充分调动员工的工作积极性,提高企业对未来外部环境变化的预见能力,使企业做好充分准备以应对外部威胁和挑战,从而不断提高企业竞争力;同时,需求侧其他企业确立数字化转型战略也将倒逼供给侧能源企业不断优化能源供给结构,减少因需求侧能源浪费所导致的供给侧能源企业过度生产,从而减少不必要的碳排放。第二,数字化转型管理在能源企业的数字化转型过程中发挥着重要的保障作用。通过数字化转型管理分析,有助于需求侧与供给侧企业将管理活动与数字技术进行深度融合,从而提高双方企业的管理效率。第三,数字化转型运营在供给侧能源企业数字化转型实践中起到了关键的支撑作用。通过对需求侧其他企业以及供给侧能源企业的数字化转型运营进行分析,有助于为双方企业开展运营活动提供案例参考,从而改善两者的运营水平,提高决策效率,增加经济效益。

其次,从能源产业主体来看,发展模式、技术水平和业务结构三类属性是数字化转型的协同机制核心。具体来看,第一,能源产业数字化转型的模式选择对能源产业发展起着至关重要的导向作用。通过对能源产业的整体数字化转型模式选择进行分析,有助于以产业宏观视角分析能源产业所拥有的内外部资源优势,并从整个产业的整体利益出发同其他利益相关者进行沟通,更为精准地把握市场的风向变化,通过产业内部调节的方式为各个企业适配不同的细分市场,有效地提高产业内企业的整体收益水平。第二,产业整体的数字化转型技术水平在实务层面上发挥着不可或缺的作用。通过对所有企业的数字化转型技术进行分析,了解当前能源产业数字化转型的技术水平,发挥行业内龙头企业的领军效应,为其他能源企业的技术研发、创新与应用提供更为先进且具体的范式,从而提高产业整体的技术创新水平。第三,数字化转型业务是能源产业内部企业进行数字化转型的核心内容。通过对能源产业内部企业的数字化转型业务进行总结分析,能够为能源企业开展各类数字化转型业务提供参考,取长补短,从而降低企业经营成本,提高销售利润。

最后,从地方政府主体来看,政策引导与行政干预等两项政府基本职能是数字化转型的协同机制保障。一方面,政策引导是指政府通过发布相关优惠政策对能源产业进行赋能,包括但不限于税收优惠、政府补助等激励性政策基本工具。政府通过发挥政策引导职能引导能源产业萌发数字化转型的意识,协助能源产业平稳度过数字化转型所带来的产业发展瓶颈,并同时吸引数字化转型完成程度高的企业进入当地能源产业,优化当地能源产业生态,最终带动企业层面的数字化转型进程。另一方面,行政干预则是指政府需对当地能源产业数字化转型过程中的非良性现象进行及时纠偏。例如出台相关地方性法规保全能源企业数字化转型过程中所产生的知识产权,并对整体产业生态担负首要的监督责任,及时惩处不利于可持续发展的能源企业数字化转型行为,为当地其他能源企业的数字化转型明晰不可逾越的政策红线。

综上所述,以"双碳"目标为引领,能源产业各子系统或子系统中的各因素具有形成崭新、稳定和有序结构的自发诉求,有必要构建"企业—产业—政府"分级衔接的能源产业数字化协同路径,从而充分发挥三者间的主体作用,压实三者所需承担的主体责任,避免不同主体间权责不清的现象发生。由此,需求侧与供给侧能源企业必须根据自身发展需求的实际,确定企业自身数字化转型所要采取的战略、管理和运营方式;并从产业层面打通各个独立企业的沟通渠道,降低企业间交流与合作成本,不断为产业内部不同企业的数字化转型模式选择提供参考,持续提高产业整体的技术水平;政府则需从当地能源产业发展的整体利益出发,有针对性地对数字化转型进程开展引导,鼓励并支持具有良性发展特征的数字化转型措施,干预及惩处扰乱能源产业整体数字化转型生态的行为,因"企"制宜地使用政策工具,为能源产业数字化转型提供合理有效的制度支持。

第三章　需求侧的能源产业数字化：
　　　现状与影响

中国作为全球能源消费大国,2023年的能源消费总量约为57.2亿吨标准煤,占全球消费总量的1/4。2023年,中国能源零售总体接近5万亿元,已成为占比最大的零售行业。2000—2010年是我国社会经济实现跨越式发展的十年,但由于粗放式的工业生产方法、"按需定供"的供给管理模式和片面强调能耗效益的节能管理思路,造成了我国能源消费总量的迅猛增长,并诱发了能源供给缺少安全保障、资源环境严重损害和各类污染排放超标等一系列"总量型"社会问题,与我国生态文明社会建设和可持续健康发展的总体目标产生了较大偏差。

虽然当下我国需求侧能源产业整体效率水平得以不断提高,但效率提升带来的节能降耗速度仍远远落后于持续快速增加的各类能源新需求。因此,通过应用信息和数据新技术优化资源配置能力、安全保护能力以及智能互动能力,以此达到能源产业提升能耗效率和降低资源浪费等目的,需求侧能源产业数字化对我国当下的能源产业变革具有重要的前瞻意义。

在全球范围内,中国有着最具潜力的能源消费市场和最具规模的能源产业数字化基础。当前,为了解决我国的能源需求侧市场存在周转慢、能耗高等难题,需求侧的能源产业数字化变革需求日益扩大。在交通运输领域,数字化在互联互通、共享出行以及自动化三个方面发挥作用,例如最新的商用飞机配备了数千个传感器,平均每次飞行产生近1太字节的数据,大数据分析优化了航线规划,能够帮助飞行员作出空中飞行决策并减少燃料的使用。在建筑业,建筑物潜力最大的节能领域是供暖、制冷和照明,这些占到建筑物终端用能总量的60%以上,例如,智能温控器能够改进供暖与制冷负荷的管理,甚至远程控制整个建筑物的温度。这既保障了良好的舒适性,同时在不需要供暖和制冷的情况下,提高了节能效果。在工业领域,数字化能够更好地连接产品价值链上的各个生产者,从而促进材料的再利用和再循环,例如通过将工业设备联网,企业还可从提供当地废物流可用性的实时信息中获益,这些废物流可加以利用并替代其他能源形式。相应案例包括利用过剩的热量、有机废物和废气等产热或发电,从而降低工厂的能源采购成本和环境足迹。因此,需求侧的能源产业数字化既是能源消费市场变革的必然产物,也必将推动其他产业的整体数字化发展进程,为经济社会生活的绿色低碳和可持续发展重塑新动力。

第一节　需求侧的能源产业数字化政策

《巴黎协定》于2016年11月4日正式实施,为应对气候变化展开了一个全新的全球协作框架。以低能耗、低排放、低污染为特点的可持续发展方式逐渐受到世界各国的重视。自第一次工业革命以来的两百多年,化石能源燃烧所产生的二氧化碳累计排放已达2.2万亿吨,二氧化碳的体积分数已达到了$4.2×10^9$立方米,以二氧化碳为主的温室气体排放导致全球地表平均温度已升高1.1摄氏度。矿物燃料消耗导致的全球变暖已经是全球性的非常规安全问题,对各国社会经济的协调可持续发展构成了巨大的挑战。

从整体上讲,我国节能减排的实质是实现以技术发展为核心的"科学用能",实现从传统粗放型能源使用模式到高效集中式能源利用新模式的平稳过渡。"碳达峰、碳中和"目标的提出,既体现出我国作为世界性大国、强国的责任感和使命感,又迫切体现了推动能源结构变革和产业结构转型的协同发展诉求。其中,依托数字技术与能源体系有机融合所产生的转型机制,对促进我国能源的高质量发展,以及构建人与自然的协调发展,都有着十分重大的战略作用。供需双侧的能源产业数字化将以数字化技术开发及支持能力为依托,建设能源领域富有活力的崭新商业模式。

一、国际能源产业数字化政策分析

(一)美国能源转型政策措施

自2012年以来,美国的能源转型政策基本围绕三个主要目标开展:促进就业与经济增长、加强能源安全和开发低能耗技术。其本质是为将来大量应用清洁能源打下坚实的基础,并始终将能源安全、减缓气候变化和清洁能源发展作为国际能源政策的首要优先事项。表3-1列举出在可再生能源支持政策、相关法案和战略部署方面一些具体政策措施。

表 3-1　美国能源转型政策措施的部分列举

可再生能源支持政策		相关法案和战略部署
联邦层面	投资税减免、生产税减免、修正的加速成本回收的制度、折旧细则、可再生能源税收政策、能源局贷款项目	美国环境保护署《清洁电力计划》	1. 明确煤炭、天然气和石油等化石燃料电厂和天然气联合循环发电机组二氧化碳减排指导方针 2. 制订两套具有同等效力的州碳排放率目标和污染物排放量目标供各州选择采用
州层面	可再生能源组合标准、可再生能源认证或基于绩效的激励、网计量（虚拟网络计量）、碳市场、国家税收抵免、资产评估清洁能源计划、财产税免税、州销售税豁免、政府补贴、清洁能源融资计划、补贴贷款、账单融资等	综合能源战略	1. 促进美国能源研究和能源创新，支持能源技术创新和资源有效整合 2. 重点关注电力系统现代化、清洁发电技术、建筑节能、提高能源效率、清洁燃料、清洁运输系统、能源存储技术

资料来源：笔者根据国家能源局《世界主要国家能源政策动态》自行整理所得。

　　总的来说，《清洁电力计划》的目的是使现有的高碳矿物燃料发电装置向低排放以及零排放装置逐步转变，在州一级制定的可再生能源支持政策更加明确和全面。美国已经建立了两种不同的二氧化碳排放标准：一种是矿物能源设备，另一种是燃气联合循环装置。在全国范围内制定二氧化碳排放指标，这体现了矿物能源排放的最优排放体系（Best System of Emission Reductions，BSER）的内在要求，而为每个州设定目标减排速率是到 2030 年较 2005 年减排至少 32%。具体包括提高热效率、增加部署天然气和可再生能源规模三个方面来实现减排成效。第一，通过改造装置来改善能源消耗率（效能），从而达到节能降耗的目的。其中，最大限度地将目前火力发电装置以最佳模式运行将使能源消耗减少约 2.1%—4.3%。第二，提高燃气电厂装机容量以替代目前的火力发电装置，可以提高燃气循环装置的综合利用效率。第三，利用可再生能源发电来减少二氧化碳的排放量。到 2030 年，可再生能源的发电能力有望突破 700 兆瓦小时，逐步从能源进口过渡到能源出口。

　　（二）英国能源转型政策措施

　　英国能源政策的整体目标是建立符合应对气候变化要求的高效安全能源体系。其政策的关注核心在于提升能源效率、改进低碳技术和实现能源自有化与多元化。鉴于政府与民众对降低能源转型负担的诉求，英国能源政策与制度呈现出政府补贴与市场机制共同驱动能源效率提升和碳排放量降低的演变规律(见表3-2)。

表3-2　1990—2022年英国能源政策制度的演变

时间	能源政策	重要举措
1990年	首次明确制定了碳目标	承诺到2005年碳排放量减少到1990年的水平
2008年	成为首个通过《气候变化法案》的国家	英国到2025年将在1990年的基础上减排50%,到2030将减排60%,到2050年将减排80%
2009年	《英国可再生能源战略》	提出要在2020年实现可再生能源电力供应比例达到30%—36%的目标
2010年4月	小规模上网固定电价政策	鼓励家庭或非传统能源生产发电组织进行小规模低碳能源发电。支持的发电技术包括太阳能光伏发电、岸风发电、水力发电、微热电联产等
2011年	《排放绩效标准》	明确新建化石燃料电厂的二氧化碳排放水平约为2010年燃煤电厂排放水平的40%
2013年	碳底价(CPF)政策	政府设定目标总碳价和远期具体税率,让企业对未来价格成本有明确预期,并将根据2021—2022年碳排放总量决定政策持续时间
2014年	差价合约机制	国有低碳合约公司与可再生能源发电企业签订差价合约,发电企业享受执行价格(合同价格)与参考价格(市场价格)的差额补贴
2014年	容量市场机制	在电力市场之外设置容量市场,通过容量价格来引导电力投资,避免发电装机容量过剩与短缺的周期性循环,保障电力供应的安全性与稳定性
2017年	《清洁增长战略》	制定了一系列低碳政策,提出在实现环境承诺的同时鼓励经济增长
2022年4月	可再生能源义务政策	要求供电商提供的电力中必须有一定比例的可再生能源电力,比例由政府每年根据可再生能源发展目标和实际情况确定

资料来源:笔者根据《英国能源白皮书》及国家能源局《世界主要国家能源政策动态》自行整理所得。

可以看出,英国一直在不断推进其能源政策制度,并采取措施来实现平稳过渡和降低转型成本。其中,主要的可再生能源支持政策是差价合约机制,即政府与发电企业签订长期合同,保证可再生能源的固定价格,并补偿其与传统能源的差价。但目前,英国正在探索将差价合约机制过渡为统一的碳价格和等效企业电力容量出售机制。未来可预期的趋势是,间歇性发电成本将由发电企业承担,而不再由政府来补贴。这一举措旨在激发投资需求方、储能方和后备工厂方的积极性。投资需求方指的是具备储能和灵活性的企业,它们可以根据市场需求进行能源购买和销售,从而在能源市场中实现自平衡。储能方指的是通过储能技术存储可再生能源,以便在需要时供应给电网。后备工厂方指的是灵活的传统能源发电厂,它们可以根据需求灵活调整产能,以确保电力供应的稳定性。这一变化将促使能源市场实现更大的灵活性,并鼓励可再生能源的发展。同时,也将激励企业和储能技术的发展,以满足市场需求。这种市场自平衡性和灵活性将有助于稳定能源供应,并降低能源转型成本。

（三）德国能源转型政策措施

自 20 世纪 80 年代初期,能源和气候政策辩论中首次提出能源转型与变革这一概念,德国就一直处于欧洲能源转型的领跑位置。德国能源转型政策经历了上网电价制度(1990 年)、可再生能源资源法案(2000 年初定,2014 年修订)、第一次核电逐步淘汰的决策(2000 年)、延长核电站的寿命(2010 年)和第二次核电逐步淘汰的决策(2011 年)五个关键能源转型阶段。

早在 1990 年,德国政府就制定了第一个减少碳排放目标,承诺到 2005 年将会在 1987 年的水平上减少 25%,这一目标随后被不断强化和修正。目前最新的约束性目标是 2030 年碳排放量较 1990 年减少 50%,2050 年较 1990 年减少 80%—95%。并在此基础上提出了:可再生能源法案、上网电价和竞价、排放交易、环保税、热电联产法案、可再生能源供热方案和市场激励计划、加速电网扩张法案、节能条例(EnEV)和财政支持计划等促进减排目标实现的系列性能源政策。尤其是在提升传统能源效率和加大可再生能源投资方面,电网开发和电力储存能源转型的关键领域均有所涉及(哥白尼计划,2016 年)。截至 2020 年年底,德国仅实现了《国家能效行动计划—2014》中约一半的过渡性指标,和扩大可再生能源利用方面的优异成效相比,德国在降低传统能耗和增加传统能效方面的成效不尽如人意。

（四）法国能源转型政策措施

相对于德国和英国,法国有关于能源整体转型的倡议启动较为延迟。其主要原因在于法国能源结构中的高核电占比,使其较其他国家具有早期碳排放总量较低的优势。近年来,围绕温室气体减排和降低能源消耗,法国陆续出台了系列能源转型政策措施。尤其是在运输、建筑和农业废物等面临脱碳挑战的主要部门,要求地方规划工作每五年内必须考虑碳减排战略、减碳目标和碳预算更新。

较为典型的有:2015 年法国议会批准的"绿色增长能源转型法",包括

2050 年排放量比 1990 年减少 75%，2030 年可再生能源份额占终端能源消耗份额 32% 等长期目标。具体举措包括清洁低碳的交通计划、建筑和公共工程部门（循环经济）的人均城市垃圾产量控制计划、能源转型税收抵免（CITE）增加计划等。该法案通过完整的法律体系在应对气候变化、减少能源对外依存度和保障能源安全等方面的可行性大大增强。受英国经验的启发，法国还通过了约束不同部门碳预算的国家低碳战略。

同时在减少空气污染和改善能源消耗方面，法国积极尝试和推广能源产业数字化技术。通过法国住房改善机构为每年约七万个低收入家庭新装智能电表（Linky）和智能燃气表（Gazpar），切实提高了智能电网在消费领域的活跃度。为确保可再生能源的成本竞争力和普及性，法国还向市场提供上网电价系统支持计划、资金改革溢价计划和零利息生态贷款计划等。

法国能源转型政策措施的主要特点是加强能源需求管理以提高能源使用效率。在关键部门的政策建议和战略规划中，通过能源技术研究和创新，限制化石能源，增加可再生能源份额。重点关注建筑物、运输、废物、循环经济、可再生能源和核安全等领域，加强与公民、公司和地方当局合作以确保能源信息的透明度及公开度。

（五）日本能源转型政策措施

受 2011 年日本大地震和核事故影响，近年来日本政府一直致力于放弃扩大核电的计划以消除负面效应。自 2013 年全部核电机组逐渐关闭之后，电力供应约 30% 的缺口主要由液化天然气（LG）等化石燃料替代。由于日本的煤炭和石油需求进口依赖度高达 94%，因此核电关闭后使家庭电价增加了约 25%。为切实解决能源供应与转型难题，日本于 2012 年 7 月推出太阳能上网电价（FIT），为 100 兆瓦以上的商业规模光伏建立了每千瓦时 43.2 日元的保证关税。这一举措有效降低了光伏成本，使可再生能源发电的份额以 3% 的增长率逐年递增，住宅光伏成本从每千瓦时 50 日元下降到每千瓦时不足 30 日元。

从 2014 年起，日本政府重启和批准修订的核电和燃煤电力基本能源计划，将核电和燃煤电力重新评估为"重要基荷电力"，并宣布放缓可再生能源引入力度。提出到 2030 年度电力结构的定量目标为 27% 液化天然气、26% 煤炭、23% 石油、21% 核电和 3% 可再生能源，该比例中对化石燃料的严重依赖已倒退回 2000 年左右的平均水平。同时，政府还决定允许公用事业公司无限制地削减可再生能源发电。这些有利于传统能源的发展计划，将清洁能源短暂的激励作用和积极影响几乎全部抹除。

《能源革新战略》《能源环境技术创新战略》和第五次《能源基本计划》是自 2016 年之后,日本能源发展战略的重点规划。这些计划中明确提出日本依托政府主导的研发体制,利用网络信息技术构建综合智能能源管理体系、研发深度节能技术、创新储电科技以及碳捕捉技术等。但当前,日本依然是极少数提倡煤炭火电的发达国家之一,政府正全力支持建设新的煤电厂。据不完全统计,福岛事故后已建成超过 50 座燃煤电厂,这为覆盖核发电损失、削弱可再生能源规模提供了政策支持。

当然,由于日本能源自给率一直处于 10% 以下的较低水平,因此通过技术优势弥补资源劣势以稳定能源安全供给成为历次能源转型战略的主要思路。近年来,日本采取的"氢能社会"设想将氢能作为第二大重要资源进行大规模开发,在优化能源结构和降低碳排放方面成效极为显著,在 2016 年即提前完成了 2030 年的总能耗下降目标。另外,还有扩大海洋油气勘探、加速可燃冰商用开发等系列推动能源供应途径和结构转变的举措,也均取得了较为积极可观的成效。

二、中国能源产业数字化政策分析

中国第一个清晰明确的可再生能源规划起源于 2014 年的《中国可再生能源发展路线图 2050》,提出可再生能源发电占比争取在 2050 年达到 86%,风电和太阳能两类清洁能源成为电力系统供应的两大主力军。此后,我国能源转型与推进数字化变革的系列政策与清洁能源的快速增长相伴而生。《能源发展战略行动计划(2014—2020 年)》提出"2030 年非化石能源占比将提高到 20% 左右";《能源生产和消费革命战略(2016—2030)》提出"以能源革命为能源发展的基本导向,实现 2030 年低碳能源联合占比达到 35% 的具体目标";《关于进一步深化能源体制改革的若干意见》提出"清洁低碳能源应成为满足新增能源需求的主体"。这些政策文件的发布,为未来能源生产和消费革命勾画了可行路线,为总量扩张迈向提质增效的崭新阶段提供了正确指引,对能源战略目标、能源体制改革和能源技术创新方面等实质内容作出了明确规划。

"双碳"目标引领下,我国能源变革的核心在于推动化石能源高效利用和清洁能源有效增长。可再生能源、天然气和核能的不断发展,极大地取代了高碳矿物能源的使用。我国单位 GDP 能耗有望逐步降至世界平均水平,并在不远将来跻身能源科技水平的世界前列。这不仅要加强供给端的体制创新,而且要着力解决资源与环境的制约,推动生态文明建设的长足发展。

面对新技术革命和新工业革命加速兴起的态势,各类数字信息技术成为能源产业变革和创新驱动发展的重要原动力。自 2015 年起,我国依次颁布了《关于推进"互联网+"智慧能源发展的指导意见》《能源技术革命创新行动计划(2016—2030 年)》《关于推进"互联网+"智慧能源(能源互联网)示范项目的通知》《智能制造中能源经济结构改革的实施意见》等政策和意见,目的在于促进能源与"云大物移智链"等数字化新兴信息技术的进一步融合,加强能源与通信、交通等重要基础设施联网建设,建立融合互补与统筹发展的综合能源体系。仅以交通领域为例,国家就陆续出台了《节能与新能源汽车技术路线图》和《汽车产业中长期发展规划》两个纲领性文件,为交通领域的用能改革指出了可行路径(见表 3-3)。

表 3-3　交通领域的能源数字化纲领文件

文件名称	颁布年	目标年	具体目标
《节能与新能源汽车技术路线图》	2016 年	2020 年	乘用车新车平均油耗为每百公里 5 升
			新能源汽车年销量在汽车总销量中占比 7%—10%
			纯电动和插电式混合动力汽车保有量超过 500 万辆
			燃料电池汽车保有量超过 5000 辆
			加氢站数量超过 100 座
		2025 年	乘用车新车平均油耗每百公里 4 升
			新能源汽车年销量在汽车总销量中占比 15%—20%
			纯电动和插电式混合动力汽车保有量超过 2000 万辆
			燃料电池汽车保有量超过 5 万辆
			加氢站数量超过 300 座
		2030 年	乘用车新车平均油耗每百公里 3.8 升
			新能源汽车年销量在汽车总销量中占比 40%—50%
			纯电动和插电式混合动力汽车保有量超过 8000 万辆
			燃料电池汽车保有量超过 100 万辆
			加氢站数量超过 1000 座
《汽车产业中长期发展规划》	2017 年	2020 年	新能源汽车年产销量达到 200 万辆

资料来源:笔者根据中国汽车工程学会的《节能与新能源汽车技术路线图》(机械工业出版社 2016 年版),及中国政府网《汽车产业中长期发展规划》自行整理所得。

从总体上讲,创新、协调、绿色、开放、共享的新发展理念是我国能源产业数字化政策的立足之本。虽然与欧美国家相比,中国的能源转型具有长期性、复杂性和艰巨性。但在清晰路径的引导和有效措施的保障下,中国能源发展将加速向绿色低碳模式的转变,并成为加快国家现代化建设和惠及全人类可持续发展的强劲驱动。

第二节　需求侧的能源产业数字化现状分析

能源是社会经济发展的"血液",与工业、交通、建筑、通信等各个部门的产业门类息息相关、高度耦合。现代化能源体系的建立为我国产业体系整体布局和发展提供了重要保障。虽然能源消费分散在社会经济的多个不同部门,但实际上工业、交通和建筑三个部门占据了我国能源消费的最大比重。能源系统与工业、交通和建筑三类产业系统的关系已经由"供能保障"转变为"互驱发展"。因此,需求侧能源产业数字化必须高度关注这些能源消费的头部产业,以需求侧典型产业的数字化用能和数据互联为契机,实现能源与实体经济深层次的交叉赋能。

一、我国能源需求侧数字化转型的相关规划与政策支持

（一）工业部门

早在 2010 年,全新互联网生产体系"云制造 1.0"就开启了从理论探索走向工业实践的应用之路。所谓互联网生产服务平台是根据客户的要求重构云上虚拟生产数据,向客户提供定制化生产服务的一种新业态。伴随"云制造 2.0"和"云制造 3.0"等概念的不断推陈出新,利用新型的智慧科技建立智能生产体系新模型成为提升企业综合竞争力的重要途径。

与此同时,我国制定并颁布了《工业互联网发展行动计划（2018—2020年)》《工业互联网体系架构（版本 2.0)》等一批顶层设计方面的利好政策举措,意在万物互联、智慧引领、信息驱动、全技术平台和跨界整合的新理念下,为我国工业互联的实际活动提出现实可行的参考框架,精准有效地实现协同化、个性化、柔性化与智能化的关联行为。在此基础上,推动工业用能与信息技术等相关领域技术的深入应用,协调能源与数据传输等基础设施网络在工业领域的建设部署,助力工业能源产业数字化进程与工业互联网平台的加速融合。如我国航空科工集团公司的 CASICLOUD 和我国海尔集团的 COSMOPlat 等工业互联网平台在信息共享、节能增效、企业融资和生

产运营等方面均实现了重大突破，为促进我国工业数字化与能源互联系统的逐步完善提供了宝贵经验。

（二）交通运输部门

以互联互通、共享出行和自动驾驶为典型特征的智能交通系统是交通运输部门能源产业数字化的重要核心。近年来，依托大数据资源进行开发与管理的智能交通系统在我国实现了长足和快速的发展，成为提高交通智能化水平和交通能源效率的新方向和新手段。2019年，交通运输部正式印发《推进综合交通运输大数据发展行动纲要（2020—2025年）》，为2020—2035年的中国初步建成交通运输强国提供了纲领性指南。"便捷、经济、绿色、智能、安全"将成为现代化交通强国和大国时代的关键词。

其中，交通运输部门的能源产业数字化是国家现代综合交通框架体系初步建立的有效支撑。依托交通运输部门的能源产业数字化，交通运输的现代化、平安化、绿色化和公共化程度将明显提升，并大幅减少城市拥堵问题。以科技创新为本质的数字化应用，将在交通质量、通行效率、技术装备和环保性能等方面助力我国迈入全球领先。因而，中国交通行业未来的可持续发展必然离不开数字化转型政策的支持和激励作用。道路交通需求的合理控制、交通模式结构的低碳转变，以及数字技术创新的大幅替代，都是中国交通行业可持续发展的必然趋势。

二、我国能源需求侧数字化建设现状

（一）工业部门的能源消耗与数字化现状

工业部门的全球竞争大致历经了规模化降低产品成本（20世纪初）、效率化提升产品质量（20世纪中叶）和服务化增强产品竞争（20世纪末）三个阶段。进入21世纪以后，以产品研发与创新能力为核心基础的数字化战略成为工业部门关注的竞争焦点。最具代表性的如：3D打印作为工艺技术之一加速推进和应用广泛；工业机器人供应量大幅增长且需求持续旺盛。这些工业部门的数字化进程主要受新兴经济体，尤其是中国这一巨大潜力市场的推动。

1. 工业部门能源消耗现状

目前，我国已建立了涵盖社会经济层面的完整工业体系。丰富多元的工业产品制造体系使工业部门已经成为涉及燃料种类最为复杂的能源消费主体。根据国家的相关部门统计，截至2023年年底，我国全年能源消耗总量57.2亿吨标准煤，较2022年增长5.7%，工业能源消耗量约占全国总消费量的 2/3,是我国全产业能源消费的最大使用者。近年来,我国工业部门的能源消费展现出显著的刚性增长特征,与此同时,能源体系的低碳转型进程呈现出稳健推进的态势,具体表现为非化石能源在能源消费结构中的占比逐年攀升。据《中华人民共和国 2023 年国民经济和社会发展统计公报》数据显示,天然气、水力、核能、风能及太阳能等清洁能源的消费占比已攀升至能源消费总量的 26.4%,实现了 0.4 个百分点的年度增长,标志着清洁能源在能源体系中的地位日益增强。

在能耗管理领域,工业部门的能源消耗是政府机构的关注重点。其中,制造业是工业部门能源消耗的重中之重。自 2014 年至 2023 年,制造业能源消费总量均占工业部门总能耗的 85% 左右,占能源消费总量的 50% 以上。① 当前,我国制造业的能源消费结构依然呈现出显著的化石能源依赖性特征,具体表现为煤炭、石油及天然气等不可再生资源占据主导地位,而这些能源的燃烧效率往往相对较低。此外,制造业通常涉及大规模的生产活动,这些活动往往伴随着高能耗的机械设备和高温、高压等工艺条件,导致能源消耗量大。相比之下,采矿业和电力、热力、燃气及水生产和供应业的能源消费总量占工业部门比例较小,大约分别为 5% 和 10%。因此,加强工业部门能耗管理的同时,更需对症下药,深入挖掘该部门内部的各个细分行业能源消耗的贡献度。

在工业部门中,包括但不限于钢铁、有色金属、化工、建材等重工业,以及机械制造、汽车、家电等细分制造业,都是能源消费的重要领域。工业生产过程中不仅需要大量的电能和热能,同时也使用石油、天然气等化石能源,对能源可持续供应的要求极高。从行业结构看,我国规模工业企业高耗能主要集中于以下六个行业:石油、煤炭及其他燃料加工业,化学原料和化学制品制造业,非金属矿物制品业,黑色金属冶炼和压延加工业,有色金属冶炼和压延加工业,电力、热力生产和供应业,这六大高耗能业是整个工业能源消费总量的主要来源。由于高耗能产业通常需要较为稳定的高碳排放的传统能源进行供给,其持续扩张态势成为实现碳减排目标的关键障碍。有业内专家指出,高耗能行业作为国民经济的支柱部分,其高能耗特性主要来源于产品本质与工艺特点。若能通过技术创新实现清洁生产,并达到国际领先能效标准,则能显著削减二氧化碳排放,为低碳转型开辟路径。据有关专家预测,至 2025 年,高耗能行业内广泛采用节能减排技术的节能潜力预估可达 1.23 亿吨标准煤,占当前高耗能行业能源消耗总量

---

① 国家统计局,https://www.stats.gov.cn/hd/cjwtjd/202302/t20230207_1902277.html。

的 3.1%。随着技术应用的深化与普及,2030 年高耗能行业的节能潜力将跃升至 2.02 亿吨标准煤,占当前高耗能行业能源消耗总量的 9.2%。[①]因此,推动先进节能减排技术在高耗能行业的广泛应用,不仅是促进该行业低碳转型的核心策略,也是实现能源结构优化与环境保护目标的重要途径。

化石能源的电力供应行业也是我国重要的碳排放来源。依据中电联发布的《中国电力行业年度发展报告 2024》,截至 2023 年年末,我国火力发电领域每千瓦时发电量所对应的二氧化碳排放量约 821 克,实现了 0.4% 的年度同比降幅。同时,单位发电量二氧化碳也降至约 540 克/千瓦时,同比下降 0.20%,标志着电力行业在低碳转型道路上迈出了坚实步伐。值得注意的是,目前全国范围内已有 2257 家火力发电企业积极融入碳排放权交易体系,通过市场机制促进减排。2023 年度,该体系内碳配额的总成交量高达 2.12 亿吨,累计交易金额突破 144 亿元人民币,体现了我国碳市场在促进资源优化配置、激励企业自主减排方面的强大活力。全年覆盖二氧化碳排放量超过 50 亿吨,已成为全球覆盖温室气体排放量最大的碳市场。

随着碳排放量的持续增加,我国的气候安全以及环境安全正面临着巨大的威胁,这与"双碳"目标背道而驰。如何促进工业进行传统能源改造,加快能源消费结构向绿色低碳转型已成为关键问题。而实现能源产业数字化则是解决这一问题的关键推动力。

但由于不同的工业产品对应不同的生产工艺,工业部门的终端能源消费转换面临极大的局限性,并不能仅依据清洁能源替代一种思路而随意更改用能类型。同时,对工业部门进行能源转换需要投入大量资金以完成设备更新。因此一般来说,提高能源使用效率和循序清洁能源替代是工业需求侧能源转型的优先选择,通过电能或者天然气等清洁能源供给逐步替代燃煤,可以同时有效提高总体能源效率和达到较好的节能减排成效。2006—2023 年,我国工业部门的电力煤炭消费比呈现明显的波动上升趋势,说明电能对燃煤的替代加速进展(见图 3-1)。2006 年工业的电力煤炭消费比(亿千瓦时/万吨标准煤)仅为 0.08,但 2023 年该指标已攀升至 0.12,升幅达 50%。

---

① 吴起龙:《高耗能产业低碳转型要做好"加减法"》,《中国能源报》2021 年 12 月 20 日。

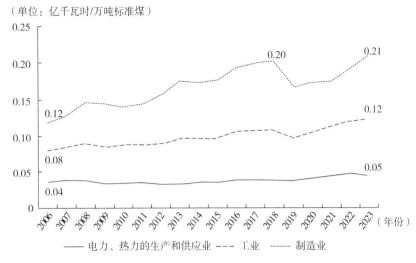

图 3-1　2006—2023 年我国重点部门的电力煤炭消费比

资料来源：笔者根据国家统计局各年度《国民经济和社会发展统计公报》自行整理所得。

2. 工业部门能源数字化现状

伴随工业部门快速增长的高能耗现实推动了以数字化为核心的节能减排工业技术。自 2015 年以来，我国汽车、电气和电子行业的工业机器人供需一直处于全球领先地位，成为降低燃料消耗和提升资源效率的典型代表。随着发电脱碳化，3D 打印作为一种电力驱动工艺被广泛应用于金属铸造等热成型领域，大大降低了二氧化碳排放量。这为工业部门的能源数字化提供了良好示范，展示出能源资源耗费低、节能效果优、占地面积小和丢弃废料少等诸多优点。

（二）交通运输部门能源消耗与数字化现状

2000 年之后，我国经济平稳快速发展带动了交通运输部门客货运量的井喷式增长，道路交通运输能源消费在能源消费总量中的占比上升十分明显。交通运输行业汽柴油消费总量以年均约 14% 的速度增长，截至 2021 年年底该口径统计指标较 2000 年已达到接近三倍增量。尤其是自 2007 年以来，私人汽车数量的急剧增加造成的汽柴油需求量激增，给中国石化燃料的总量控制造成巨大压力。因此，交通领域的能源转型成为需求侧用能不容忽视的重要组成部分。

1. 交通运输部门能源消耗现状

2023 年，我国交通运输能源消费总量约为 18785 万吨标准煤，汽油、柴油两类能源的消费占比就高达 71%，成为能源消费比重最高的两类能源（见图 3-2）。

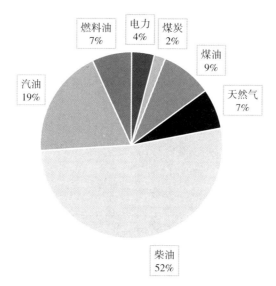

图 3-2 2023 年我国交通运输主要能源消费分类

资料来源:笔者根据《中国能源统计年鉴 2023》自行整理所得。

除交通运输能源消费总量快速增长外,一方面,我国私人汽车数量的井喷式增长加剧了生活层面汽柴油消耗总量,加之机动化带来的严重城市交通拥堵,导致城市交通能源消耗和二氧化碳排放不容乐观。另一方面,来自多样化交通方式的变化导致终端燃料替代进程加速,客货运增长率与交通能源占比呈现非匹配趋势(见图 3-3)。虽然交通能源占总能源消费比重

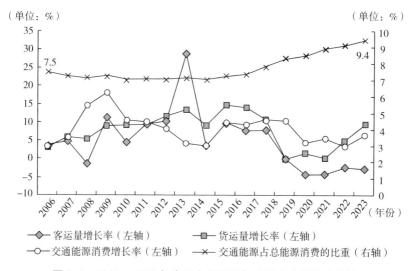

图 3-3 2006—2023 年我国客货运量与能源消费的波动趋势

资料来源:笔者根据各年度《中国能源统计年鉴》自行整理所得。

缓慢上升,但交通能源消费增长率却呈现出无显著规律的波动状态,给交通运输节能降耗的政策制定带来诸多不确定性困难。

2. 交通运输部门能源数字化现状

当前,交通部门能源数字化的应用主要体现在智能交通系统、共享出行和自动驾驶等方面。通过集合传感器、通信网络、数据处理和自动控制等高科技技术,交通部门能源数字化的应用大大提高了现有交通设施利用效率,在交通安全维护、交通负荷减低和环境污染控制等方面取得了广泛认同与好评。

我国目前的交通部门能源数字化正处于快速发展的窗口期,呈现出以下几个突出特点:一是加速先进信息技术在交通领域的应用与服务,减轻交通堵塞、交通事故或道路维修造成的非必要损耗;二是提高现有交通系统与基础设施的运行效率,完成交通工具、交通设备等多主体间的智能协同高效运转;三是逐步取代人工控制以提高交通系统自动决策能力的安全性和便利性,不仅在民用领域加强自动驾驶技术,铁路、航空等商用运输部门的互联自动设备将在未来10年间备受市场投资的青睐,并在成本节约、安全效益和节能减排等方面体现无与伦比的巨大优势。

(三) 我国建筑业用能发展与数字化现状

随着工业4.0和中国、越南、印度等新兴经济体对基础设施建设需求领涨全球,以新型建设工程为代表的数字建筑市场前景尤为可期。数字建筑的快速发展有助于我国建筑用能进入数字化节能新时代。

1. 我国建筑业能源消费现状

建筑业的能源消费一般包括直接和间接两类。直接能源消费主要指建筑产品成型过程中直接耗费的原煤、汽油、柴油等石油以及电力等,间接能源消费主要指建筑产品所使用的钢筋、水泥、玻璃等材料类物品制作过程中的能源消耗。依据综合能耗计算通则中关于能源换算系数(见表3-4)以及不同能量单位换算系数(见表3-5),可以计算出我国建筑行业直接能源消费与间接能源消费的具体数量。

表3-4　能源折算标准煤系数和碳排放系数

指标	原煤	汽油	煤油	柴油	其他石油制品	电力
标准煤折算系数	0.71	1.47	1.47	1.46	0.20	1.23
碳排放系数	0.77	0.56	0.57	0.59	0.59	0.28

资料来源:笔者根据国家统计局《1986年重点工业、交通运输企业能源统计报表制度》及《中国能源统计年鉴》自行整理所得。

表 3-5　不同能量单位换算系数

项目	1 吉焦	1 吨标准煤	1 千瓦时	1 吨二氧化碳
焦耳(GJ)	1.00	29.27	3.6×10^{-3}	11.19
标准煤(t)	0.03	1.00	0.1227×10^{-3}	0.38
千瓦时(kwh)	0.278×10^{-3}	8.137×10^{-3}	1.00	3.106×10^{-3}
二氧化碳(t)	0.09	2.26	0.322×10^{-3}	1.00

资料来源:笔者根据国家统计局《1986 年重点工业、交通运输企业能源统计报表制度》及《中国能源统计年鉴》自行整理所得。

2013—2023 年,河北、江苏和山东三个省份建筑业能源消费总量位居全国前三位,与海南、青海、宁夏等能源消费总量较低的省份形成两极分化趋势,我国各省份建筑业能源消费总量呈现出明显的差异性。依据万吨标准煤与二氧化碳排放系数的换算,我国各省份建筑业碳排放总量基本处于高位状态,建筑业能耗持续性增长的现状不容小觑。尤其是近年来,我国加大基础设施投资力度,与建筑业相关的碳排放增长成为中国总碳排放中不可忽视的重要组成部分。

2.我国建筑业能源产业数字化现状

建筑业能源产业数字化的基本功能是实现建筑物的智能高效运行和自动节能控制。一般来讲,智能建筑的自动控制与管理系统可节省 30%以上的能源消耗。以我国大量建成的现代化楼宇为例,其中央空调与照明系统的能耗占总能耗的 70%左右。通过智能建筑系统改造以后,可在符合用户需求的前提下,最大限度地降低 30%—40%的能源非必要消耗。如通过划分"工作时间"与"非工作时间",对实施不同标准的室内外照度、温湿度等智能化控制,其经济效益的显著性使其成为智能建筑快速推进的主要因素。

依据相关国际权威机构测算,2023 年全球智能建筑节省发电量约为30545 亿千瓦时,由此带来的二氧化碳减排总量约为 16.8 亿吨。按照中国约占全球智能建筑 1/3 的市场份额,可以粗略计算出 2023 年中国智能建筑的二氧化碳减排和节电效果(见表 3-6)。

表 3-6　2023 年中国智能建筑二氧化碳减排和节电效果分析

措施	二氧化碳减排(亿吨)	节省电力(亿千瓦时)	实现目标	实施手段
智能软件设计节能型建筑	1.485	2700	零售建筑二氧化碳减少 40%,其他建筑减排 30%	60%的新建筑、15%的改造建筑进行节能设计

续表

措施	二氧化碳减排（亿吨）	节省电力（亿千瓦时）	实现目标	实施手段
设计较小建筑空间	0.363	660	零售店和仓库空间减少25%	60%的新建筑和20%的改造建筑
建筑管理系统进行楼宇管理	1.32	2400	住宅和零售建筑二氧化碳减少12%,仓库二氧化碳减少7%,办公室二氧化碳减少36%	40%的新办公室和零售店、25%的翻新建筑安装智能建筑管理系统,33%的其他新建筑、10%的其他改造建筑安装智能建筑管理系统
暖通空调自动化	0.429	780.12	暖通空调能耗减少13%(不包括仓库)	40%的新零售店和办公室、33%的其他新建筑实施暖通空调自动化,25%的既有建筑改造实施暖通空调自动化
照明自动化	0.396	720.06	照明装置减少16%	40%的新零售店和办公室、33%的其他新建筑实施照明自动化,50%的改造商业建筑、25%的改造住宅建筑实施照明自动化
按需通风	0.066	119.79	商业建筑(不含仓库)中制热(或制冷)碳排放量减少4%	60%的新建筑和25%的改造建筑
智能调试	0.198	360.03	商业建筑(不含仓库)中制热(或制冷)碳排放量减少15%	60%的新建筑进行智能调试
标准设定和建筑再调试	0.495	899.91	当前商业建筑(不含仓库)中制热(或制冷)碳排放量减少35%	25%的新建筑和50%的改造建筑
电压优化	0.792	1440	制热(或制冷)设备减少10%的能耗	80%的新建筑、30%的改造商业建筑和20%的改造住宅建筑进行电压优化
合计	5.544	10079.91	—	—

资料来源:笔者根据《"十四五"建筑节能与绿色建筑发展规划》自行整理所得。

第三节　需求侧的能源产业数字化障碍分析

与全球其他的主要经济体和能源消费大国相比,中国现行经济发展模式下能源产业数字化的困难度和复杂性显然更胜一筹。从能源消费的量级、能源需求的提升、能源结构的变化或者碳减排目标出发,中国的能源转变在宏观层面和工业、交通、建筑等细分领域都将遇到前所未有的挑战和障碍。

一、数字化在能源需求侧的宏观困境

目前,我国能源消费总量还处在稳定增长时期,伴随工业化和城市化进程的逐渐开展,未来一段时间,我国能源消费总量仍然面临不断上涨的持续性压力。因此,从宏观角度来看,我国数字化在能源需求侧将存在以下三个方面的突出困境:

（一）能源消费体量大,能源系统的深刻变革需要长期推进

2023 年,我国的能源消费量占比高达 26.4%,未来一段时间还将面临继续上行的压力。相反,德国、日本、加拿大等其他后工业化发达国家却逐步开始进入能源消费总量的下滑时期。面对如此巨大的能源消费基数,能源转型任务异常艰巨。既涉及现有能源格局设施、技术、产业、市场等基础性重构,也需要同时形成生产、消费与运输等配套性跟进。另外,实现能源转型,从根本上需要能源开发和利用技术实现新突破,且技术突破后产业化和商业化也需要一定的时间,因此具有长期积累性。加之中国能源系统本身所具有的发展惯性,要打破既有的能源产品、技术体系和利益格局,全面新建运行机制和行业标准,更是极大地提升了新产品的准入壁垒与进入难度。纵观全球能源利用的历史,石油和天然气在全球的总能源占比由 1%增加至 10%历经了近 50 年时间,充分说明能源结构的重大调整需要漫长的时间周期和社会经济系统的全面支撑。

（二）能源利用效率较低,能源转型的科技支撑有待加强

我国能源利用效率和加工转换效率较低制约了能源可持续发展。2023 年,我国单位 GDP 能耗相较于全球平均水平多出两倍,分别是美国的 3.5 倍和日本的 5.2 倍。这意味着一方面,我国的工业发展仍然处在能源利用效率的中低端水平,经济与能源的适配性结构调整的需求十分迫切;另一方面,节能降耗、提质增效将成为较长时间内我国整体发展模式的重要衡量性指标,能源与科技的融合性发展潜力巨大。

目前,中国燃料的生产转化、储运与综合利用率较发达国家平均低5%—10%,而在煤炭、石油利用和生产环节的效率则差距更大。清洁燃煤发电技术和石油精炼加工水平的落后性,给我国能源结构转型带来严峻挑战。尤其在清洁能源开发利用方面,部分地区的弃水、弃风、弃光等问题突出,可再生能源消纳困难亟待解决。仅2023年一年,蒙东、青海等地区弃风率就达到10%,西藏、青海等地区弃光率则接近20%。因此,需尽快推动以发电技术为支撑的能源供应体系变革,大力支持分布式能源体系、微电网、局域网、储能电站建设等系列举措。

(三) 资源环境倒逼压力加大,能源转型时间紧任务重

2023年全球二氧化碳排放量为413亿吨,我国的二氧化碳排放量高达115亿吨,占全球的27.8%,其中燃煤贡献了主要的二氧化碳排放。面对国内外应对气候变化的呼声和压力,生态外部性已经成为中国能源增长的限制因素,将倒逼能源结构向清洁化转变。我国富煤、贫油、少气的能源资源禀赋特征决定了我国以煤为主的能源消费模式,大大增加了能源转型的难度。石油和天然气储量远远低于煤炭储量,且天然气开采难度大、成本高,技术经济因素使非常规天然气资源面临诸多不确定因素。另外,中国非化石燃料能源相对充足,但利用范围受限,现行能源结构和设施无法接纳大规模可再生能源使用。因此,为实现减排目标,能源转型的进程如何与社会经济的发展现状相适应成为我国能源低碳发展进程中必须权衡的重要难题。通过减少燃煤的规模,提高燃煤洁净化利用效率,提升重大工业部门的能源技术效率,逐步引领世界低碳发展的方向。

(四) 适应我国能源转型的体制机制水平有待提高

促进能源转型,体制机制的构建与完善至关重要。由于中国能源消费需求基数大、增长速度快,有效控制能耗消费规模和实现减碳目标,就必须强化对能耗的宏观控制。针对能源发展的新形势和新问题,要进一步建立符合中国能源发展规律的政策制度。从德国能源发展实践来看,历经了近三十年的发展,德国清洁能源产业还并未达到充分市场化,也仍然没有完全脱离国家财政资金的补贴依赖。显而易见,中国现阶段还无法对标发达国家的能源价格承受能力。所以,中国能源补偿措施的出台、实施与监督也应该更加明确和注重成效。此外,还应建立更加完善的监测考核体系,对每年的能源转化状况实施监测并提交全面的分析报告,使能源转型的路径更明确,实施更有效。

二、工业部门能源数字化面临的障碍分析

近年来,工业部门能源数字化的政策环境不断向好,先进制造发展战略、工业互联网平台建设方案等系列政策陆续出台,为工业部门能源数字化提供了良好导向和重要支持,但整体来看,中国工业部门的能源利用水平还比较落后,工业领域关键技术与能源有效协同运行的机制尚不完善。工业部门能源数字化还面临诸多障碍与压力,主要体现在以下三个方面:

(一)工业能源面临巨大的碳排放压力

2023年我国工业部门的碳排放总量已超过美国和英国。目前,针对工业部门的碳减排专项投入资金较少,加之中国工业领域对石化燃料的高依赖性和多需求性,使中国工业碳排放数量持续走高。针对工业部门的能源消耗和碳排放,我国已有相关法律法规的出台与实施,成效较为显著。工业产品单位碳排放量的上升势头已趋于平稳且下滑态势已基本显露。但为实现2025年、2035年,中国工业产品单位GDP二氧化碳排放量分别较2015年减少20%—30%、40%—50%的约束性目标,减排任务依旧十分艰巨。

(二)经济增长与工业生产出现脱钩趋势

2023年,中国工业制造的产出与消费年均增长率出现大幅下降,仅为3.85%和3.2%,与2019年的7.56%和8.34%相比差值明显。目前工业部门产出与消费的明显放缓趋势,与国家实行的严格节能减排措施不无关联。如何在工业经济发展中进行充分有效的能源匹配,并合理抑制工业能耗对环境产生的负面影响是"双碳"约束下亟须思考的重要课题。能源结构与产业调整必须匹配社会经济增长和居民消费的正常趋势,为我国经济的健康可持续发展提供有效动力。

(三)工业能源数字化尚未取得理念认同和行动一致

数字技术的投入将大大提高企业运行效率,带来人员重新安置、薪酬减少等结构性冲击,数字化替代带来的人员抵触情绪是最常见的障碍之一。并且,数字化时代对员工的思考方式也提出了新要求,理念认同与适应需要组织结构和管理制度等全方位重构设计,迫切需要对员工进行技能更新培训,以促进他们在专业技能和数字技术两方面都取得理念认同和行动一致①。

三、交通行业能源产业数字化的障碍分析

随着交通运输行业的数字化程度日益加强,网络安全、数据隐私和管理

---

① 范册珊:《能源数字化加速》,《能源》2021年第12期。

部门组织结构过时等问题亟待解决。智能交通产业面临着一系列规划布局、技术研发及其他障碍。同时,智能交通技术标准化发展与产业发展相脱节、相关投融资政策不到位等问题突出,对我国交通行业能源数字化产生了较为不利的影响。

（一）智能交通的建设观念亟须改变

一是当前智能交通系统的发展观念亟须转变和完善,部分传统交通理念与数字化进程相悖情况突出。例如,运输企业是交通领域节能降耗的主要群体,但运输企业在实施物流体系建设中,通常以流转效率为基础,对能耗问题和能源效益较为忽视。二是由于智能交通系统的大数据包含诸多个人隐私与敏感行为,部分信息的科学采集和正确管理尚缺少统一标准。三是多部门间不同利益群体和行政管理部门对国家智能交通系统建设并无统一的政策规划和协调机制,往往会导致重复建设和资金浪费。

（二）智能交通的技术创新较为薄弱

目前,智能交通的关键核心技术大多为国外品牌,我国中高端智能交通产品类型较少、规模小、自主创新性较弱。面对激烈的全球竞争环境,国内智能交通的产业链尚未完全打通,导致企业多处于零星发展状态,缺乏拓展国内外大市场的系统集成商。例如,智能导航在专业测量接收机的高端产品中外国厂商占比高达80%。极少数领先型企业的专业化水平也不高,整体市场竞争力亟待进一步提升。

（三）智能交通的标准化有待推广

截至2023年3月,我国共制定智能交通技术标准74项,其中正式颁布27项,报批11项,复核6项,报批2项,征求意见24项。即便如此,我国智能交通技术标准的制定率仍不足20%。这为智能交通的标准化进程带来了明显障碍,智能交通系统的整体发展无法与物联网技术、通信系统工程、电子信息工程、监控信息系统等重要技术融合同步发展。

（四）智能交通的投融资政策不到位

中国的高新技术企业资金来源方式一般是以自筹资金为主,融资方式为辅。尽管智慧交通产业是属于高新技术行业的重要组成部分,但是在智慧交通领域的发展,特别是基础设施的建设领域,这种融资方式并不能满足。导致在智能交通的建设中,社会公益项目和经营营利性项目没有明确区分,也没有制定与此相对应的具体投资优惠政策和投资方案。

四、数字建筑能源转型面临的问题和挑战

在我国建筑节能问题已越来越多地得到关注和重视,但特大型建筑能

耗高、建筑节能科技和服务支撑不足、建筑节能改革启动困难等问题和挑战依旧十分突出。具体体现在：

（一）政策与制度方面的障碍

中国现有的关于智能建筑的政策还不尽完善，不能有效地支持智能建筑的快速发展。我国目前尽管已有了《智能建筑设计标准》，但标准中有些方面已明显滞后，无法有效落实我国建设的节能低碳、生态建设、绿色环保等一系列目标政策措施，对当今城市建筑各种功能中更强调信息化、智能化的综合运用也没有充分的支持，因此无法适应更全面、科学、合理的各种城市建筑智能化系统工程设计要求。同时，还缺乏对智能建筑明晰、统一、规范的标准，使开发商对智能建筑的建设无"章"可循。在工程设计、智能等级和设施水平等方面如何开展质量考核与检验均无统一标准。另外，在我国还缺乏完整的关于智能建筑设计和建筑施工资质管理的具体法规，部分厂商在缺乏相关资质的前提下，随意承包施工，造成部分全球范围内智能建筑的设计和施工都存在严重失控，严重影响我国智能建筑的商誉。

（二）设计与施工方面的问题

由于智能化建筑技术相对较新，使传统建筑设计中的相关专业学科在面对智能技术时尚未有科学对接和全面考虑。智能系统设计零散性和不规范性都给后续施工埋下了隐患。因此，由于设计方案的全局性和长远性不足，施工品质也就难以得到有效保障，通过对智能建筑开展的市场调研结果表明，开通率极低、服务较为单调、使用者不满意三类问题是智能建筑投入使用中最常见的弊端。

（三）技术方面的问题

建筑物信息管理系统、能源管理技术等是智能建筑常用的信息技术类型。这些信息管理技术在当前还未达到精细化完善阶段，从建设施工到运营管理中还存在明显不足，与安全、有效、节约的规范化智能建筑要求还有一定距离。目前，智能建筑方案设计的关注重点大多集中在建筑智能化设计领域，较少关注建筑设计结构的灵活性和适应性，特别是针对智能平台设备的安放位置、管路设计等细节考虑不甚周全。尤其是在缺乏智慧用能系统的较偏远地区，因为无法及时掌握用能市场的最新信息，所以也就无法体验智能建筑高效运转的优势。因此，全新而完善的数据信息模式在不同建筑中实现高效交流运转，是未来智能建筑信息管理系统的重中之重。

（四）智能建筑专业人才问题

从事智能建筑的技术人员需要拥有更加明确的专业分工和丰富的实践经验。目前，我国智能建筑专业人才中智能建筑设计师、安全产品与技术支持工程师、防盗产品、监控产品、大显示屏设计人员,以及工程自控系统开发人员等都面临较大缺口。尤其是具备电力、通信、施工与智能建筑管理等多学科专业知识的系统管理工程师极为匮乏。究其原因,是当前我国建筑行业的施工与管理人员大多未得到科学、正规的智能建筑复合型培训。缺少人工智能建筑复合型专业人才,是我国未来智能建筑中需要引起重视的一大问题。

（五）数据隐私和所有权问题

不仅仅在智能建筑上,在工业以及交通运输业,凡是运用数字技术都会产生对数据隐私和所有权问题的担忧。智能电网和需求响应技术依赖于大量消费者实时用电量数据,将利用包括个人能源使用事件的记录,让任何有权限访问的人都能够了解到日常生活和活动情况。这些数据如被用于商业数据挖掘,可能使消费者受到针对性营销的打扰。因此,数据泄露可能会影响消费者使用新服务的意愿,而收集能源数据的运营商（如公用事业单位和能源管理服务供应商）必须进行有效防范。

第四节　需求侧的能源产业数字化影响和政策思考

需求侧能源产业数字化在经济、市场和政策等内外驱动因素下已逐步由战略制定走向战略执行和落地的崭新阶段。需求侧具有激发能源产业和企业数字化转型的天然动力机制,借助数据、技术、平台等环境因素支持,将为能源产业数字化由自身转型向产业链转型强势赋能。因此,如何正确认知需求侧能源产业数字化的影响和未来趋势,将为需求侧全行业、全产业能源产业数字化的政策思考提供有益指引。

一、需求侧的能源产业数字化影响

从能源需求侧的三大重点行业——工业、交通和建筑领域来看,其能源产业数字化的影响重点将体现在:工业互联网与能源互联网加速融合形成智能生态产业圈;交通运输结构和工具耗能低碳化蓬勃发展促成智能交通系统全面启用;智能建筑在民用和商用领域逐步实现全方位和多层次有效利用等诸多方面。

（一）工业部门能源数字化的影响

工业互联与能源互联的融合性影响力开始凸显,应用领域逐步扩展至能源、交通运输、医药以及其他应用领域,正推动建立以智慧生态大体系为特征的智慧社会。

　　国外的工业能源互联网发展已经比较成熟,比较常见的是工业互联网技术把人、设备与数据结合起来,建立融合设计、产品加工、供应链管理与商业经营等的互联网化协同生产体系,通过传感器技术、人工智能和信息技术等促进能源消耗的自主化、网络化和数据化推进,从而使工业领域的能源利用更加环保、经济、安全。在产业理念方面,未来工业领域能源产业数字化的要点在于促进工业—能源的全要素整合,形成"智慧设备—交互网络技术—云网络平台"的智慧工业生产新业态。尤其是能源供需端都引入信息网络的系统结构和分布式的技术重点,通过高渗透分布式可再生能源发电系统和分布式储能上网的安全配电体系,对传统能源和清洁能源实现交互利用与协同转化。

　　我国工业能源互联网处于兴起发展的新阶段,不仅拥有国际上成熟的工业体系,并且通过采用新能源、新工艺和新材料,推进新型信息化技术和传统工业结合发展,形成中国工业能源的全新竞争优势。工业智慧生产不仅能够提升劳动生产率、降低能源消耗,同时具备更迅速精准的认知、反应与市场判断能力,可以实现具备企业个性特点的工业能源互联网发展之路。当前,工业能源数字化形式十分多样,在工厂内外均有相应的体现。图3-4具体反映出数字技术和战略在工业领域的应用框架。

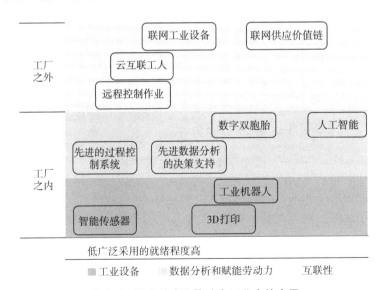

图3-4　数字技术和战略在工业中的应用

注:数字双胞胎指通过数字技术将真正的工厂进行虚拟复制;赋能劳动力指通过数字技术辅助并增
　　强工人技能。
资料来源:笔者根据《数字中国发展报告》自行整理所得。

工业部门是全球最主要的能源消费单位之一,但工业终端信息设备的技术层面往往对资源使用效率具有重要的影响作用。因此,智慧生产技术是全球工业未来发展的最主要趋势之一。中国目前的工业技术主要以跟踪仿制、组装合成、系统集成、应用研究为主,以自主技术创新、产品创新、部件攻关、平台研发等为辅。而高端技术装备海外依存度仍然很高,包括80%的集成电路器件生产装置、40%的重大石油化工装置和70%的电动汽车关键设备、核能等大型项目的智能化生产系统严重依赖进口。因此,未来的智慧生产科技,也会向着信息化、自动化、节能化的方面发展。通过加速重要基础理论与先进生产技术研究,如工业机器人、环境感知系统、产业通信联网等,为我国工业能源产业数字化的顺利开展提供强大的技术支持。

（二）交通运输部门能源转型的影响

无论是在小型乘用车、重型卡车等公路交通工具,还是在航空器、远洋船舶、高速列车等其他交通设施,智能、互联和节能都成为普遍的潮流和趋势,这大大增强了整个国家交通运输部门能源转型的可靠性与高效性。在航空领域,最新的商用飞机和船舶上配备了大量传感器,通过大数据分析优化航线规划,能够帮助相关人员作出安全通行的决策并大幅节省航行的燃料消耗。概括起来,交通运输部门能源转型的影响主要有以下几个方面:

1. 交通领域低碳化水平进一步提升

在参考情景下,我国客货交通需求将继续保持相对迅速的增长。道路交通依然是全国交通占比最高的组成部分,其中乘用车和货车均超过客运和货运40%的比重。预期2050年前,中国道路机动车总量将猛增至5亿辆,乘用车的平均保有比例将超过38%。全国交通总燃料的需求将超过7亿吨标油,汽柴油总消费将达到46亿吨标油。虽然生物质燃料、氢能、电力等低碳燃料在交通能源结构中呈现明显上升趋势,但替代比例依旧比较有限。因此,我国石油供应和对外依存度将在未来较长时间持续面临较为严峻的考验。

图3-5预测出我国客运交通运输部门的直接二氧化碳排放量从2010年的3.1亿吨增长到2050年的9.8亿吨。客运交通分模式的直接排放量构成与其能源消费结构相对应来看,仍以乘用车和民航的直接排放量为主要排放来源,而火车和摩托车的直接排放量则最低。这与火车和摩托车加快以电力为主要能源供应方式的转变有关。2050年,摩托车、乘用车、客车、火车、民航和船舶的二氧化碳排放量分别为400万吨、6.5亿吨、1.03亿吨、100万吨、2.2亿吨和10万吨。

2050年,货运交通运输部门的直接二氧化碳排放量预计达到9.9亿

（单位：百万吨）

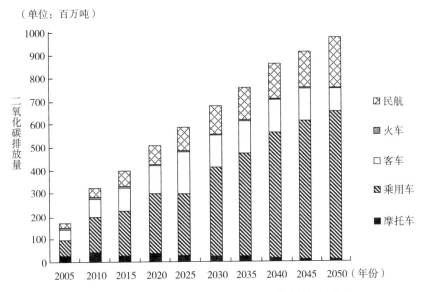

图 3-5 2005—2050 年我国客运交通分模式的排放结构

资料来源:笔者根据《中国城市绿色出行及其碳排放分析报告》自行整理所得。

吨,较 2010 年增长约 219%(见表 3-7)。全国客货总量二氧化碳排放量从 2010 年的 6.28 亿吨增长到了 19.5 亿吨,年均增速约 2.9%。其中,以柴油和汽油为主的排放来源分别占到了 39% 和 34%;航空煤油二氧化碳排放占 10%;其他各类替代能源二氧化碳排放量占其余 17%。

表 3-7 交通运输部门直接二氧化碳排放的增幅情况

交通运输部门	2010 年直接 二氧化碳排放量（亿吨）	2050 年直接 二氧化碳排放量（亿吨）	增长幅度（%）
货运	3.1	9.9	219
国际海运	0.35	0.73	109
客货总量	6.28	19.5	211

资料来源:笔者根据《中国城市绿色出行及其碳排放分析报告》自行整理所得。

2. 节能减排效果进一步凸显

按照世界电子可持续性倡议组织的相关预测,2025 年我国的交通领域数字化工程将达到 3.01 亿吨二氧化碳的减排总量,相当于节约发电 0.5 万亿千瓦时。通过实时展示有关道路交通拥挤情况、公共调度等汽车信息,优化出行路线和提升行车质量,避免了交通拥堵和非必要闲置,既减少了 CO、SO_2 等有害气体排放,也减少了燃料消耗和节省了驾车时间。另一方面,通过传感器监测发动机温度等诸多细节，帮助企业提高道路运输物流量，及时获取和更新实时位置、路线信息等有助于优化车辆和车队的运行，提高道路运输的总绩效。

3. 交通领域能耗结构进一步优化

随着新型智能交通工具的不断出现，交通领域能耗结构不断升级。仅以铁路发展为例，2023 年，我国铁路电气化率已达到 76.9%，同比攀升 3%。2024—2026 年中国铁路电气化率还将以年均复合增长率约 3% 的幅度稳步上升，并逐步进入铁路能源结构发展的成熟期。中国高速铁路的快速发展也极大地促进了铁路能源结构的优化。在 2006 年之前，中国铁路的最大能源消耗一直为原煤和燃油。以 2006 年第一批高速动车的设计研发到投入使用为重要节点，中国铁路能源结构已发生了实质性的改变和优化，从过去以煤为主逐渐过渡为以电力为主，建立了以电力清洁能源为主的新能耗结构。

4. 环境效益进一步提高

数字化进一步提高了交通运输部门的环境效益，主要体现在共享和自动交通可以促进车辆尺寸调整、加速电动汽车使用、减少能耗和污染物排放。

以自动驾驶可能带来的能源影响为例（见图 3-6），发现在乐观和悲观两种情景下公路交通的用能估计出现明显差异，无人驾驶汽车在某些案例中能够减少超过 90% 的燃料消耗，即使在自动化水平较低的情况下，通过自动驾驶系统的不断互联、优化和协调也会获得显著的能效增益。

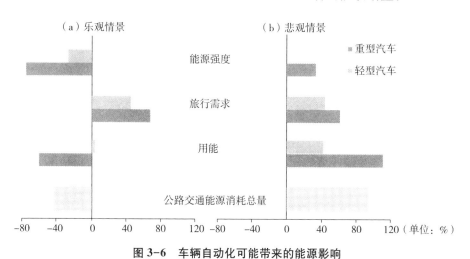

图 3-6　车辆自动化可能带来的能源影响

资料来源：笔者根据国际能源署《2023 年全球电动汽车展望》数据自行整理所得。

尤其在现代物流运输的货运情景中，数字化对供应链和物流运营的改善有望使 2050 年累计温室气体减排达到 1/3(见图 3-7)。交通数字化转型可能催生新的货运方式有效减少卡车数量和货运交通量。此外,插电式电动卡车更智能的充电方式既可以提高公路货运电气化的经济性,又可以降低电力来源的碳排放强度。互联和自动化技术可以通过节能驾驶、将运输安排在低峰时段和低流量路线等,提高公路运输的运营效率。数字技术在减少公路货运的用能和温室气体排放方面能发挥关键作用,特别是通过促进企业之间的横纵向合作来简化供应链物流。

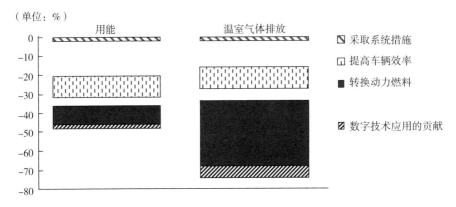

图 3-7   数字化对公路货运能源消耗和减排的影响

资料来源:笔者根据《我国碳达峰碳中和背景下互联网道路货运平台发展战略与路径研究》数据自行整理所得。

(三) 建筑业能源数字化的影响

2023 年,世界零碳建筑交易市场规模已经达到 168 亿元,预计在未来五年内复合增长率将达到 18.7%,踊跃开发绿色建筑、装配式建筑设计、降低能耗建筑工程,是全球建筑行业未来的热点趋势。在我国,数字工程在建筑领域节能减排方面发展潜力不容小觑,通过借助网络、虚拟现实、物联网等新型技术,积极推进绿色建筑设计、绿色制造、绿色施工和一体化安装等新型工程管理模式引入,极大地降低了设计施工全过程的资源耗费与污染,进而有效降低碳排放量,有利于提高建筑建造绿色低碳水平。建筑业能源数字化既是建筑行业长远规划的重要内容,也是中国建筑业提质增效、节能减排的必然需求,对建筑业健康发展、改善人民群众生活品质有着重大作用。建筑业能源数字化也将是建筑行业实现"碳达峰、碳中和"目标的关键举措。建筑业能源数字化的影响主要体现在以下两个方面:

1.提高建筑物能源利用效率

计算机技术与能源管理革命的相互融合赋予了建筑物智能管理能力。

建筑物将朝着性能高、能耗低和污染少的可持续发展方向迈进。例如,随着建筑物自动化水平的提升,会更有利于智能建筑系统根据房屋内部的气温、湿度的不同,实现对光、电、热能输出的自动控制,从而实现节约能源的功能。同时通过转变建筑材料在能耗体系中的作用,实现建筑物从能源消耗大户到能源收集与消费集成角色的转换,在以人为本的目标下合理调度、管理和调控建筑能源,必将成为未来建筑物智能化发展的新模式。

另一类常见的具体运用是智能照明(连接到建筑物控制系统的高性能LED)。通过用户偏好、日照条件和建筑物入住率等大量信息的有效处理,智能照明不仅有助于提高照明和建筑能源服务质量,还可以实现显著的节能效益。国际能源署预计,除了利用 LED 自身带来的节能效益外,智能照明在 2015—2040 年将削减超过 20%的全球建筑照明需求,占该时段照明终端能源消耗总量的 14%,节能量的 3/4 主要来自商业楼宇建筑(见图 3-8)。

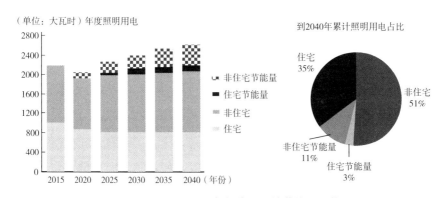

图 3-8　2015—2040 年智能照明的节能量预估

资料来源:笔者根据《智能照明系统能耗估算方法》自行整理所得。

2. 彻底改变建筑在能源系统中的地位作用

传统建筑物是与工业生产和交通运输相并列的三大主要能源消耗主体。随着分布式能源系统的发展,将彻底改变建筑物在能源体系中的地位和功能,建筑物将由单一的能源消费体转化为分布式能源的主要载体。通过智慧建筑系统准确获取并满足用户对能源的需求,将能源系统与智慧建筑进行优化整合,无论对能源系统还是建筑行业,都将是一次前所未有的大变革。在能源体系中,能源转化装置越接近需求侧,则能源损耗越低,可利用的温度区间也越大。对大型发电装置来说,150 摄氏度以下的热量基本没有利用价值。但在目前已经使用分布式能源的建筑物中,30 摄氏度以下的温水也依然有十分广泛的需求。所以,通过将智能建筑中能源转换装置完全靠近使用者,可以对系统中能源的利用产生质的飞跃。以可再生能源利用为主的分布式能源体系与智慧建筑技术的融合发展,不仅为可再生能源的开发利用带来了新机遇,同时也为节能建筑开拓了新领域。

二、需求侧的能源产业数字化政策思考

"双碳"目标正在逐步对我国需求侧能源政策产生系统性、根本性的影响。能源消费革命的价格政策、财政税收政策、国际化经营政策和国际合作政策方面均需要政府政策的提早规划和部署,力争为需求侧能源产业数字化实现提供必要的保障。

（一）宏观层面——推动中国需求侧能源产业数字化革命

价格政策:我国当前的需求侧能源价格机制水平有待提高,主要体现在未充分反映经济成本之外的社会成本和非物质成本,致使能源利用效率显著降低,损失巨大。能源产业数字化革命是贯通中国能源发展全局的重要主线,而能源产业数字化革命的基础核心就是价格机制改革。早在2014年,习近平总书记就明确提出"推动能源消费变革,遏制不合理能源消费"。但近十年来,能源价格的市场化改革与实施成效仍不尽如人意,仍需在以下几个方面着力推进:

其一,构建健全的需求侧能源市场监管体系。有关部门既是政策法规的制定者,同时又执行政策实施的监督工作,实际操作中普遍存在"重审批、轻监督"的问题,缺乏健全的能源市场监管体系。针对需求侧能源市场普遍存在的企业信息披露程度较低现象,广大公众和政府监管部门均难以获得真实有效的经营信息。通过设立专门能源监督管理委员会,或委托行业协会专门负责能源市场秩序,可在一定程度上确保能源市场运行的有序和规范。

其二,建立适度竞争的需求侧能源市场与价格体系。适度竞争的市场主体是价格市场化改革的基石和前提。由于缺乏各市场主体的适当公平竞争,市场信息在价格上的传递效率不仅慢,而且易于扭曲。此时无论政府定价或企业定价都不能充分反映社会供求变化,价格达不到合理配置资源的目的。通过引入多个参与主体形成合理竞争、分类明确的需求侧能源市场体系。对能源建设领域一般不宜放开,而销售、金融服务类领域可以通过吸纳多类型资本以逐步形成适度的竞争市场格局。

财政税收政策:科学合理的财税优惠政策对促进国家需求侧能源产业数字化发展意义重大。缺乏积极的财税政策导向,需求侧能源企业无法突破长期以来形成的生产消费既有格局;缺乏合理的财税优惠政策规制,企业

也就没有自觉约束行为,把大量消费化石燃料带来的环保成本融入其生产规划等。因此,需要从以下几个方面推进制定科学合理的财政税收政策。

首先,继续改革资源税的计征范围与税率标准。在清洁能源逐步替代传统能源的大趋势下,合理的财税制度措施能够加快推动洁净能源开发与利用,能够更大程度地遏制资源高成本利用,达到节约资源、保护环境的效果。对改善产品结构、改进工艺、改造设备而降低污染的投资项目与企业给予更优惠的税收抵免。

其次,制定相关优惠政策,引导企业选择替代性能源,促进产业升级和增长方式转变。对增加的资源税收入采取合理途径部分返还,从而降低企业税收负担。对受资源税改革消极影响较大的社会弱势群体予以适当补贴,以维护社会公正,保持社会稳定,并力争为推进公共资源的合理使用与优化分配,提供良好的经济政策环境。

最后,对利用再生资源生产的产品减免所得税,对环保科研成果转让、相关技术咨询、技术培训取得的服务性收入给予相应的所得税减免。而对电池、一次性生活用品等容易造成环境破坏的商品征收消费税,将对资源浪费、高污染产业发展起到必要的制约作用。

国际合作政策:在世界经济一体化的大环境下,世界各国的能源供需和能源安全相互依存。如何在前所未有的复杂多变的全球政治与经济环境下开展具有创新意义的国际能源合作,对促进我国需求侧能源产业数字化革命具有重要意义。

首先,从外交层面进一步强化全球能源协作,通过向友好国家出口原油继续稳固国际政治同盟关系和进行外汇储备,开展更深入广泛的双边能源合作,并开展多边能源合作尝试,积极参与并引领全球能源市场新秩序的构建。其次,进一步扩大全球能源合作范围,除油气领域的合作外更要加强中国与世界其他国家和地区在减缓与适应气候变化领域的合作。顺应分布式可再生能源系统的发展需要,在全球气候谈判、可再生能源发展、分布式能源体系构建等方面扮演关键角色,积极促进全球能源体系变革。最后,积极倡导以国际经贸合作为渠道,逐步削减地缘政治上的不信任,推动东北亚能源资源合作,积极倡导和助推能源贸易的"去政治化"。

控制能源消费总量的战略建议:"双碳"目标的相关要求中已经将能源消费总量的有效管理纳入国民社会经济发展规划的重点工作。政府必须全面优化需求侧能源管理政策和制度,并通过数据和互联网信息技术建立需求侧能源智能管理系统,使对能源需求的引导与管理成为政府部门的主要职能之一。因此,通过在能源管理机构中扩大需求侧能耗预警、监督与控制的管理职责范围,分设职能部门,以增加现有节能机构的管理职责。健全能耗数据制度,加强对终端用能情况的统计分析;采用领先的物联网等高科技信息技术,打造全国层面能耗消费的智慧管理系统;因地制宜,有序推动能耗消费总量控制的相关规定落地到各省市分类执行与开展尝试。具体推进方向,将从以下几个方面展开。

第一,在工业部门严格控制钢铁、水泥、化工和有色金属等高耗能产品产能和使用率,积极发展废弃资源循环与可回收利用产业,以废钢材、废塑料制品和有色金属的循环利用为要点,健全机构体制和完善市场秩序,充分发挥资源循环利用产业的节能潜力。

第二,在交通运输部门管控用油总量,优化交通体系和大力提高能效,创新城市交通发展模式。制定交通用油总量控制管理的中长期战略规划,主要包括:调整交通运输结构,降低公路交通的比重;着力改善燃油经济性,不断改良先进发动机技术;推进汽车工业发展的被动节能领域,包括汽车轻型化技术和动力系统电气化技术等。此外还要关注城市交通节能问题,多层面、多角度探索低耗能的城市交通新模式。

第三,对建筑部门严格控制建筑总量和建设速度,特别是城镇建筑的总体规模和新建速度。严格实施以建筑用能分类管理和能耗技术标准变革为基准的能源总量管控体系。重点包括:在北方地区供暖中合理使用工业余热;城市公共建筑形成以节能减排为导向的用能管理体系;对居民住宅的政策制定向减少实际能耗的方向倾斜,积极倡导绿色低碳生活方式;在农村地区充分发挥可再生能源潜力,在北方地区推行"无煤村",在南方地区发展"生态村"等。

（二）微观层面——信息和通信技术的能源消耗政策思考

在微观层面,设备制造商、网络和数据中心运营商对进一步提高整体能耗至关重要,包括需要开展以下工作:

增强网络弹性与数字安全。大规模能源系统应对网络攻击与数字安全的关键基础设施构建尤为重要。由于陈旧的上游设备在设计制造时并没有考虑安全问题且缺乏监管工具,目前,我国只有约14%的需求侧企业拥有全面运营的网络安全监控中心。因此,数字化能源安全工作应围绕以下三个关键领域开展:第一是弹性,即国家、系统或机构适应变化环境、抵御冲击、快速恢复或适应理想的稳定性水平的能力,同时保持关键基础设施正常运营。第二是内嵌安全性设计,即融合安全目标和标准作为能源研究与系统设计过程的核心部分,从起源端加强降低总体风险的有效规避。第三是提高透明度,即维护数据质量和完整性的流程,包括消费者访问和勘误存储的个人数据的方法。披露收集和使用数据的目的,以及对其用途的明确限制,服务供应商使用数据时必须征得消费者的同意。当发布信息对消费者有利时,规定消费者可以选择与第三方共享数据,或者将数据从一个服务供应商自由转移到下一个服务供应商。

推动数据聚合与数字化专业技能。能源系统的政策制定者、从业人员和利益相关者需要充分了解需求侧能源产业数字化的最新进展、所用术语、发展趋势和长期影响。通过教育政策与技术培训确保相关人员具有专业的数字技术知识,确保以合适的方式获取数据。同时,增强政策灵活性和安全共享的适用性。能源产业数字化的成本和效益不能仅从单个系统单元或单个消费者的角度出发,还应从整个系统的安全性可持续发展和经济性角度出发来考量总体净效益。尤其是需综合安全性、隐私性和经济波动性等,对需求侧能源产业数字化系统作出重大设计调整和全面标准制定。从政府层面,致力于为数字化能源提供技术中立与路线中立的政策和平台,允许各种企业公平参与市场竞争,以寻找新的商业模式和形态,更好地为消费者服务。

第四章　供给侧的传统能源
产业数字化趋向

当前,中国传统的能源工业生产方式已经难以达到预期,亟须通过数字化技术实现中国能源产业的"华丽转型"。供给侧能源产业数字化成为中国经济可持续发展的系统化战略。中国目前已经建立了国际领先的能源产业体系,因而供给侧数字化转型的主战场依旧集中于传统能源产业,数字化成为能源产业结构转型的主导趋势并由此推动能源产业的绿色低碳蓬勃发展。

第一节　供给侧的传统能源产业数字化政策

从世界范围来看,供给侧的传统能源高度依赖于油气资源丰富的中东地区。从 20 世纪中期开始,工业化进程助推了世界能源系统对油气资源的高度需求,中东地区各国的国际声望和富裕程度大幅提高。进入 21 世纪后,世界能源结构出现了巨大变动为全球能源转型提供了重要先机。全球能源消费向新兴经济体聚拢趋势明显,中东各国开始重视后原油时代的发展。以沙特阿拉伯、阿联酋、卡塔尔、科威特等国为首,陆续出台了若干能源转型政策与目标(见表4-1)。

表 4-1　中东部分国家的能源转型政策目标

国家	目标年份	目标名称
约旦	2020	可再生能源在一次能源消费总量中占比 10%
		风电装机容量 $120×10^4$ 千瓦;太阳能发电装机容量 $1040×10^4$ 千瓦;其他可再生能源发电装机容量 $180×10^4$ 千瓦
		太阳能热水器推广到 30%的家庭
黎巴嫩	2020	可再生能源在一次能源消费总量中占比 12%
		可再生能源发电量在总发电量中占比 12%
	2030	可再生能源在一次能源消费总量中占比 15%
		可再生能源发电量在总发电量中占比 100%
叙利亚	2030	可再生能源在一次能源消费总量中占比 4.3%

续表

国家	目标年份	目标名称
阿联酋	2020	阿布扎比、迪拜可再生能源发电量在总发电量中占比 7%
	2021	可再生能源在一次能源消费总量中占比 24%
	2030	可再生能源发电量在总发电量中占比 15%
	2050	清洁能源消费量占比 50%
巴林	2030	可再生能源发电量在总发电量中占比 5%
伊朗	2020	风电和太阳能发电装机容量达到 $500×10^4$ 千瓦
伊拉克	2030	可再生能源发电量在总发电量中占比 10%
科威特	2030	可再生能源发电量在总发电量中占比 10%
		太阳能光伏发电装机容量 $350×10^4$ 千瓦
		太阳能聚热发电装机容量 $110×10^4$ 千瓦
		风电装机容量 $3104×10^4$ 千瓦
卡塔尔	2020	可再生能源发电量在总发电量中占比 2%
	2030	可再生能源发电量在总发电量中占比 20%
也门	2025	可再生能源发电量在总发电量中占比 15%
	2050	可再生能源发电量在总发电量中占比 100%
沙特阿拉伯	2023	可再生能源发电装机容量 $950×10^4$ 千瓦
	2040	可再生能源发电装机容量 $5400×10^4$ 千瓦（地热、生物质、风电装机容量 $1300×10^4$ 千瓦）太阳能光伏发电装机容量 $2500×10^4$ 千瓦（太阳能聚热发电装机容量 $1600×10^4$ 千瓦）

资料来源:笔者根据《联合国气候变化框架公约》及环球网数据自行整理所得。

　　可以看出,中东大部分国家已开始制定有明确时间节点的可再生能源目标。这与中东地区丰富的太阳能、风能、地热能等可再生资源不无关联。沙特阿拉伯、也门、科威特、阿曼等地区被认为是最具备风电开发条件的区域,平均每年风速可超过 7 米/秒。阿联酋等地区也被认为是全球最具光伏开发价格优势的区域。同时,中东国家的能源转型政策目标年份基本处于 2020—2050 年,说明在传统能源向清洁能源转型的进程中,中东国家在地缘区位上已经形成了基本共识与协同发展。以沙特阿拉伯为例,2040 年可再生能源发电装机容量预期达到 $5.4×10^7$ 千瓦,较 2023 年增加近 6 倍。因此,中东各国的可持续能源发展策略着眼于增强其能源安全和产业转型的长期目标,进一步反映出全球性能源变革不可阻挡的蓬勃态势。

　　相较于部分欧洲国家受限于可再生能源匮乏的自然条件,中东国家的资源优越性与政策可行性相结合,必将在清洁能源转型进程中发挥重要引领作用,为世界能源格局的重塑奠定重要基础和现实条件。

　　作为新兴经济体中最具代表性的中国早在2005年就颁布了《中华人民共和国可再生能源法》,开启了中国能源结构改革的良好开端。后续系统推进能源供给改革的有力举措,在构建我国多样化电力供应体系、促进工业节能有序发展和改善生态环境等方面均体现出显著的效果。尤其是从中国能源政策的基本指标完成情况来看(见表4-2),中国在能源消费总量控制、非化石能源消费比重、人均GDP和二氧化碳减排等方面表现优异,但运输节能和新能源汽车工业的各项目标还有待进一步强化。

表4-2　中国能源政策目标及完成情况

政策文件名称	发布年份	目标年份	目标名称	截至2023年的目标完成情况
《中华人民共和国国民经济和社会发展第十一个五年规划纲要》	2005	2010	单位GDP能耗比2005年降低20%左右	接近实现:2010年单位GDP能耗比2005年下降19.1%
《中华人民共和国国民经济和社会发展第十二个五年规划纲要》	2011	2015	非化石能源在一次能源消费中占比达到11.4%	实现:2015年非化石能源在一次能源消费中占比达到12%
			单位GDP能耗比2010年降低16%	实现:2015年单位GDP能耗比2010年降低18.2%
			单位GDP的二氧化碳排放比2010年下降17%	实现:2015年单位GDP的二氧化碳排放比2010年下降20%
《中华人民共和国国民经济和社会发展第十三个五年规划纲要》	2016	2020	非化石能源在一次能源消费中占比达到15%	—
			单位GDP能耗比2015年降低15%	—
			单位GDP的二氧化碳排放比2015年下降18%	—
《能源发展战略行动计划(2014—2020年)》	2014	2020	全国一次能源消费总量控制在48×10⁸吨标准煤	

续表

政策文件名称	发布年份	目标年份	目标名称	截至 2023 年的目标完成情况
《能源发展战略行动计划(2014—2020 年)》	2014	2020	煤炭在一次能源消费中比重控制在 62% 以内	—
《能源发展战略行动计划(2014—2020 年)》	2014	2020	天然气在一次能源消费中比重提高到 10% 以上	—
			非化石能源在一次能源消费中占比达到 15%	—
《中美气候变化联合声明》	2014	2030	二氧化碳排放达到峰值	—
《强化应对气候变化行动——中国国家自主贡献》	2015	2030	单位 GDP 的二氧化碳排放比 2005 年下降 60%—65%	—
			非化石能源占一次能源消费比达到 20% 左右	—
《能源生产和消费革命战略(2016—2030)》	2016	2020	能源自给能力保持在 80% 以上	2020 年能源自给率达到 82%
			单位 GDP 的二氧化碳排放比 2015 年下降 18%	—
		2030	能源消费总量控制在 60 亿吨标准煤以内	—
			非化石能源在一次能源消费中占比达到 20%	—
			单位 GDP 能耗达到 2016 年国际平均水平	—
			主要工业产品能效和科技水平达到国际领先	—

资料来源:笔者根据中国政府网数据自行整理所得。

　　应该说,中国作为世界上最大的发展中国家,已为全球能源变革作出了巨大的努力。"双碳"目标引领下的中国正进入崭新的能源发展模式,供给侧能源的洁净、低碳和廉价正依托数字化手段得以不断实现。伴随着能源产业数字化带来的契机,中国供给侧的能源改革必将在全球二氧化碳减排进程中发挥更加积极的作用。

第二节　供给侧的传统能源产业
数字化现状分析

为实现"双碳"目标，中国经济可持续发展需要开展一次系统化的大转型，而供给侧能源数字化转型则是这次大转型战略的关键。我国进入经济新常态以来，供给侧结构性改革就主要在传统能源产业布局。如今新一轮技术革命的幕布正缓缓地升起，产业数字化是有效调整产业结构的主要途径，同时数字化转型实现了能源产业的绿色、高效生产目标，这也是我国"2030 年前碳达峰、2060 年前碳中和"目标实现的必经之路。中国目前已经建立了国际领先的能源产业体系。煤炭、油气、电力等不同行业结合自身业务发展条件和需求，运用数字技术对产业进行了全面的数字化改造，生产流程得以优化，生产成本也随之降低，生产效率有效提高，构建起了安全、智能的能源产业体系。表 4-3 为能源产业数字化转型简介，介绍了当前各传统能源子行业数字化转型的重点与应用。

表 4-3　能源产业数字化转型简介

能源子行业	数字化重点	具体案例
油气行业	上游勘探和生产环节安全生产、减少人工操作	1. 运用数字孪生技术实现油藏轮廓和结构可视化 2. 运用灵敏的传感器精确定位井眼位置 3. 运用大数据、物联网技术远程操控作业钻头，并进行实时监测
	下游运营环节开发新业务、寻找新增长点	运用大数据、人工智能等技术开展零售服务业务模式创新
煤炭行业	地质建模、采矿流程优化和自动化、预测性维护等方面	1. 运用传感器监测采矿设备的运行状态 2. 运用大数据分析、数字模拟技术优化资源配置和生产流程 3. 运用数字孪生技术、云计算等监测设备运行状态，智能化预警
电力行业	监测控制、设备运维、供需预测、调度优化、综合能源管理等领域	1. 基于 AI 智能算法的智慧光纤分配管理系统 2. 利用云平台建立区域内输电线路人工智能图像识别，通过使用无人机巡查逐步取代人工巡查 3. 采用知识图谱技术建立电网故障处理系统和电网调控知识网络，自主推理判断故障 4. 智能化输电设备巡检解决输电线路分布广泛、户外环境复杂，人工巡视工作繁重等问题 5. 建立大数据中心，掌握终端用户耗电情况，优化用电行为，助力社会治理

资料来源：笔者根据《"十四五"能源领域科技创新规划》及中国电力新闻网数据自行整理所得。

一、油气行业的数字化转型现状

油气领域中大多以同质商品的形态竞争,而市场竞争的核心内容就是成本竞争。当今,更多的石油公司探索在生产环节运用物联网技术等手段达到"无人化",通过运用人工智能和云计算技术实现的数据挖掘与统计分析技术,在降低成本、增加勘探成功率的同时,也提高了安全管理效率。按照全球能源署的预言:当数字信息技术被大量使用的情形下,石油成本将有机会降低10%—20%,而全球的石油技术可采储量也会增加5%。假若根据2016年世界原油产出和平均利用成本作出预测,石化产业进行数字化转型将会每年降低1300亿—2600亿元的生产成本,降本增效作用显著。以上数值均仅针对原油开发领域计算而得,若将天然气开发领域、石油储运领域、石油炼化领域、最终端的石油分销领域也加入计算范畴,将会产生令人难以想象的效益。在国际油价走高或数字化进度加速、数字化技术突破的情况发生之际,油气行业将会对全球经济产生重要影响。所以,决定世界未来能源版图的关键在于各大竞争主体如何抓住机会,并及时地利用数字化新科技。

近年来,全球范围内正经历着一场前所未有的油气技术革命和数字革命。这场革命正在以前所未有的广度和深度席卷全球各个领域。传统的石油产业正在与新兴科技如大数据、人工智能、新材料、新能源等进行跨界融合,这将成为经济发展的重要途径。这种融合不仅为石油产业带来了全新的发展机遇,也推动了新兴科技的创新应用。然而,当前油气产业的自动化水平相对较低,与世界领先水平相比仍有较大差距。为了实现油气产业的现代化和智能化,必须运用大数据分析、新一代人工智能等先进技术手段。这些技术手段可以实现数据主动收集、实时监测、智能管理提升和智慧决策。通过深入挖掘、分析和利用大数据,油气产业可以实现全程数据监测,快速发现潜在问题并采取相应措施,提高生产效率和安全性。越来越多的企业开始意识到,打造智慧油气行业已经成为一个不可忽视的发展趋势。通过将传统石油产业与新兴科技相结合,可以实现资源优化配置、高效利用和环境友好性。智慧油气行业还能提供更好的用户体验,帮助企业提高运营效率,降低成本,增加收入。

（一）油气田生产领域

在石油工程方面,主要采用数字化管理和优化油田整体生产流程,降低装置停机费用以及石油生产过程中耗费的电能、蒸汽、水等其他资源的投入,进而显著提升生产工作流程中的效率,从而达到节能减排的目的。例

如,德国施耐德电力有限公司的智慧油田节能管理系统,可节约能源
20%—25%,并相应降低了20%以上的碳排放量。近年来,大数据分析技术
被广泛应用于能源行业,并取得了显著成果。挪威石油公司是一家在能源
生产方面利用大数据分析技术进行监控的典型例子。该公司采取了三百余
项的能效措施,有效提高了能源生产的效率。年均成功减排二氧化碳近
$1.6×10^6$ 吨,约占油田总碳排放量的 12.3%,为环保事业作出了积极贡献。
沙特阿美公司在胡赖斯油田上推行大数据与人工智能技术的应用,通过在
油井上安装高敏感度感应器,提高了油田的产能。此外,该公司的技术应用
平均减少了 18% 的生产能耗,进一步降低了能源消耗。另外一家公司斯伦
贝谢也在能源生产中采用了大数据与人工智能技术。该公司在伊拉克祖拜
尔的油田生产中构建了生产周期管理(Lift IQ)系统服务平台,改进了人工
升力控制系统,将油井的能耗减少了 30% 左右。这一创新不仅提高了油井
的产能,还有效降低了能源消耗。

　　(二) 炼油化工领域

　　在炼油和化学工业领域,企业的数字化转型实践主要是运用人工智能
技术改造炼化机械设备,提升机械设备智能化管理水平,降低故障发生频
次,保障安全生产,改良生产工艺,控制能耗,从而减少污染物排放。比如,
土耳其 STAR 炼化厂(爱琴海炼油厂)通过数字孪生和机器学习等技术的应
用,成功减少了燃气消耗。燃气是炼化厂的重要能源,燃气消耗的减少意味
着能源利用效率的提高。数字孪生技术可以实时监测设备运行状况,并通
过机器学习算法预测和优化能源消耗。通过对炼化厂能源系统的优化,炼
化厂能够减少燃气消耗,降低能源成本。奥地利石油集团(OMV)也成功应
用数字孪生技术,并取得了显著的成果。其对数字孪生技术的应用,成功优
化了石油蒸馏设备的预热线。石油蒸馏设备是炼油厂的核心设备,预热线
的优化可以提高蒸馏过程的效率。美国瓦莱罗公司通过可视化实时数据系
统(MESA)软件的应用,成功提高了锅炉热效率。锅炉是炼油厂的重要设
备之一,热效率的提高直接影响到能源消耗和利润。可视化实时数据系
统软件可以实时监测锅炉运行状况,并优化燃烧过程,提高热效率。中海
石化宁波大榭石油化工公司建设改善生产工艺的控制系统,大大提高了
企业生产工艺流程的现代化技术水平,芳烃收率提升 1%,燃气平均单耗
量降低 1 千克。普华永道会计师事务所对中国石化上下游企业数字化加
工的跟踪调研结果表明,中国炼化企业通过采用数字化技术可提升总加
工量 6%—12%,提升公司效益 8%—12%,相当于最多可减少 12% 的单位
生产能耗。

（三）工程技术服务领域

随着物联网、大数据和数字孪生等技术的不断发展，在工程服务领域，智慧钻井和井下管理系统的构建正变得越来越普遍。通过运用先进技术，可以提高工程服务的效能和品质，减少工作时限，并实现减排效果。德国西门子公司开发的 DP 三闭环式供电技术是一项重要的技术创新。这项技术可以在海上钻井平台上建立闭环式电力供应系统，并通过数字化建模实时监测油耗、成本、运作时间、碳排放量等数据。该技术的应用不仅可以提高电力供应的灵活性和燃料经济性，还可以降低油耗率和二氧化碳排放量。通过使用这项技术，能够有效改善钻井平台的电力供应和管理，减少对环境的负面影响。除了电力供应技术外，机器人钻井系统是另一个可以减少能源消耗和碳排放的创新方案。通过引入机器人钻井系统，不仅可以提高钻井效率，还可以减少对能源的需求，从而减少了碳排放量。此外，美国国民油井华高集团的钻机集成管理平台（eVolve）也是一个有效降低碳排放的解决方案。通过地面监控软件系统，该平台实现了整体钻井的闭环运行监控。在六口水平井的实际应用中，该平台成功缩短了纯钻进时间的 37%，大大降低了作业过程的碳排放量。中国海洋油气集团有限公司（以下简称"中国海油"）建有远程钻探作业管理中心和专业辅助决策系统，钻探作业提效达到了 10%，有效地缩短钻探作业周期，降低了能耗。

（四）工程建设领域

应用 5G、互联网、数字孪生等前沿技术，对工程设计、生产、施工全流程实施能耗监测与协调优化管理，已成为在施工过程中节能、降耗、减排的关键措施。中国石油化工集团公司（即中国石化）基于数字孪生技术，构建了油气田地面工程数字化综合设计体系，不同平台、不同区域可以实现施工信息协同管理，有效减少了施工周期，使现场人力资源耗费和能源耗费皆大比例下降。而中国石化还在中国同俄罗斯的联邦东线建设天然气管线施工中，使用 SCADA 控制系统作为管线运行的"大脑"，实现了全智能化焊接、自动超声测量和全机械化防腐补口，工程技术利用率有效提升。海洋石油工程股份有限公司（又称海油工程）应用数字仿真技术建设了中国国内第一个海洋工程数字化技术服务中心，完成了海上吊挂、水上浮托、水下生产设备安装等作业活动的模拟，从而有效压缩了建造周期，减少作业过程中对能源的消耗；工程建造系统 PCMS 成功运用于"深海一号"、蓬莱 19—3 等大型项目，不仅有效提升了项目执行效率，而且能源消耗量与温室气体排放量明显减少。

(五) 销售交易领域

在销售交易领域,重点是通过结合区块链、物联网、人工智能等信息技术,对仓库、运输、管理人员等进行统一管控,以提高运输作业环境和仓库管理水平,从而优化营销系统,缩短交易环节,减少能源开支。近年来,中国石化行业加快数字化转型步伐,智能物流配送平台的应用成为关键。其中,中国石化齐鲁石化公司的智能物流配送平台于 2020 年成功上线。这一平台巧妙地将企业企业资源计划(ERP)管理系统和化工业务物联网管理系统衔接在一起,极大提高了企业订单管理信息系统的运行效率。除了齐鲁石化公司,中海石油气电集团也在物流领域取得了突破性进展。他们搭建了一个物联网运营平台,实现了生产、销售、物流等业务的实时信息跟踪、监测与维护。这一平台的运用大大提高了企业的整体运作效率和管理水平。此外,中海油气电集团的能源管理信息系统也为行业树立了榜样。由于该系统的成功运行,企业年均能源耗费将减少约 4.8×10^6 千瓦时。这一成绩离不开智能物流配送平台的应用,该平台通过对运输环节的优化,有效降低了能源的消耗,为企业的可持续发展提供了有力支撑。

(六) 经营管理领域

全球一流的石化企业正通过数字化信息技术进行碳控制,从而推动碳减排。如今,随着全球气候变化问题的不断加剧,石化行业正积极探索创新方法,以实现低碳经济发展。在 20 世纪 90 年代初,国际石化企业就提出了低碳经济发展策略,并形成了相关的管理制度和措施。中国海油作为国内外主要石油公司之一,较早开始使用数字化信息技术进行碳排放管理,并建立了综合信息系统。这个系统不仅能够实时监测和管理碳排放量,还能够分析企业的能源消耗情况,帮助企业找到减排的潜力和方法。数字化管理信息被视为促进石化公司改变生产经营方式、提高能源利用效率、减少碳排放的必要手段。通过对生产过程进行数字化控制和优化,企业能够更加精确地掌握各个环节的能源消耗情况,并利用先进的技术手段进行节能减排。当然,由于数字化技术本身要耗费大量电能,会增加一些碳排放量。云计算技术的应用、模块化数据中心的构建以及清洁能源的推广使用使数字技术在运行过程中排放的温室气体逐步减少。据微软公司估计,集约式数据中心将通过提高信息系统运维效能、信息设施效能、数据中心基础架构效能、可再生能力等四个方面,减少约 72%—98% 的能耗。

二、煤炭行业的数字化转型现状

煤炭产业在我国能源供应方面发挥着关键作用,在未来仍将是主要贡献者。而低效率、高污染、低可靠性、较小生产压力系数以及不断开发的逐步枯竭的煤炭资源,成为煤炭行业可持续发展的最大问题。所以,煤炭行业如何转型升级是未来我国经济社会发展中重点关注的问题之一。数字技术的推广应用是当前能源产业的主流发展趋势,煤炭行业数字化转型是低碳环境约束下实现高质量发展的必然选择。随着中国煤炭工业两化融合的加快推进,中国煤炭现代化事业迅速发展,以5G技术为代表的信息基础设施也加速建立。

新一代技术正加速融合应用于传统煤炭工业。一方面,煤炭工业的信息化和物联网技术正得到广泛普及和应用。如,山东能源集团公司建立智能一体化监管系统,实现公司安全运行与管理决策统一控制。陕煤集团公司打造的矿区一体化企业平台成为全国首个工业网络技术服务中心。另一方面,区块链技术、人工智能与机器人科技嵌入能源产业的程度得到有效提升。如,在煤炭数量和品质控制过程中运用区块链技术为客户提供统一的整合咨询服务;在矿井现场投入使用的煤炭井下工业机器人种类已达到五十多个。另外,数字孪生技术已在多个矿井实现探索性应用,未来将进一步扩展至煤矿工程数字化、透明矿井、智能洗选等新应用领域,并与煤炭企业数据共享中心等新模式新业态相结合,切实提升煤炭行业数字化转型力度和夯实转型成效。

(一)煤炭企业对信息化、数字化、智能化重视程度逐步提升

越来越多的煤炭企业希望通过信息化、数字化、智能化建设,提升企业核心竞争力。各大煤炭集团在此方面的投入不断加大,重视程度不断提升。然而,部分煤炭企业高层领导缺乏对两化融合、数字化转型的深刻理解,或是将关注点仅放到煤矿智能化建设一个领域,把智能矿山等同于数字化转型;或是认为实施一些大的信息化项目和一些大的系统就实现了数字化转型,认识上存在偏差。

(二)煤炭企业数字化转型整体处于起步阶段

煤炭企业数字化转型与两化融合在高级水平阶段的基本内涵一脉相承。但从煤炭行业来看,达到这一阶段的企业并不多。很多企业处于转型前期加速建设或准备的“数字化升级”阶段,但取得实质性效果不佳。煤炭企业普遍认识到数字化转型的紧迫性,但该如何推动落地仍须一定的过程。

部分煤炭企业已经意识到数字经济的大发展背景下,信息技术与大数据管理在煤炭行业还有着巨大的应用空间。因此,企业需重新定位自身竞争优势和行业地位,整合发挥各类资源优势,把信息技术应用为核心的新业务纳入企业未来发展的重心。如山西华阳新材料科技集团作为山西省传统

煤炭行业的领军企业,早在 2019 年就开启大数据、物联网、5G 智能矿山等智慧煤炭业务,并提前布局将其纳入企业原有的支撑产业集群之中;山东能源集团助推云鼎科技(原北斗天地公司)成为全国第一家在主板挂牌上市的煤炭企业旗下信息技术与服务公司;另外,中平信息公司、中滦科技公司、伊泰信息公司等煤炭集团所属信息技术企业,均具有自主研发产品的能力和相应的解决方案,以及服务于企业外部的市场能力。

（三）煤炭企业数字化转型势头良好

推动大数据、工业互联网、5G、人工智能等新一代信息技术与煤炭各类场景深度融合应用,是煤炭企业数字化转型的重要内容,特别是在 5G 应用方面走在各行业前列,已被工信部列入 5 个重点行业实践。但很多煤炭企业由于缺乏顶层设计、系统谋划和基础支撑,很多新技术方面的应用不切合实际,很难发挥应有的作用。

（四）煤炭央企数字化转型起到引领作用

国家能源集团、中煤能源集团等央企对数字化转型认识深刻、信息化基础坚实,目前在行业中处于领先地位。如国家能源集团以"建设具有全球竞争力的世界一流能源集团"为目标,开展了集团数字化转型顶层设计,提出了集团 CEIC 365 数字化转型战略;中煤能源集团编制了相关规划,明确了集团数字化转型 4 个阶段。

（五）行业外部反向推动作用力增强

随着煤炭产业的战略重心转向,互联网企业、新技术企业和电信运营商纷纷加入发展煤炭产业的浪潮中。尤其是华为、腾讯、阿里等巨头企业,它们正积极扩展煤炭业务,并在不同领域展开合作。为了在煤炭产业中占据优势地位,这些巨头企业纷纷在重点煤炭生产省份加速布局。它们看准了煤炭市场发展的潜力和机遇,在这些地区设立分支机构和研发中心,以更好地了解行业需求并提供定制化解决方案。同时,新技术企业也积极参与到煤炭行业的数字化转型中。为此,它们成立了专门的煤炭事业部,并投入大量资源用于推动煤炭行业的数字化转型。通过引入先进的技术和创新,新技术企业希望提高煤炭产业的效率和可持续性,进一步推动行业的升级和发展。对电信运营商来说,他们在煤炭产业中也发挥着重要的作用。为了满足产业数字化转型的需求,各大运营商加快了在重点产煤省份的布局。他们通过建设高速网络基础设施,提供可靠的通信服务,为煤炭企业提供数字化升级的支持和保障。从整体上看,互联网企业、新技术企业和电信运营商的介入,为煤炭产业的数字化转型带来了新的动力和潜力。它们的参与不仅推动了煤炭行业的升级和转型,也为煤炭企业注入了新的活力和机遇。

作为关键支撑的人工智能和通信技术等将进一步提升煤炭产业的效益,并促进整个行业迈向更加高效和可持续的发展道路。

三、电力行业的数字化转型现状

电力行业的数字化改造是以数字化技术为起始点,进行管理数字化、资产数字化,从而完成整个行业从生产管理到运作方式的整体数字化改造提升,最后实现产品与服务的新模式,推动整个价值链的转型。

在"双碳"目标的驱动下,中国电力行业碳排放强度将进一步优化。如何充分发挥电力工业改革中健全的大数据资源优势,有效利用数字化手段,优化电力工业改革生产经营管理服务,有效支撑电力工业改革碳排放量的减少,有效增强电力工业改造后可再生能源使用能力,有效提高行业碳资产使用水平,促进产业碳排放量对标,增加为产业发展贡献碳中和目标的企业智慧资源,将成为电力工业改革向数字化技术转变过程中的重点发展方向。

电力数字化产业转型的数据信息、服务、生态建设三个重要核心层面,为电力工业改革进行碳优化设计和碳减排目标提供了新方向和产业合作模式的支持。进一步发挥了电力行业与数字化技术互联互通的基础属性,冲破了空间环境壁垒,并通过进一步提升电力系统"双碳"总体目标流程中资源、信息系统运作等相关方面的能力,进一步优化企业能源技术与核心服务能力增强产业与"双碳"目标之间共赢发展的互动关系,从而实现了电力行业数字化变革的高效率和可持续发展。

电力能源系统企业信息化技术建设工作蓬勃发展至今已具备了数字化产业发展起步阶段的全部特点,为逐步完成企业数字化产业转型到深入阶段打下了基石。目前,电力能源公司数字化系统已基本涵盖了生产、业务、运营领域的所有核心环节,大量传感器产品投入使用,在设备操作和服务流动过程中的数据资料得到有效积累,数据中心功能完善,行业数据信息资源初步集中,在部分信息体系间进行了数据共享,在重点服务场景中实现了跨部门系统合作。具体现状如下:

生产数字化系统初步完成信息监视、收集工作,基本具备全流程管控和协调能力。建立了调度、计算等领域的全面智能化体系,并完成了对全国电网能源实时、准实时数据的全面收集与高级分析;通过输变电网络监控、配网自动化等系统,完成了部分网络数字化监控;建立资产管理体系,完成了生产全流程管控和固定资产的全生命周期管控;最终建立生产地理信息系统,完成与生产管理系统部分数据的协同。

管理数字化完成了90%以上的服务线上流转,基本形成了日常管理服务体系的全涵盖。按公司的战略发展目标,将现代中小企业结构(EA)和面向服务的架构(SOA)技术发展道路紧密结合。基本形成了统一的企业级信息系统平台,基本完成了从服务驱动到战略驱动、从分散施工到集中工程、从局部应用到企业级应用的过渡,做到了公司90%以上的服务资源在信息系统上流转,公司90%以上的人员可以利用信息系统进行管理工作,基本实现了公司的日常运营管理业务全面涵盖,满足公司主营业务正常运转的需求。具体涵盖:企业管理体系、营销管理体系、财政管理体系、人力资源管理系统、企业协同办事管理体系、企业整合管理体系等。同时,还对企业资产、经营、财务管理、人才等系统数据开展了即时的日志数据分析收集。并基于数据中心,开展了企业经营控制平台、全行业域经营控制应用、统计分析应用等系统建设。

经营数字化基本实现经营规范化管理和信息技术融合。经营管理系统基本支撑了经营领域业扩、电费、计量、用检等方面的标准化管理;并基本完成了营配数据整合;客户服务方面实现多渠道、线上服务;业务支撑方面实现发电燃料管理等产业链上下游应用。首先,统一的信息管理体系和数据服务能力已初步形成。逐步建立和不断完善信息系统数据中心,完成对服务数据的初步汇集,并进行了较为简单的报表和统计分析应用,在部分系统之间进行了资源共享,对重点服务场景进行了跨部门的系统合作研究。

其次,出台了数据资产管理系统措施,逐步建立数据资源资产管理服务系统网络平台,按二级部署模式,逐步增加元信息管理、数据资产目录管理系统、大数据开放共享工作流等服务功能,同时整合了原来的主信息管理、大数据质量管控、编码管理系统、大数据指标管理系统等服务功能,已基本覆盖数据资产管理系统的大部分服务,能够基本完成网络信息资源数据管理服务由线下向线上过渡。

再次,数字化管理基础平台要求已基本成熟。网络服务器、内存、数据库、中间件等网络信息化的软硬件基础设施建设;已完成企业差异化运维管理机制、企业集中支付管理机制、企业基础设施安全保障制度等。

但就目前而言,电力能源企业距离基本实现数字化转型存在较大差距。突出体现为:

(一)数据基础:数据采集、存储、归集、综合分析能力亟须加强

尚未建立完善的企业级数据标准,数据采集的方式、范围有待规范,统一的数据质量要求有待明确。尚未实现电力能源实时、准实时数据的全量采集,采集数据的质量不高,数据的时效性、准确性、可信度有一定的提升空间。尚未实现生产、管理数据网级统一存储,多源异构数据集成难度大。各

类应用与数据存储自成体系,未实现企业级数据有效集成和融合,企业级应用面临数据缺乏、片面等情况,难以发挥大数据综合分析的价值。数据资产管理体系建设处于初级阶段,尚未形成统一的数据资产服务。各部门(单位)间、各系统间尚未完全实现业务流与数据流的无缝衔接。各系统数据架构与数据模型存在差异,跨系统业务流程整合程度不高,难以全面实现业务协同与数据共享,无法实现业务和数据的全面贯通,数据应用存在局限性。

(二) 业务应用:覆盖度、协同与融合程度有待提升

尚未全面实现无纸化办公。应用系统对生产和管理业务的支撑范围需进一步扩充。新能源、金融等新业务支撑能力不足。尚未实现生产自动化系统(OT)与管理信息系统(IT)的融合。OT 与 IT 相对独立,没有形成生产业务与管理业务之间的协同和数据贯通。未实现管理层对业务的全过程监控,数据对业务决策的支持能力不足。公司运营管控平台还在建设中,各业务域初步建立的运营监控相对分散,目前较缺乏业务全过程监控、数据全链路分析管控,缺乏企业级跨专业的大数据分析应用,数据洞察能力还需增强。

(三) 创新技术:缺少统筹设计、平台化建设、统一管理与服务

新技术应用尚未进行顶层设计。"云大物移智"等新技术具备试点应用和先进实践,但缺乏整体策划、整体设计和整体实施,新技术难以系统、高效地转化为数字化生产力。尚未建成企业统一的云平台。基础设施分散建设,基础平台缺乏统一的技术标准和架构设计。物联网建设尚处于试验阶段。物联网数据采集、传输、应用全过程尚未实现有效整合,感知层、网络层、应用层各类装置、设备、平台、应用相对独立,不成体系。移动应用覆盖度有待提升。移动应用的业务覆盖、系统性能、用户体验等差异较大,全业务领域移动应用未形成统一的管理。人工智能技术与业务融合程度需进一步提升。部分应用场景初步实现人工智能技术试点,但没有形成开放共享的人工智能平台,未具备提供整体性人工智能组件与服务的能力。

第三节　供给侧的传统能源产业
数字化障碍分析

能源是人们赖以生存与发展的主要物质,关系到一个国家的经济生命线和国家安全。但是,由于工业化和现代化的迅速发展,在不足三百多年的历史时期内,地球上将近50%的化石燃料如煤、原油和天然气等储存资源

都已被人类耗尽,且目前的世界能源消耗速度还正在不断加快。作为世界上最大的发展中国家,中国的传统燃料消费数量正呈现逐渐增加态势。能源消耗导致的环境污染,既是影响我国可持续发展的最主要原因,也造成了巨大的经济损失。我国目前正处在经济社会转型和产业升级的关键节点,推动我国经济社会、资源与环境的可持续发展,传统能源产业必须进行符合未来要求的转型升级,而数字化是确保实现这一转型的关键推动。

一、油气行业数字化转型发展面临的挑战

相较于其他行业,油气行业的数字化进程比较滞后,面临着数据孤岛、专业技术门槛高、资金支持不足、人才匮乏等多重挑战。油气行业还需认清当前发展的现状和趋势,采取有效措施,强化合作,提升整体运营绩效,助力绿色低碳生产目标的实现。

(一) 物联网建设标准不统一

由于地域条件、油气类型等差异的存在,为满足不同油田的生产需求,物联网建设没有统一的评判标准。近年来,中国各大油田在物联网技术领域取得了显著的进展。为解决低渗透油田后期运维成本过高的问题,吉林油田开发了以电参数在线监测为关键技术的低成本物联网系统。该系统通过实时监测电参数,可以快速掌握油井工作状态,实现远程监控和及时报警,从而降低了人力成本和维护费用。另一方面,长庆油田也构建了智能化的数字抽油机物联网系统,用来应对西北地区丘陵地带下井周期长、管理难度大的问题。通过将抽油机与物联网技术相结合,该系统可以实时获取并分析抽油机的工作数据,提供精确的预警和维护建议,从而最大限度地减少停机时间和损失。此外,新疆油田也积极研发平台集成化生产物联网系统,以应对征地难、油田运维成本高等问题。这个系统通过整合各个生产环节的数据,实现了信息共享和资源优化,提高了工作效率和生产能力。同时,通过物联网技术的应用,油田的实时监控和远程管理成为可能,极大地降低了人力投入和运维成本。

目前油气行业物联网运行过程中存在稳定性差、推广性不强的问题,主要原因就在于物联网建设中未进行整体规划、所采用的技术标准不统一。各油田的物联网软、硬件设施标准不同,不同阶段的产品标准和技术选择差异较大,很难形成有机协调的油气行业整体物联网系统,不利于行业决策与调整。

(二) 云计算建设成本依然偏高

相对于其他数字技术而言,云计算系统的建设成本更高。首先,云计算

系统建设所需要的专业技术要求高。我国油气企业中具备云计算专业知识的人才短缺,企业与科技机构的合作偏少,因此与油气业务相融合的云计算系统建设周期长,自主运维能力不足。其次,云计算系统建设需要长期大规模的投资。云计算系统的构建不仅需要在硬件设备和软件平台上有稳定的资金保障,在后期的系统维护和人员培训中也要投入大量资金。有报告称,企业信息化建设中用于云计算系统建设的资金占比超过30%。最后,与云计算技术关联性最强的是数据安全问题。用户最关注的问题之一就是"上云的安全性"。数据泄露丢失、数据隐私性、数据违反机密性等问题所产生的社会危害是无法估计的,因此数据治理是企业面临的又一挑战。综合来看,油气行业对云计算技术的应用还处于起步阶段,真正建立起成熟的数字技术应用环境还需较长时间的摸索。

（三）人工智能算法工程师与业务人员之间的壁垒挑战

油气领域的技术门槛较高,人工智能算法工程师很难迅速了解该行业的技术痛点,而油气行业工作人员对人工智能算法也并不了解。因此双方的沟通是欠效率的,对人工智能赋能油气领域造成了一定的障碍。油气行业的生产模式与其他行业存在较大差别,油气行业生产系统的不确定性较大,勘探开发对象都难以直接看见,经常被看作黑箱系统。在生产过程中发生的问题都是突发性的,不具有借鉴历史的规律,不确定性超高,没有精确的应对规则。因此在油气领域进行人工智能赋能,相关人员既要具备丰富的业务经验,理解生产管理环节的需求,又要拥有专业技术相关的知识储备,能够根据业务需求运用人工智能技术服务业务活动。所以算法工程师与业务人员的深度交流与沟通,跨越专业壁垒,是促进人工智能技术的产品或者场景落地应用的第一步。

（四）区块链技术需进一步完善

区块链系统当前较多采用特定的共识算法、账户模型、密码算法、账本模型、存储类型,缺少可插拔能力,无法灵活适应不同场景要求。表4-4详细描述了当前油气领域区块链技术的发展欠缺。

表4-4　区块链技术不足类型

不足类型	具体风险
系统稳定性 应用安全性 业务模式	协议层面临协议漏洞、流量攻击和恶意节点等多种安全隐患,扩展层存在代码安全漏洞,应用层则涉及私钥管理安全、账户窃取、应用软件漏斗、DDoS攻击、环境漏洞等安全问题

续表

不足类型	具体风险
隐私保护 存储能力	在油气行业,数据的存储和共享是非常重要的。而区块链技术的应用恰好能够满足这方面的需求。但是,区块链技术的应用并不那么简单。首先,区块链需要有足够的通用标准,以满足不同业务需求的多样化。其次,区块链还需要能够实现跨企业的数据安全高效共享。这一点对油气行业尤为重要,因为该行业涉及多个企业之间的合作,需要能够共享数据并保证数据的安全性
通用性	为适应多样化的业务需求,满足跨企业的业务链上的数据安全高效共享,区块链对数据的记录方式要有足够的通用标准,才能很好地表示各种结构化和非结构化的信息

资料来源:笔者根据环球网数据自行整理所得。

(五) 业务流程和管理机制不配套

现阶段,油气行业尚未建立起与数字化要求相适应的管理机制,业务流程也在持续改造中。企业数字化转型目标的实现需要配套数字化的企业管理,组织结构向平台化、专业化转变,传统管理体制中的利益纷争与管理黏性会给油气行业数字化转型带来严重阻碍①。数字技术必须与业务相融合才能真正实现数字化,业务流程需要构建起适合数字技术应用的环境,因此在业务流程重构过程中需要数字化技术人员与业务人员进行充分沟通,让技术人员理解业务如何运行,业务人员也要理解数字技术的运行原理和操作方法,在双方融合的基础上才能建立起统一的、可实现的数字化业务流程。企业管理模式为业务数字化转型提供环境保障,管理机制的重构要从人员、技术、方法作出根本性的变革,明确管理在数字化转型中发挥的功能,建立起全员创新、变革的理念与环境。

二、煤炭企业数字化转型存在的问题及原因分析

近年来,我国大型煤炭企业集团陆续开展煤矿智能化建设,煤炭生产由机械化、自动化迈向信息化、智能化时代,少人、无人开采已成为煤矿智能化发展的重要方向。而对煤炭行业数字化转型的内涵及其与煤矿智能化建设之间的关系,目前的认知尚不统一,也存在一些误区,甚至将煤矿智能化建设与煤炭行业数字化转型混为一谈,并不利于煤炭行业数字化转型的有序开展。

(一) 煤炭企业数字化转型存在的问题

煤炭企业缺乏"一张蓝图绘到底"的决心和耐心。数字化转型是企业

---

① 皮光林、光新军、王敏生:《油气行业数字化创新模式与启示》,《中国矿业》2019年第28期。

在信息化、智能化方面的一次全面革命。要实现数字化转型,需要从顶层设计、长远谋划、明确目标开始,并且要持续地进行逐步迭代,进行长期的系统工程。然而,在煤炭企业中,往往存在"短期思想"的问题。由于市场竞争激烈,企业往往只关注眼前的利益,难以下决心在新的模式下推动彻底的变革。这种"短期思想"会导致企业只注重短期效益,而忽视了数字化转型对企业长期发展的重要意义。为了提升信息化、智能化水平,一些煤炭企业寄希望于推进实施新工程。他们选择采取短时间大规模集中建设的方式,希望通过一次性的投入提升企业的数字化水平。然而,这样的方式往往很难取得转型成功。一方面,这种方式存在较大的投资风险,如果新工程无法达到预期效果,企业可能会面临巨大的损失。另一方面,这种方式往往忽视了企业与现有信息系统的兼容性和整合问题,无法实现数字化转型的全面改革。目前除个别企业外,多数企业尚未启动研究编制整体数字化转型战略规划、工作方案和具体实施路径,各类数字化、智能化项目仍未在集团"一盘棋"下建设实施。

煤炭企业组织机构及管理体制与转型不相适应。煤炭企业数字化转型的关键是数字化赋能,而不仅仅是投资和应用新技术。数字化赋能是将数字技术与业务、流程和组织相结合,从而提高企业的效率和竞争力。国有企业在推动管理体制上的变革中面临诸多困难。这些困难包括内部协同和打破部门、上下级企业边界和利益壁垒。在过去的管理体制中,各部门之间往往存在隔阂和利益冲突,这给数字化转型带来了阻力。因此,国有企业需积极推动管理体制的变革,打破部门之间的界限和利益壁垒,实现合作共赢。与此同时,一些煤炭企业为了推进数字化转型,设立了强大的信息部门。这些信息部门扮演着推动企业数字化转型的重要角色。然而,也有一些企业降级或合并信息部门,或将其与智能化部门分离,导致了转型力量的削弱。这不利于企业的数字化转型进程,限制了企业的发展潜力。因此,煤炭企业需要正确对待信息部门的重要性,将其作为数字化转型的核心推动力量。

"重硬件、轻软件,重建设、轻运维,重技术、轻管理"问题依然突出。在煤炭企业的发展中,硬件装备得到了丰富的投入,但软件配备却存在一定的顾虑。这一点在各个煤炭企业中普遍存在。企业对系统或平台建设始终抱有高度的重视,然而对运维重视程度却偏低,导致系统缺乏必要的养护和维护。虽然煤炭企业在技术方面注重先进性,但在保障和管理方面却缺乏协调和提升。这导致了煤炭企业现有技术的应用和管理存在问题。虽然煤炭企业对技术的先进性高度认可,但在保障和管理方面的投入却不足,没有形成有力的支撑体系。在智能化项目建设中,煤炭企业过多地依赖技术支持厂商,而缺乏自身的技术团队。这导致了系统与管理之间的融合不够紧密,最终使项目效果达不到预期。由于过度依赖技术支持厂商,煤炭企业没有形成自身的技术优势,也无法有效地将智能化系统与生产管理相结合,使企业在智能化过程中错失了发展机遇。

数据集成程度差,信息孤岛现象仍严重。随着大量信息系统的建立,煤炭企业所拥有的数据量急剧增加,而传统的信息化基础设施已经无法满足数字化升级和转型的需求。因此,煤炭企业面临着"信息孤岛"和"数据烟囱"的问题。为了解决这些问题,煤炭企业需要加强信息化建设,建立新型的信息化基础设施,以提高企业的竞争力和生产效益。

大量的资源投入与实际成效不相匹配。虽然煤炭企业对生产管理系统的投资建设众多,但整体效果并不尽如人意。新技术的快速更新迭代导致之前的投资很快过时,而新技术所带来的新价值也没有体现出来。在这种背景下,一些企业希望通过投资建设5G组网项目来提升生产管理系统的效率和质量。然而,由于之前技术储备和系统配套不足,未能实现预期效果。因此,煤炭企业在投资建设生产管理系统时应综合考虑技术的持续更新、合适的投资规模以及系统配套的完善,以提高投资效益和实现预期目标。

在基础研究和应用方面存在明显短板和风险。煤炭行业在信息化、数字化、智能化方面的基础理论研究长期滞后,缺乏对两化融合、数字化转型等方面的深入研究,导致实际建设过程中面临多方面的问题。继续推进信息化、数字化、智能化的发展,需要加快相关理论研究的进展,明确发展目标和路径,并同时加强数据治理和网络与信息安全的发展,以提升煤炭行业的转型升级能力。

(二)原因分析

短期不见效,对投入和转型产生怀疑。数字化转型并非一朝一夕的事情,它需要长期的布局和推进。然而,许多煤炭企业在数字化转型中却存在战略和实施的偏差,以及技术和管理的短板。这些偏差和短板导致了投入和实效不相匹配的问题,企业往往只能在数字化转型过程中取得一定的效果。这也是数字化转型在短期内难以显著见效的原因之一。此外,煤炭企业对数字化和智能化持有一定的怀疑态度。他们担心数字化转型带来的高风险和失败可能会带来巨大的损失。缺乏成功案例和经验加重了煤炭企业的畏惧心理,使他们更加不愿意积极推进数字化转型。这种畏惧心理对数字化转型的推广造成了一定的困扰。

煤炭企业人才队伍远不能满足转型需要。煤炭企业作为传统行业,在数字化转型方面依然面临着许多挑战。其中,最主要的问题是缺乏信息通信、大数据、人工智能等高技术人才。随着科技的不断发展,这些高技术人才成为了企业发展的关键所在,然而煤炭企业却没有足够的人才来应对这一挑战。另一个问题是企业领导的思维理念与知识结构不能与数字化驱动的智慧型企业相匹配。传统的煤炭企业往往由老一辈管理者领导,他们的思维方式和知识结构与数字化时代的要求不匹配。他们习惯于以人工经验为基础进行决策,而数字化时代则要求依靠数据和算法来作出决策。与此同时,各级管理和生产人员的素养与技能也不能与数字化驱动的智慧型企业相匹配。煤炭企业的管理和生产人员往往没有接受过较为深入的数字化培训,缺乏对信息技术的理解和应用能力。这导致了企业在数字化转型过程中遇到了许多技术难题,无法充分利用信息技术来提高生产效率和降低成本。最后,煤炭企业尚未形成驾驭"数字"的能力。数字化时代要求企业能够通过数据分析、人工智能等技术来预测市场需求、优化生产流程和提高产品质量。然而,由于上述问题的存在,煤炭企业尚未具备这一能力,无法充分发挥数字化技术的潜力。

煤炭信息技术供给能力不足。随着数字化和智能化技术的不断发展,许多行业都在寻求能够提供整体解决方案的技术供应商。然而,在煤炭行业内目前还未出现能够满足这一需求的供应商。传统的煤炭信息技术服务企业面临着一些问题,其中包括资金、技术实力和人才储备不足的挑战。由于这些问题的存在,它们很难提供真正全面的数字化、智能化解决方案。近年来,一大批国内技术头部企业和来自其他行业的厂商纷纷进军煤炭行业,试图填补这一空白。然而,他们对传统煤炭产业的深入认识和理解仍然不足。煤炭行业具有其特殊性,对技术供应商来说,必须深入了解这个行业的特点和需求,才能为其提供真正有效的解决方案。

煤炭行业本身转型难度大于其他行业。煤炭行业转型存在四个方面的难点:一是煤炭先天赋存条件的差异性,使行业核心场景数字化难度更大、标准更难统一;二是煤炭企业和煤矿位置多集中在中西部,对高科技人才缺乏吸引力,且企业位置多远离大城市和城市中心,相对封闭和独立,缺少数字化的氛围和环境;三是多轮次的兼并重组,给企业数字化转型造成更大困难;四是处于产业链最上游,且产品客户相对固定,产品品质竞争属性偏弱,使煤炭企业在客户服务创新和商业模式变革等方面不如其他行业敏感而紧迫。

三、电力行业数字化转型挑战

在能源变革深刻影响下,能源电力领域数字化转型地位和转型迫切度持续提高,数字化转型成为应对能源危机和确保能源供应稳定的重要手段,作为数字化技术融合应用的综合体现,电力企业在数字化转型方向、转型路径、转型模式上均面临着严峻考验。

表4-5列出了电力行业数字化转型过程中可能面临的重难点问题。可以看出数据壁垒、技术创新和服务水平可能与微观执行层面的关联度较高,而管理架构、战略方向和商业模式则需要从宏观或中观顶层设计予以关注和解决。对具体类型和不同属性的电力企业,则应该重点做好自身数字化转型的各类评估,为数字化转型发展的高效持续推进提供良好的基础。

表4-5　电力行业数字化转型重难点

挑战类型	具体描述
数据壁垒	如何打通内部业务数据,对接外部多方渠道,同时挖掘数据价值,成为电力企业数字化转型的首要挑战
技术创新	如何准确发挥技术价值,引入符合实际需求的新兴技术,成为企业效率提升的重要考量
服务水平	如何通过数字化转型提升企业服务水平,创新数字化服务内容,建立标准化服务衡量体系,是数字化转型成果的实际体现
管理架构	企业内部管理实现最优化,推进ERP、人力资源、财务、营销、风控等业务全面数字化整合,降低管理成本、提升管理效率,是数字化转型后的"精益化"表现
战略方向	如何保障企业数字化转型辅助企业战略决策,找准电力企业在能源革命中的自身定位及发展方向,是传统能源及新能源企业共同的发展命题,也是构建数字化能源生态的关键思考
商业模式	数字化转型的终极目标是价值提升,发挥数字化转型对商业形态的创新改变,是能源电力企业数字化转型的本质意义,更是实现企业转型竞争力的优势体现

资料来源:笔者根据《2022年中国电力产业数字化研究报告》自行整理所得。

第四节　供给侧的传统能源产业数字化影响和政策思考

供给侧结构性改革促进生产要素配置调整,催生新兴产业的发展,驱动全球产业分工和创新发展。国家政策持续引导供给侧结构性改革,着力推进数字化与实体经济的深度融合,为能源产业供给侧的发展提供了动力支持。我国供给侧能源企业要把握经济发展的新动能,转变发展理念和发展方式,以数字化技术的推广应用为纽带,发挥特色产业优势,形成全要素合力,实现企业转型的同时助推我国经济高质量发展。

一、供给侧的传统能源产业数字化是
推动高质量发展的重要保障

能源是支撑我国经济和社会发展的基础资源,因此高质量的能源体系是我国经济高质量发展的基础。然而,传统能源发展模式与当前高安全性、低成本和绿色发展的要求已不相适应,在空间布局中也面临整体与局部、集中式与分布式的统一协调问题,这些问题的解决都要求生产要素盘活与创新融合。高质量的能源体系建设从基础设施建设、技术、产品与服务以及市场形成四位一体的改革,实现提质增效,服务经济社会高质量发展。

传统能源基础设施与数字技术融合实际上是推动能源与数据两要素的融合,随着能源生产和供应模式向信息化、智能化、绿色化转型升级,能源系统中各组成要素高效流通既提高了全要素生产率,能源发展模式由传统的粗放型转变为集约型,又提高了能源市场的资源配置效率。

数字化技术的应用不仅改进了传统能源企业的生产和供应方式,也优化了能源管理系统。在能源生产中引入互联网、人工智能、数字孪生等技术,构建绿色数据中心,环境监测自动化、现场模拟等功能的实现,提升能源网络基础设施的安全性、智能化水平,能源生产和供应清洁化,提高加工转换效率,生产成本也随之降低。基于云计算、大数据等技术精确预测能源需求与变动趋势,综合调配能源供需,降低管理成本,提高能源输送、分配和储存效率。

传统能源产业链中的各环节也随着大云物移智链等数字技术的应用提升了融通效率,形成多能互动、高效便捷的能源新业态。运用物联网、云计算等技术构建数据共享平台,多模式能源交易管理、供应链数字化管理等多种产品和服务涌现,使能源信息在产业链中更具透明度,流动更自由,提高传统能源供应商的精细化管理水平,协调供需两侧,资源优化配置,实时响应用户多元需求,形成高质量的能源综合服务业态。

传统能源供应企业在"双碳"目标背景下依靠数字技术提质增效,获得长足的发展动能,推动国家构建起清洁、高效、安全、可持续的现代能源体系,为经济社会的高质量发展提供强大的支撑。

二、能源产业数字化转型对供给侧
结构性改革形成三大驱动

供给侧的能源产业数字化转型发展既可以直接推动供应体制的变革,也可以为其提供产业强劲的驱动方向。主要体现在以下三个方面:一是大力发展新的产业。改革的推动作用,不仅让中国逐渐从被迫的"跟随战略"走向"中国创造"的新模式,而且对中国就业、收入、税收、出口和消费都产生了巨大的推动作用。比如,网络交易的平台承载了庞大的工作人员,同时也形成了一种新型的物流业。二是推动产业的转型。"智能驱动"是未来制造业发展的一个主要特点,也是信息化与产业化的深入结合。如果把数字技术赋予了传统的公司,那么就可以迅速地进行产品的革新,占领新的市场;通过物联网技术,可以实现制造流程的最优,提高生产的效率;新技术和传统行业的融合也催生了新的行业,如智能驾驶和新能源汽车。三是提高社会效能。电力系统的数字转换对医疗、教育、金融等国计民生领域的推动作用不可忽视。数字化的电力系统能够为这些行业带来更高效、更可靠的电力供应,支持各种新技术和应用的发展。在医疗领域,数字化电力系统可以保障医疗设备的正常运行,提高医疗服务的质量和效率;在教育领域,数字化电力系统可以为学校提供稳定的电力供应,并支持在线教育和远程教育的发展;在金融领域,数字化电力系统可以确保金融机构的正常运行,保障资金流动和支付系统的安全。利用大数据推进政府治理的措施对提升人民群众的"获得感"具有重要作用。政府通过推进"放管服"改革,简化行政审批程序,提高政府行政效率和服务质量。同时,通过推进"零跑腿"政务服务,利用大数据技术实现政务服务的线上化,减少人们办事的时间和成本。此外,政府通过协同推进政务公开,将政府的决策和行为公开透明,增强了人民对政府的信任和满意度。

三、数字化能源转型为供给侧结构性改革提供全面支撑

能源革命是社会生产力发展和人类文明进步的重要动力。能源更替过程从薪柴到煤炭再到油气,促成了两次工业革命,使人类的生产和生活方式发生了根本变化,现阶段,世界范围内替代传统能源的能源类型多样化、储能能力提升,能源生产技术更新换代,成为第三次能源革命的开端,这是解决资源匮乏和环境保护问题的根本解决途径,能源的可持续利用是人类社会可持续发展的基础。当前,我国传统能源市场正处于需求减少的困境,加之环境约束日益严峻,与可再生能源尚未形成有效互补体系,传统能源自身的转型升级对供给侧结构性改革,促进可持续发展至关重要。供给侧结构性改革的目标是通过对供给结构的创新性调整扩大需求并引领需求结构调整,在生产环节提高生产要素的使用效率,增加有效、优质的供给,使供给结构能更加与需求结构相匹配,能源供给侧结构性改革在供给侧结构性改革中起着关键性作用。

数字化转型是传统能源供给侧结构性改革的有效驱动。人工智能、大数据技术使物理世界与虚拟世界相连接,线下生产与线上数据分析协同,实现按需生产、精准满足用户需求,使供需协调成为可能。工业互联网平台实现全链条、跨领域的互联互通,使生产要素配置优化,提高清洁生产效率,形成智能、敏捷、绿色的生产体系,为需求方提供优质、高效的能源产品与服务。利用大数据技术使供应方精准识别客户需求,推动能源业务结构调整,提高产业链协同创新水平,从而推动现代能源体系的建立。

供给侧能源产业数字化为供给侧结构性改革奠定基础,通过对能源消费结构、产业结构、空间布局等方面进行调整,解决能源产业中的结构不平衡、能源企业竞争优势不足等问题,形成全要素高效生产合力,推动国内、国际双循环健康发展。

四、数字化实现资源最佳配置

经济社会发展本质上是资源禀赋合理配置的结构性转变进程。数字化为当前的市场需求提供了一种资源最佳配置的新渠道。尤其是从供给侧角度,如何达到能源市场的平衡,需要能源产业和供给结构以数字化手段为依托进行持续性改变。20世纪八九十年代,中国的人口红利得到全面的释放,充足的劳动力和廉价的资源,导致大量的劳动密集型行业和高耗能、高污染的初级原料加工企业涌现。但伴随着我国人口红利的逐步消退,劳动力价格不断上涨,自然资源储备不断减少,越来越多的资本密集型、技术密集型企业的出现为企业走出底层产业链带来了新契机。因此,在当前供应端的数字化进程中,如何使其与现有物质资源和人力资源进行有效协调,就成为一个亟待解决的突出问题。真正的供给侧结构性改革必须由供求关系和生产要素两个方面来决定。当供给侧的数字化得以实施后,各个环节对资源配置的监测、评价和反馈将更为精准,进而传导至需求端形成联动,完成底层生产和终端需求的密切连接。举例来看,每个城市、每个企业的资源在宏观视角下均面临着较大的不同。但在供应端的数字时代,制造业能够快速寻找更便宜的原料供应区域。而餐饮业则能够实现更广泛高效的采购。与此同时,除了物质性因素的改善外,人力资本和知识储备也将在数字时代得到更好的配合,技术密集型和知识密集型工业将完成更大规模和更快速度的集聚。

从微观层面到宏观层面,企业的人力成本、原材料成本与生产运营、产品需要之间的协调,而区域层面则是从生产要素到产业结构到市场的对接,并利用数字化手段进行优化配置。

五、供给侧能源产业数字化赋予传统能源新特性

传统能源企业依托能源网络,结合现代信息网络,将数字化技术与能源业务相融合形成产业发展的驱动力,在优化资源配置效率的基础上,形成协同、创新、绿色、高效的经济发展态势。因此,在能源供给侧的数字化转型背景下,传统能源体系也体现出了信息化、智能化的特征。传统能源产业链中仍存在严重的供需不匹配,其中主要的障碍就是供给侧与需求侧信息沟通不畅,需求侧的多元需求不能得到及时满足。随着供给侧传统能源企业数字化转型,供需双方的信息传递方式发生改变,供应方的生产和服务模式也逐渐转变。在信息技术的驱动下,生产操作可以在虚拟空间进行,人工操作被智能化操作取代,能源供应方可以监测需求方的消费需求与变动趋势,能源用户可以享受便捷、可靠、智能化的服务,能源实现了在不同时空协同管理、交易。

供给侧能源产业数字化使能源系统运营形成了平台化的特点。长期以来,传统能源供应系统的运行相对独立,能源网络各节点连通不畅。以供暖为例,电力供热与燃气供热各行其道,能源供应在规划、建设、运营等方面不统一、不协调,因此需要开展综合能源服务,降低能源企业的投资运营成本,推动能源供给侧结构性改革,提高能源配置效率,形成我国能源产业的竞争优势。综合能源服务市场涉及的产业链较长,能源供应商仅通过自身资源的投入很难形成全面的、便捷的服务能力,因此需要通过建设共享平台来汇集多元能源产业链各环节的资源及信息,实现低成本、高效运营。综合能源服务平台化建设最关键的支撑力就是数字技术。

传统能源供给企业通过建设综合能源服务平台实现了产业链延伸,为业务战略调整、形成新产业竞争优势以及国家能源结构调整提供了基础。

六、数据驱动能源系统突破创新

随着工业革命的到来,我国的能源使用模式发生了巨大的变化,这也改变了我们的生产和居住方式。在数据驱动和创新驱动的新时代,我们将迎来能源体系的更大创新和发展的机遇。首先,我国的能源体系将迎来2.0的发展时期。其中一个重要的改变是电力供应将进行市场化交易。这将为能源市场引入更多的竞争和市场机制,使电力供应更加灵活和高效。其次,数字化监控和智能化管理设施将成为电力系统基础设施建设的重要组成部分。通过数据采集和分析,可以更好地监测电力系统的运行情况,并及时调整和优化能源供应。这将提高能源系统的稳定性和可靠性。另外,可再生

资源电站也将起到重要作用。通过数据采集等先进技术,可再生资源电站可以提升电网建设的综合效益。这将进一步推动我国能源体系的可持续发展。同时,创新经营和服务模式也能够增强洁净电力在电力行业中的竞争优势。通过提供更优质的产品和服务,我们可以吸引更多的消费者选择绿色、低碳的能源消费习惯。这也将促进清洁能源行业的进一步发展。为了推动能源体系的发展,还需要实施有效的营销激励措施。通过给予合适的奖励和优惠政策,可以更好地促进人们采用绿色、低碳的消费习惯,并推动能源体系的升级和发展。另外,建设新的能源基础设施也将实现整个能源产业链的增值双赢。这不仅能够提供更多的就业机会,还能促进相关产业的发展,并为经济增长提供良好的支撑。最后,加速推进新型能源基础设施的发展将促进能源系统的效益提升和社会总能耗的降低。通过引入更先进的技术和设施,可以提高能源的利用效率,减少能源的浪费,从而降低社会的能源消耗。

第五章 供给侧的清洁能源
产业数字化趋向

2023 年华为发布的《全球能源转型及零碳发展白皮书》显示,1850—2020 年,人类总计排放约 2.4 万亿吨温室气体,气候变化对环境、社会、经济的影响日益加剧。2023 年化石能源相关碳排放占温室气体总量高达65%,世界各经济体纷纷提出太阳能、风能、水能、氢能等清洁能源的开发利用应成为发展重点。随着全球步入数字经济新时代,利用"云大物移智链"等数字化技术,未来清洁能源将与数字经济深度融合,通过数字化转型为能源产业和零碳发展带来全新的机遇。本章选取了清洁能源中具有代表性的光伏、风电、水电和氢能,从数字化转型的政策、现状、障碍、影响等方面进行讨论。

第一节 供给侧的清洁能源产业数字化政策

在顶层设计方面,清洁能源产业数字化和智能化的蓬勃发展,需要国家层面来统筹产业发展方向,坚持市场化导向,将大数据、人工智能、区块链等技术渗入各个环节,健全技术应用标准、价值评价等多个体系,才能建立更高效、更可持续发展的清洁能源产业数字化体系。因此,本节首先论述了光伏、风电、水电、氢能这四个清洁能源产业的数字化转型政策,探索其如何从国家、各地区、各部门获得准确而高效的支持,从而实现智能化发展。

一、我国光伏行业发展及数字化转型政策

我国高度重视能源安全和可持续发展问题,伴随光伏发电技术的高速发展和成本减少,太阳能已成为主力可再生能源之一。国家各部门颁布了一系列支持光伏行业发展的政策,极大地促进了我国光伏产业的发展,同时各地区紧紧抓住信息时代优势,颁布了一系列促进当地光伏产业数字化转型的政策,促使其发展成为具有国际竞争优势的战略性新兴产业。

(一)我国光伏行业发展战略引导与政策规划

2022 年 1 月 5 日,由国家能源局、工业和信息化部、交通运输部、住房和城乡建设部、农业农村部共同出台的《智能光伏产业创新发展行动计划

(2021—2025 年)》明确提出在"十四五"阶段,将以建立中国智慧光伏产业生态系统为目标,坚持市场导向、政策保障,坚持技术推动、产融结合,坚持协调施策、分步推动,抓住数字时代经济发展趋势与变化规律,推动新型技术与光电领域的结合发展,提升智能生产和系统设计水平,提高整体产业链智慧技术水平,推动中国智慧光伏产业的蓬勃发展并向世界价值链的中高端不断迈进。

在部门方面,国家各部委不断推出配套政策和举措支持光伏产业发展。例如,生态环境部明确提出,在未来十多年内中国将着力发展风电、光伏太阳能发电;而工信部也明确表示,光伏玻璃具有不受产能置换限制的优点;交通运输部将重点在服务区等高速公路沿线,科学合理布置建设光伏发电设备;国家能源局将进一步制定一系列支持光伏行业发展的政策措施;科学技术部将支持"光伏+生态修复"计划,以促进沙漠化恢复等;在产业开发层面,工信部认为要推动智慧光伏行业创新,推进大体积硅片、高效太阳能电池及部件技术的发展与应用,巩固相关领域优势,推进智慧光伏重要原辅料、装置、零配件的技术升级。

总体上,"十四五"时期我国光伏发电装备产业发展有以下三个主要目标:第一,产业生态建设方面。新型高效太阳能电池量产化转换效能显著提高,建立完备的硅料、硅片、设备、材料、元件等匹配能力,智慧光电生态系统构建初步实现;第二,制造水平方面。与 5G 通信、人工智能、云计算、工业互联网等新型信息技术融合速度加快,智慧生产、绿色制造取得显著进步,智慧光伏生产供给能力提升;第三,市场应用方面。智能光伏特色应用范围大幅扩展,在绿色工业、绿色建设、绿色交通运输、绿色农业、城乡振兴及其他新兴领域应用规模逐渐增加,建立多样稳定的商业运营模式,助力解决多场景规模化应用问题。

（二）我国重点区域光伏行业发展及数字化转型政策

在中央的大力支持下,各地政府也陆续发布了有关光伏发电装备产业发展的指导意见(见表 5-1),推动地区光伏发电装备产业在全国新能源产业建设潮流中发挥重要作用,引领我国向国际领先的现代化光伏发电装备强国迈进。

表 5-1　中国主要省市光伏产业发展政策

发布地区	发布时间	政策名称	重点内容
北京市	2021 年 1 月	《北京市"十四五"规划纲要》	对光伏、能源互联网等领域采取"负面限制清单+正面鼓励清单"管理模式,推动光伏能源技术规模化应用

续表

发布地区	发布时间	政策名称	重点内容
上海市	2022 年 1 月	《上海市公共机构绿色低碳循环发展行动方案》	加速"光伏+公共机构"的开发应用,建设集光伏发电、直流配电、柔性用电、储能一体的公共机构建设
天津市	2021 年 6 月	《天津市制造业高质量发展"十四五"规划》	发展新型高效光伏电池,突破叠瓦组件等先进技术,升级光伏电池、光热装备制造工艺
江苏省	2021 年 12 月	《江苏沿海地区发展规划(2021—2025 年)》	提升高效光伏组件、光伏系统集成等可再生能源设备的技术水平,重点突破一批关键"卡脖子"技术问题
浙江省	2022 年 5 月	《浙江省能源发展"十四五"规划》	到 2025 年,全省光伏发电装机量2800 万千瓦,开发应用建筑一体化光伏发电系统,实施"风光倍增工程"
山东省	2021 年 10 月	《山东省能源发展"十四五"规划》	利用骨干配套企业,培育太阳能制造龙头企业,围绕智能电网装备,建设智能输变电制造基地,发展济南、枣庄等产业集群
河南省	2022 年 1 月	《河南省"十四五"制造业高质量发展规划》	积极建设分布式光伏电站,打造"材料—组件—电场—应用"产业链
海南省	2021 年 7 月	《海南省高新技术产业"十四五"发展规划》	建设拥有核心技术和自主知识产权的新能源装备研发制造产业链

资料来源:笔者根据国家政府网及相关省市政府网数据自行整理所得。

　　由表 5-1 可见,天津市、江苏省、浙江省都将发展重点放在发电基础装备建设上,北京市、上海市则是致力于管理模式的开发应用,山东省利用太阳能规模优势大力发展配套产业,通过打造龙头企业做大做强制造基地及产业集群,河南省、海南省则是通过建立智能光伏产业生态体系,推动新一代信息技术与光伏产业深度融合,构建集上下游于一体的系统产业链,创新发展新能源装备的新业态、新模式。

二、我国风电行业发展及数字化转型政策

　　近年来国家各部门对风电行业发展及数字化转型方面制定的一系列发展战略,本部分将归纳当前政策文件的阶段性特点及重点内容,从而聚焦未来风电数字化转型的工作重点。

　　(一)我国风电行业发展战略引导与政策规划

　　与风电行业的发展阶段相类似,我国的风电行业发展政策也可分为以

下四个阶段(见表5-2)。由表可见,我国的风电发展政策从大力推动基础设施建设逐年转变为完善相关机制及定价规则,在行业发展前期,风电发展主要靠政策优惠补贴驱动,随着补贴逐步取消,风电行业进入降低单位成本以实现正循环发展的新阶段。2021年,既是我国"十四五"开局之年和"双碳"目标启动之年,也是陆上风电全面实现无补贴平价入网方式的第一年,同年,国务院印发《2030年前碳达峰行动方案》指出,到2030年风电、太阳能发电总装机容量达到12亿千瓦,截至2023年12月,我国风电装机容量约3.7亿千瓦,同比增长11.2%,风电市场仍有较大进步空间。2022年5月,国家发展改革委发布了《关于促进新时代新能源高质量发展实施方案的通知》,提出在沙漠、戈壁、荒漠地区加快大型风电光伏基地建设,一方面,促进新能源开发利用与乡村振兴融合发展;另一方面,依托投资项目在线审批监管平台,为企业提供新能源项目审批绿色通道,帮助风电企业降低投资成本。并且仍然持续优化调整近岸风电场布局,提高风电项目海域资源利用效率。值得注意的是,财政部配套发布了《财政支持做好碳达峰碳中和工作的意见》以大力支持可再生能源的实际应用,推动风电等可再生能源占比逐渐提高,构建新型电力系统。

表5-2　中国风电行业的阶段性发展政策

阶段	时间	重点内容
早期示范阶段	1986—1993年	政策的支持重点在投资方面,大量投资建设风电场项目、支持风能装机的研制开发,使用外国信贷建立中小型示范风场
产业化探索阶段	1994—2003年	首次确立了强制性收购、还本付息电价制度和成本分担机制,由于投资者权益得到保障,风电场规模逐渐扩大
产业化发展阶段	2003—2007年	发布并实施《中华人民共和国可再生能源法》及细则,建立了相对稳定的费用分担机制,提高了风电场开发规模和本土装备生产水平,通过开展风能特许招标来明确风电场的投资商、项目开发商和网络电价
大规模发展阶段	2008年至今	基于规模化发展需求提出可再生能源发电全额保障性收购制度,在风电特许权招标的基础上发布了陆地风电上网标杆电价政策

资料来源:笔者根据中国政府网及国家能源局《风电发展"十三五"规划》自行整理所得。

(二)我国风电行业数字化转型发展重点与工作部署

随着风电业的蓬勃发展,我国政府先后发布了《风电发展"十三五"规划》《关于完善风电上网电价政策的通知》《关于促进非水可再生能源发电健康发展的若干意见》《可再生能源电价附加补助资金管理办法》《关于

2020 年风电、光伏发电项目建设有关事项的通知》等系列政策措施,利用补偿、竞争性分配、消纳保障等诸多调节机制保障风电行业的良性发展,促使我国风能装置容量迅猛增加,风能机组生产技术迅速发展,整个风电产业逐步向设备完整、无补贴的可再生能源产业转型。

从表 5-2 来看,首先我国东部沿海地区的经济社会发展水平和电网特点均与欧美相近,有利于大面积开发海洋风能,近海风电场成为其风电场建设的主要趋势;其次,未来将逐步形成分散式风电工程项目建设态势,国家能源局发布的《2020 年风电项目建设方案》明确支持分散式风电工程项目建设;再次,智能风电场建设迎来新发展契机,随着"互联网+"、信息通讯、人工智能、云计算等新一代信息技术和风电科技的蓬勃发展,给数字化智能化风电场建设创造了有利条件。

基于以上政策可以看出,"十四五"时期我国风电行业数字化转型的重点有:第一,完善数字化组织保障。组织是实施数字化转型的前提,因此光有企业级别的数字化转型委员会还不够,所有部门都需要建立完善的数字化层级机构;第二,员工需要进一步加强对数字化的理解和数字化技能的学习。制定更加切实可行的数字化实施方案。例如,电气风电公司所提出的"数字风电"概念意义深远,将成为公司不断关注并投资的主要方向;第三,聚焦既定的数字化重点项目。重点项目建设将形成中国风电产业数字化转变过程中的重要基础平台和要素,在此基础上集团才能继续建设开发新的项目、研发新的科技成果,推动产业数字化转型。

三、我国水电行业发展及数字化转型政策

近年来,国家和各地在水电行业及数字化转型方面制定了一系列发展战略,本节将归纳当前政策文件的特点及主要内容,并且聚焦重点流域的发展方向。

(一) 我国水电行业发展战略引导与政策规划

自《水电发展"十三五"规划(2016—2020 年)》发布以来,我国水电行业在全方位布局下经历了多年蓬勃发展,水力发电能力大幅提升。2021 年发布的"十四五"规划进一步强调了可再生新能源的重要意义,明确了要推动水电站的布局建设以促进能源清洁化发展。细化来看,要扎实促进西南水电基地工程建设、雅鲁藏布江下游水电基地建设、近海核电工程建造;以流域为单位建设智慧水利体系,提升水情测报和智能调度能力。在总体战略发展规划下,我国各部门发布了一系列支持水力发电的政策措施以促进中国水电产业的蓬勃发展与数字化转型。其中,水利部根据需求带动、技术

至上、数字赋能等要求编制了《"十四五"智慧水利建设规划》《关于大力推进智慧水利建设的指导意见》(以下简称《意见》)等政策。《意见》指出,要加快形成七大江河数据孪生流域、大型水利智慧技术业务应用与网络安全系统、智慧水利保障系统等,在跨流域大型引调工程、跨省重点河湖明确水质监督管理与调度的"四预"(预报—预警—预演—预案),以明显提升整体业务应用水平,形成现代智能大型水利系统与水电智慧系统。到2030年,具备防汛功能的河流全部建设成为数字孪生流域,并力争在2035年实现全面数字化、网络化、智能化。

（二）我国重点流域水电行业数字化转型发展政策

根据水电规划总院的研究数据显示,2023年我国水电技术可开发量为6.87亿千瓦,其中,西南地区水电技术可开发量占全国的69.3%,达4.76亿千瓦。未来中国水电发展的关键区域主要是川、滇、藏,其中四川省的水电装机量较大,仍有20余个国家重点水电站待建。"十三五"时期常规水电开工数量明显降低,体现出我国当前水电资源被合理开发利用的地方已经所剩无几,水电发展速度放缓。但与发达国家的水电发展速度相比,我国水电资源尚有发展提升的空间。未来,水电发展的"主战场"将向高坡度、高海拔、大温差的山地深谷等复杂地区转移,开发难度和成本也将随之提高。特别是在水能、风能、光能丰富的中高海拔地区和少数民族区域,由于远离城市负荷中心,地形地质情况复杂,自然环境条件较差,生活配套设施不足,迁移安置问题和建设难度较大,工程投资造价高。

随着我国全流域梯级水电的不断发展,一批大规模水电工程的陆续投入和流域管理体系建设随之提上日程。由于四川省是"十四五"时期水电建设的主战场,2022年5月,四川省发展改革委、四川省能源局联合发布了《四川省"十四五"可再生能源发展规划》(以下简称《规划》),除了力争实现水电开发运行与环境保护协调发展外,还将具有调节能力的水电站摆在了更加重要的位置。"十四五"期间,四川省重点推进金沙江、雅砻江、大渡河"三江"水电建设工程,预计新增或投产装机2200万千瓦,建成或投产乌东德、白鹤滩、二江口、双河口等水力发电厂。除常规的水电施工以外,四川省还将优先建设季以上调节能力水电站。2022年之前,四川省水电装机占比就超过80%,水电又以日调节和径流式为主,具有季及以上调节能力的水库电站装机容量仅占水电装机的38.6%,多年或年调节水库更少,调节能力不足,丰枯出力矛盾较为突出,亟须加快建设调节性电站。所以《规划》提出,四川省具有季以上调节能力的水库电站装机容量占水电装机的比例要达到45.1%。此外,四川省还将深入开展雅砻河全流域优化调节研究,开展大渡河流域水电市场综合评估管理试验,研究建立全流域阶梯水电站信息资源共享和电力市场竞争有效管理模式与激励机制,进一步提高全流域阶梯水电站建设的优化调整、市场消纳能力与综合经济效益管理水平。由于流域水电综合管理很复杂,涉及多个管理主体。例如,生态部门注重环境保护,水利部关注防洪、抗旱,能源局关注发电效益。这就要求建立统一协调的多单位、多主体负责的多头管理机制,使防洪防涝、水力发电、生态建设成为一个统一有效的管理体系,并通过建立全流域水电法规体系、管理体系和技术规范体系,全方位、多角度地提高流域内管理水平和生态环保力度。

此外,水资源丰富的山东省在2022年5月发布的《山东省电力发展"十四五"规划》中强调推进新型能源的规模化发展,以水电市场化为导向,选择经济技术可行的路线,加快建设抽水蓄能电站,建成投运文登、泰安、枣庄庄里等重点项目建设,并大力推广应用新型智能装备,引导传统水电智能化改造提升。力争到2025年,抽水蓄能电站装机达到400万千瓦,在建规模达到800万千瓦。

四、我国氢能行业发展及数字化转型政策

近年来,国家和各地在氢能行业及数字化转型方面制定了一系列发展战略,本节将归纳当前政策文件的特点及主要内容。

(一) 我国氢能行业发展战略引导与政策规划

表5-3列举了近年来国家及各地方就氢能行业发展所发布的部分政策文件。在"十三五"时期前,我国关于氢能行业发展政策处于推广阶段,尚未制定明确的发展规划。2014年,我国正式将氢能作为重点创新方向。此后一系列相关政策陆续出台,重点围绕氢燃料电池的研发与应用进行战略布局,为氢能行业的发展注入了强大动力。2015年,氢燃料电池汽车被纳入政府补贴。2016年,我国提出要系统推进氢燃料电池汽车的研发与产业化。2017年出台了关于氢燃料电池车的新技术路线图。2022年,国家发展改革委发布《氢能产业发展中长期规划(2021—2035年)》,首次确定了将氢作为我国未来主要燃料系统的一部分,通过梳理氢能发展的现状、问题,提出了氢能发展的总体要求,对氢能行业的发展作出了全面的战略部署。此外,在创新人才培养方面,教育部于2022年发布的《加强碳达峰碳中和高等教育人才培养体系建设工作方案》中明确指出要推动氢能相关学科专业的建设,加快氢能领域人才培养,从而促进低碳、零碳、负碳技术的研发应用。

表5-3 2014—2023年我国主要部门的氢能发展政策

发布时间	政策名称	发布单位	重点内容
2014年	《能源发展战略行动计划(2014—2020年)》	国务院	正式将氢能作为重点创新方向
2015年	《2016—2020年新能源汽车推广应用财政支持政策方案》	财政部等四部委	将氢燃料电池汽车纳入补贴
2016年	《"十三五"国家战略性新兴产业发展规划》	国务院	系统推进氢燃料电池汽车的研发与产业化
2017年	《汽车产业中长期发展规划》	工信部、国家发展改革委、科技部	氢燃料电池汽车的技术路线图
2020年	《青海省政府工作报告》	青海省人民政府	研究规划氢能利用项目,建设国家清洁能源示范省
2020年	《天津市氢能产业发展行动方案(2020—2022)》	天津市人民政府办公厅	在2022年氢能产业总产值超过150亿元
2020年	《济青烟国际招商产业园建设行动方案(2020—2025年)》	山东省政府办公厅	建设济南"中国氢谷"和青岛"东方氢岛"
2020年	《关于促进上海市汽车消费若干措施》	上海市发展改革委等六部门	在2020年内新建5座加氢站
2021年	《北京市氢能产业发展实施方案(2021—2025年)》	北京市经济和信息化局	培育氢能产业链龙头企业,建成产业研发创新平台
2022年	《氢能产业发展中长期规划(2021—2035年)》	国家发展改革委、国家能源局	将氢能明确作为国家未来能源体系的组成部分
2022年	《加强碳达峰碳中和高等教育人才培养体系建设工作方案》	教育部	推动氢能相关学科专业的建设,加快氢能领域人才培养
2023年	氢能产业标准体系建设指南(2023年版)	国家标准化管理委员会、国家能源局等六部门	加快建立氢能制、储、输、用标准体系

资料来源:笔者根据中国政府网数据自行整理所得。

　　同时,各地方也结合自身的发展优势,相继出台了一系列有关氢能行业发展的政策。例如,青海省在2020年的政府工作报告中指出,要研究规划氢能利用项目,建设国家清洁能源示范省。天津市提出到2022年氢能产业总产值超过150亿元的目标。山东省制定了建设济南"中国氢谷"和青岛

"东方氢岛"的战略目标。上海市提出要在 2020 年内新建 5 座加氢站。浙江省提出在 2022 年建成 50 座加氢站的目标。北京市计划在 2025 年前培育多家产业链龙头企业并建设产业研发创新平台，使京津冀地区氢能产业链规模达到 1000 亿元，并降低 200 万吨的碳排放。

总体而言，当前国家和各地方对氢能行业发展的重视程度不断加深，相关政策密集出台，为氢能行业发展制定了明确的战略目标与清晰的路线规划，有力推动了氢能行业的发展进程。然而，截至 2023 年，国家和各地方政府所出台的政策文件大多将氢能行业作为整体规划内容的一部分进行阐述，专门针对氢能产业发展的政策文件较少，氢能行业发展的相关制度体系和具体的实施路径仍需进一步完善。各地方可根据国家对氢能产业发展中长期规划的总体要求，结合各自发展特点，因地制宜地制定具体可行的氢能产业发展方案，推动国家氢能发展战略走深、走实。

（二）我国氢能行业数字化转型发展政策

由于氢能数字化转型涉及新能源产业和数字技术两个新兴领域的结合，对相关战略规划的制定提出了较高要求，因此目前我国关于氢能数字化转型的发展政策相对较少。

尽管氢能数字化的相关政策仍处于制定阶段，但各地方政府部门与氢能企业已就氢能行业的数字化转型开展了一系列战略合作。例如，2020 年，天津市发展改革委与西门子能源达成了战略合作关系，旨在共同推动氢能的数字化建设，打造技术创新合作平台。2021 年，黑龙江省肇东市政府和中能建投有限公司签订了战略合作伙伴协议书，双方致力于共同建设包括氢能在内的综合能源产业基地。同年，青海省海西蒙古族藏族自治州政府和北京能建规划设计公司签订了关于 4000 兆瓦风光储氢一体化建设项目的投资合作协议书。甘肃省张掖市人民政府等政府部门与中国能建规划设计集团等机构签订了张掖市光、储、氢综合应用示范项目的投资合作框架。2022 年 6 月，濮阳市政府与北京海德利森科技有限公司就氢能项目战略合作进行签约仪式，旨在共建氢安全技术中心研究院、开展加氢站装备核心部件的产业制造，以及"制、储、运、加"氢商业模式的探索及应用。同年 7 月，呼伦贝尔市政府与氢通（上海）新能源科技有限公司签订战略合作协议，双方致力于加强氢能发展等方面的进一步务实合作，努力实现互利共赢。

未来，随着相关领域政企合作的不断深入，氢能数字化转型的发展路线将有迹可循，政府部门可总结实践中的具体案例，结合相关的理论研究，制定出全面系统的氢能数字化转型发展战略与路线规划。

第二节　供给侧的清洁能源产业
数字化现状分析

随着能源格局发生转变,全球能源系统正在发生深刻的结构性变革。近年来,能源领域的数字化步伐显著加快,大量风险投资涌入,推动能源产业传统商业模式发生变革。能源产业数字化发展虽然能带来新的商业机遇,但需要较为完善的基础设施及合适的监管框架支持,而清洁能源的数字化转型则是对数据的挖掘、分析、应用提出了更高的要求,本节将讨论我国光伏、风电、水电、氢能行业的数字化转型现状,对其在新业态、新产业、新服务中的转型发展成效进行评述。

一、我国光伏行业数字化转型的现状

光伏行业数字化转型意味着光伏行业将与云计算、无人机巡检、物联网等多种新兴技术相结合,将 AI、5G、大数据等信息技术应用在光伏电站运维上,有利于降低人力成本、提升整个电站的运营效率。在新一代数字科技支撑和引领下,我国新能源产业以数据为关键要素,以数据赋能为主线,与数字平台深度融合,对产业链上下游的全要素进行数字化升级、转型和再造。通过探讨光伏行业转型的整体现状、具体路径及协鑫光伏、福斯特两家典型企业的实践案例,对我国光伏行业的数字化转型的实践情况进行全面分析。

（一）我国光伏行业整体数字化转型进程与路径

在新型数据支持和相关政策推动下,中国将清洁能源融入整个新能源产业链中,与大数据平台深入结合,利用互联网、大数据、云计算等信息化科技,以数据生产为要素,以经济利益产出为基础,以数据赋能为主线,对清洁能源产业链上下游的全部要素数字化,实现提升、转化与再造。其中光伏产业的数字化改造,意味着其和物联网、区块链、人工智能等新兴技术的深入结合,将大大提升拥有自动化运维技术公司的效率和利润。

针对中国光伏行业的调查研究指出,到 2025 年,全国预计有 90% 的光伏电站将实现完全电子化,在未来,全过程智能化将使整个电站的资产控制、生产经营、管理运维都更加简便快捷,在人工成本节约的同时也将提高整个电站管理运维的预警水平和风险经营水平,并且在当前平价上网的情况下,光伏产业通过数字化改造实现降本增效已成为提升企业竞争力的主要途径之一。目前,中国国内光伏行业领先企业的电子化改造步伐速度较快,总体电子化进程已达到了 80%,除个别工艺的信息采集仍然需要由人员来操作外,整个车间内各个制造及衔接过程都已初步达到了智能化,电站通过智能组串逆变技术,可以显著降低通信故障率,增加整个系统40%的发电量,有助于环保新基建,推动实现低碳发展和生态文明建设。整体来看,光伏行业数字化转型主要有以下三种路径。

第一,通过数字化赋能"源网荷储"一体化。借助"云大物移智链"等技术,打通能源产业链各阶段的信息障碍,强化"源网荷储"的多向交互联系,以海量信息驱动电源的智慧控制与结构变革。源侧以数字技术联网各类电源设备,强化对新能源技术输入输出的控制与预测,实现风光水火储合一,强化电源侧的灵活调节作用;网侧建立涵盖供电全过程和产品经营过程的大数据分析系统,赋能企业智能决策和调度管理;荷侧利用数字信息技术自主调控负载特性,利用整合分布式网络结构供电、充能站和储能设备等构建虚拟电站,进行供求交互;储能侧动态监控电源、设备、负荷和电池等情况,发挥其灵活调节作用,保障电力系统的经济运行。

第二,将大数据作为核心资本构建电力模型。例如,运用大数据模型科学规划投资,选择可再生能源投资的最佳方式;建立基于数据挖掘技术的多场景供电规划,选取安全性、可靠性和经济效益最佳的供电规划方法;构建单机组能效模型,进行负荷信息分析预报,以优化功率、效率和用能管理;优化充放电决策模型,自动调整充放电参数,提高储能设施的利用率和经济性;通过集成电网大数据和企业、消费、环境等外部数据,建立电网大数据挖掘模式,形成电力经济指数、供应链金融和企业多维画像等应用情景。

第三,建立数字化综合能源服务平台。通过开发信息物理系统耦合技术,建立综合能源服务平台,广泛连接并即时感知各类能源装置的工作情况,将数字信息技术应用到多能互补协调管理、"源网荷储"协同调配、能源优化控制、混合储能运用、智慧运维管理等场景,实现多能源的协调供应与资源综合梯级运用,有效提升能源系统效益,减少能源生产和消费成本。

(二)我国光伏行业数字化转型典型案例

现阶段,不少企业的节能减排正从原来的被动状态变为主动状态。伴随数字化需求日益增加,大型互联网公司在技术、平台、大数据等方面具有优势,但是缺少细分领域应用场景的专业技能和经验,而光伏企业则是具备了应用场景但缺乏方案提供商的技术支持,因此互联网公司与光伏企业的合作能实现优势互补,推动光伏行业数字化转型进程。

阿里云助力协鑫数字化转型:光伏产品的生产离不开硅片,而苏州的协鑫光伏科技有限公司(以下简称"协鑫光伏")则是世界领先的太阳能光伏发电系统材料生产商,其硅片产品占据国内市场的70%,并且在科技发展、质量管理、智能化提升等方面的基础建设良好,为企业与云计算、大数据等新型信息科技深度融合奠定了良好的基础。

2016年起,协鑫光伏开始和阿里云合作,利用云计算技术、大数据分析等新信息手段促进企业内部数字化转型,以增强竞争力。由于传统的生产工艺提升空间较小,为了攻克智能生产的难题,协鑫光伏在透明化生产、数字化技术和良品率提升等方面制定了详细目标:第一,以低成本,长期存储生产过程的所有信息,利用大数据分析,构建良品率预警模式;第二,利用大数据分析,构建关键数据监控模型,实现制造质量的控制与预警;第三,利用阿里云的BI系统,对产品数据进行多维度数据分析,利用阿里云的大屏科技,为工厂车间和部门提供大屏看板等多种工作内容。

协鑫光伏将重点放在利用数据分析提升产品品质上,因此阿里云相对应地为其提供了包含重要技术参数的监控建模、良品率预估、备件损耗分析、BI数据分析等内容的方案,并根据协鑫光伏发电系统的产品经验,为其建立了一个公司层数据分析平台,助力其实现了产能利用效率和产品质量的提高,此后协鑫光伏在工艺研究、质量管理、智能化应用等领域始终保持较高水平。由此可见,通过把公司以往的生产经营经验、专业知识、产品技术和云计算技术、大数据分析等科技高效融合,可以将公司的产品进行数据化、规范化,打造成可复制的产业解决方案。并且其可复制性强,许多生产型光伏企业也可以采用该方法,将企业自身生产经验和云计算技术、大数据存储、分析、处理功能整合,形成企业级数据分析系统,打造数字化分析平台。

红海云助力福斯特数字化转型:福斯特作为技术型公司从事光伏、电子电路、锂电等新材料的研发生产、国际贸易、智能装备等业务,已形成产品研发、配方改良、生产线设计、设备制造、客户端应用等方面完整的解决方案和能力,具有规模优势、质量优势、技术优势和品牌优势,是全球规模领先、品牌领先的太阳能材料供应商,在光伏材料领域具有重要的影响力。在科技高度融合的时代,福斯特致力于推进光伏电子电路材料国产化,为电子电路高端制造、5G制造提供综合解决方案。而红海云,是中国领先的新一代资源管理一体化解决方案提供商,致力于为企业提供覆盖组织业务全流程的数字化解决方案,拥有全线自主知识产权的技术平台,是为数不多的将流程引擎、大数据引擎等深度融合在资源管理产品中的公司,已成功助力科兴生物、以岭药业、大唐新能源、晶澳太阳能等众多企业实现了企业管理数字化转型升级。

红海云先是通过成立专家组对目标客户群进行了大量的考察调研,采取了"先做重，再做专"的产品策略，从产品的底层设计开始就注重资源一体化管理的系统建设，助力福斯特全面升级数字化全模块、数字化管理体系，为业务高质量发展注入强劲动力，以科技赋能，成就企业与员工的价值，协助企业打造数字化转型行业标杆。基于对大企业的长期服务，红海云的研发团队总结出光伏企业在资源数字化转型过程中的几个关键问题：一是要致力于实现自主可控、安全可靠；二是不能忽视匹配企业现有的复杂管理模式、业务流程；三是具有充分的灵活性，让企业在较少的投入下，满足发展过程中的动态需求；四是保护过往投资，兼容其他系统软件。

二、我国风电行业数字化转型的现状

本部分论述了当前风电行业数字化转型的情况、路径并基于企业角度讨论了当前实践情况，其中重点分析了协合新能源集团、国家能源集团两家典型企业的数字化转型经历和对我国风电行业数字化转型的参考价值。

（一）我国风电行业整体数字化转型进程与路径

随着能源转型进程加快，能源消费结构发生了诸多变化，尤其在新能源汽车、新基建、5G 等产业快速发展的背景下，智能化、数字化已成为未来能源转型的主要方向。以风能为代表的可再生能源在"十四五"时期迎来广阔的市场。近年来，在风电机组的制造、风电场规划设计、建设、运维等各个环节，数字化技术正在持续赋能风电行业发展升级。风电行业的诸多头部企业金风、远景等都开发有相关的数字化产品，通过在传统供应链管理中融入全生命周期、生产者责任延伸等理念，打造绿色供应链，实现风电产业绿色制造，为我国低碳经济发展及"双碳"目标的实现作出了积极贡献。国内第一个全生命周期数字化产业技术智能型海洋风电场于 2020 年在江苏省投运，从前期整体规划到后期运维服务，全部流程都实现了数字化和智能化，并建成了中国境内首个海洋风能产业的"超视距"微波通信系统、全球首个采用北斗定位系统的人员跟踪与落水辅助救援系统。此外，2021 年，上海电气风电集团股份有限公司迈开了全面数字化转型的第一步，并于 2022 年 10 月推出了一系列风电数字化产品，全面涵盖了终端、场端、云端，通过深度渗透底层信息实现了大数据价值挖掘应用，为用户带来综合性的智能风场方案。风电行业 2022 年招标量继续增加，截至 2022 年年底，累计招标已达到 111.92 吉瓦。近些年风电市场的公开招标体现出了规模化新能源存量资产的加速增长、更大量级的运维市场需求，2021 年除民营投资型企业外，各能源企业的风电运维业务公开的招标容量就在 7000 万千瓦左右。

近年来,我国风电系统设备生产公司围绕"互联网+新能源"方向,推动工业互联网、人工智能等新型信息技术与风电装备深度融合,数字化技术创新成为驱动公司高质量发展的重要引擎,推动形成新的智慧型可再生能源产业。具体来说,我国风电行业数字化转型有以下三条路径。

第一,建立数字孪生整机叶片一体化设计平台。风电行业的数字化转型必须提高智慧决策、大数据驱动、业务增值等新型能力。我国风力资源能源密度较低、天气环境复杂多变,因此企业借助海量的实际运用数据,积极推动智能信息技术在风电领域的广泛应用,例如,采用自适应协方差矩阵演化策略的全局寻优方案,建设基于数字孪生高精度模拟与多专业合作技术的风能机组统一设计平台,形成基于功率级别、风轮直径、塔筒高度、机位布局四大维度的定制化设计模式,从而能大大提升生产质量与效益,缩短新型机组设备的开发周期,完成由风能发电机组设计向整机协同、全局寻优设计的实质性转型,使风电机型达到全球行业的领先水平,推动风力发电行业的可持续发展。

第二,改善产业链互联互通协同研发机制。近年来,风电整机装备制造企业已过渡到全面数字化转型阶段,产业链使企业间的互联互通成为常态。风电企业立足各自优势,合理设置参数,在新机型概念设计阶段加强与供应商的协同联系,从而影响最终产品质量、周期和成本,实现关键部件机械载荷大幅降低。例如轴承整体保持架超精导辊、整体冲压制造技术,突破了风电关键轴承高精度制造和变形工艺控制等技术瓶颈,彻底打破了国外风电轴承的技术封锁,打造出自身世界领先的技术制造系统。此外,企业可以借助研发平台优势,依靠产学研战略联盟,攻克大型风电机组及关键部件技术瓶颈。

第三,实施标准化智能制造工程。与风电整机装备制造企业对接的"中国制造2025",通过建立生产现场设备、生产管理和企业决策系统纵向集成的数字车间、智能工厂,增强部件和生产系统工艺的匹配性,减少重复组装等低效问题。在关键生产工序中引进自动化设备和智能装置,从而提高产品品质与效能,例如工业机器人、轴承螺栓自动化锁紧装置、风机叶片超声自动无损测试设备等。通过引入制造执行系统(MES)[1],实现生产信息管理及调度智能化,包括部件入库信息录入自动化,生产流程信息实时记录和存储,生产工艺文件的及时发送与变更等智能管理,从而提高整体制造

---

① 彭光博、向月、陈文淑乐、徐博涵、刘俊勇:《"双碳"目标下电力系统风电装机与投资发展动力学推演及分析》,《电力自动化设备》2022年第6期。

流程的管理水平和效率。

我国的风电整机装备制造企业需要以客户满意度为核心,以互联网为基础、以大数据为主线、以人工智能为驱动,建立包括产品数据、工艺数据、生产数据、运行监测数据在内的全生命周期大数据分析系统,从而提高服务协同效率和质量,在国际风电行业竞争中赢得发展主动权。

(二)我国风电行业数字化转型典型案例

截至 2023 年年底,我国风电和太阳能光伏累计装机已达到 7.6 亿千瓦。在"双碳"目标下,新能源的高速增长催生了规模巨大的市场,但是传统模式冗杂的管理层级,使企业面临安全失控的风险,而数字化转型正是帮助风电企业跨越架构冗杂、效率降低、成本升高、管理效果欠佳鸿沟的最佳途径,在这一方面,协合新能源集团和国家能源集团有极具参考价值的经验。

协合新能源集团的数字化转型实践:"为远离管理中心的又小又分散的新能源电站提供服务管理能力"是协合新能源集团(以下简称"协合")发展的核心竞争力,基于这一基础,依照落地场景、跑通模式、实现价值的最高优先级原则,根据具体应用场景实现"局部互联",协合为在远端提供服务交付的人提升效能,把组织效率、工艺保障、质量保障发挥到极致,逐步实现全企业数字化智能化。在指标体系方面,协合通过搭建科学评价体系,使设备与服务评价更客观、更量化、更可知,通过一键式生成的数据分析报告,帮助所有场站管理者更及时地发现问题,从而让服务策略制定更具备针对性和高效性,而 Power+生产运营管理平台则连接了设备数据和服务数据,使200 个场站的交付过程全程可追溯、质量安全有保障、管理更高效。

大规模地推广高效解决问题的方法是风电企业数字化转型的重点,而协合企业开展的数字化源自顶层的、自上而下的设计,历经多年的实践思考,在组织模式、过程管控、管理制度等方面进行全方位改变,叠加数字化系统作为"技术加速器",帮助风电企业跨越运维服务品质、成本、规模的鸿沟,对全国风电所有场站数字化转型具有借鉴意义。

国家能源集团的数字化转型实践:根据中电联 2021 年 8 月发布的《关于公布 2020 年度电力行业风电运行指标对标结果的通知》显示,优胜风电场数量位居全国前三的企业分别是国家能源投资集团有限责任公司、中国华能集团有限公司和中国大唐集团有限公司,其优胜风电场数量都在 45 个以上,风电场数量在 270 个以上。

其中,国家能源集团明确了将数字化融入企业运营管理的战略目标及阶段性目标,到 2025 年迈向全面扩展期,重要领域的数字化转型基本完成;

到 2035 年,迈向数字化繁荣成熟期,力争成为世界能源集团中智能运营、智慧管理的佼佼者。基于这些短中长期目标,国家能源集团的具体举措有:第一,将企业的生产要素数字化,对采购、调度、财务等业务全方位尝试应用数字化技术来扩大信息化的覆盖范围;第二,发挥大数据优势,对数据进行及时、准确的全过程监管、集中化分析,将车间、生产线中的原始数据汇总转化为有用的信息;第三,利用生产运营中的数据分析市场供需的变化,科学预判生产经营中的风险,为企业决策和可持续健康发展提供支持;第四,在全面数字化的基础上建设智慧企业,从而构建集智慧生产、智慧管理、智慧物流、智慧销售于一体的全面数字化、智能化生产管理体系。

国家能源集团在信息化与能源的深度融合中的尝试性探索为其他风电企业提供了参考价值:一方面,通过投资建设大统一和全覆盖的新 ERP 系统,企业可以将生产环节通过数字化实现虚拟聚集,从而促进各部门之间的交流以及与外部供应商的协作,优化生产、审批、交易流程,促进各个环节的自动化、信息化和智能化;另一方面,投资研发新技术并广泛应用于企业内外部各个环节,聚焦业务云端化、数据资源化、服务智能化,以创新作为数字化转型升级的动力,有助于占领"互联网+清洁能源"的技术制高点,构建智慧智能能源集团。

三、我国水电行业数字化转型的现状

目前,中国水电企业仍处在数字化转型的初期阶段,需要进一步挖掘水电企业数字化建设价值,积极利用数字化信息技术整合生产要素资源、重塑服务流程,将工业物联网、人工智能、区块链等信息技术与企业业务发展和生产运营全过程深度融合,逐步实现要素资源数字化、流程组织数字化,最终实现流程管理数字化。因此本部分将探讨中国水电行业数字化转型的情况及中国电建集团水电三局、苏家坡水电站的数字化转型经验。

（一）我国水电行业整体数字化转型进程

近年来,中国水电基础局有限公司对中国国内地基工程和基础管理方面的基本状况、特征和技术问题进行了研究与剖析,按照工程的全生命周期管理理念,利用大数据、互联网、人工智能等新一代技术,从系统角度研究和构建了"基于工业互联网的灌浆项目信息化管控系统",研发并应用了可自动化运行、智能化控制的全流程的成套灌浆装备,为满足灌浆施工项目信息化管理、透明施工、云数据存储等需求研究,构建了工业互联网平台,为实施智能灌浆专家决策系统和大数据挖掘建设了企业级灌浆项目云上数据库,在深入分析掌握业务流程的基础上构建了灌浆施工现场管控系统、远程监

控系统和移动终端管理系统。同时加强防渗墙、振冲等领域数字化研究，智能振冲碎石桩管理系统、智能防渗墙管理系统都在有序推进中。"十四五"时期以来，中国水电基础局有限公司在现有信息化建设的基础上，积极推进内部管理数字化，取得了不错的成效。在重点项目采用数字化技术，实现项目建设的数字化、可视化，尤其劳务管理数字化技术应用取得了明显效果。如在廊坊临空水系治理项目建设过程中，为解决该项目战线长、人员散、管理难问题，采用了劳务管理系统，满足了劳务人员实名制管理需求，通过不同考勤模式解决了劳务人员非自主性打卡问题，动态掌握人员轨迹和考勤数据。通过这些实时数据，一方面了解了现场人员考勤情况和分布情况，另一方面通过这些大数据的支撑，降低了劳务管理可能存在的风险和纠纷。

（二）我国水电行业数字化转型典型案例

中国电建集团的数字化转型实践：中国电建集团承担了我国80%的河流及水电站项目的规划设计、65%的风能发电及太阳能发电工程的规划设计，是我国在水电、新能源等清洁可再生能源领域完备技术服务体系、技术标准体系和科技创新体系方面的典型代表，体现了我国水电企业在国际上的综合竞争力，具备政府高度信赖的国家资源与战略服务能力和全球领先的高端科技服务能力，因此在信息技术高速发展的环境下，集团基于自身战略部署，大力推进业务数字化转型和多元化发展，助力实现公司全产业链科技一体化。

中国电建集团的数字化转型过程是技术创新与管理创新共同发展的过程，在具体实践中，以主营生产业务创新为根本，坚持螺旋式上升、可持续迭代优化，通过管理能力和流程创新，逐步推动传统管理模式创新，并对管理体系、生产方式、系统生态产生了深刻的影响。具体包括：通过持续优化完善制度体系和各类流程，逐步形成独具特色、行业领先的一体化管控平台；通过整合各类内外部资源，零基础开展建筑信息模型（BIM）建设，摸索制定公司建筑信息模型建设组织形式和相关建设标准；依托重点项目，以培养公司复合型生产技术人员为主线，推动建筑信息模型在项目生产过程中的应用研究；开展公司项目管理系统与建筑信息模型平台整合，探索业务数字化应用；通过优化IT基础设施、强化核心设备等方式，不断提高公共基础设施保障能力。

目前，企业仍然处于数字化转型初期阶段，但通过深挖企业数字化建设价值，积极运用数字化技术，完成要素资源整合和流程优化再造，将互联网、大数据、云计算、区块链等数字化技术与企业业务管理和生产经营全过程深度融合，逐步实现要素资源数字化、流程组织数字化，最终实现流程管理数字化,对我国水电企业的数字化转型具有重要的参考价值。

苏家坡水电站的数字化转型实践:福建省共有 5142 座小型水电站,是全国著名的小水电之乡,2023 年水电装机容量约 1386 万千瓦,同比增长 4.1%,同时不断向华东地区省市输送电量。但众多小型水电站采用"有人值守"模式,信息化、网络化、智能化程度低,制约了企业效益的提升。针对这一情况,国网福建电力推出"海峡能源大脑"及产品体系,为小水电提供智能化"一站式"服务,助力水电企业数字化转型。其中,苏家坡水电站通过大数据中心对站内发电机组进行现场智能化改造,在每台机组内安装智能控制柜,将现场监测控制数据接入"海峡能源大脑"采集主站系统监察,实现对水电站运行情况的远程实时监测,基于此,水电站业主可通过运营数据分析服务,查看日电量、月电量、警告事件等场景数据,通过实时对接现场智能终端,系统可提供设备监测、集中控制、运维管理等服务,该项数字化转型实践使水电站于 2021 年提高经营效益 50%,降低人工成本 70%。

福建省针对苏家坡水电站等重要部门和设施,精准开展以提升智能化为主要特点的综合能源服务业务对全国水电企业部门数字化转型具有参考价值,它以国网战略目标为指引,依托物联网、大数据分析等"智慧+"新技术应用,加速智慧能源建设,并与提质增效专项行动相结合,将综合能源营收列入内部指标考评,联合地方政府与第三方服务机构共同探讨改造方案,逐渐发展出最合适的能源运营模式。

四、我国氢能行业数字化转型的现状

本部分论述了当前氢能数字化转型的基本情况并基于企业的微观层面讨论了当前实践情况,其中重点分析了氢枫能源、提亚数科两家典型企业的数字化转型经历和对我国氢能行业数字化转型的参考价值。

(一) 我国氢能行业整体数字化转型进程

近年来,互联网、智能制造、人工智能与氢能行业不断融合,氢能及燃料电池作为战略性新兴产业,在智能制造潮流中将进一步推动产品成本降低、价值提升、模式创新。我国各地政府已开始将数字化技术引入氢能产业,通过统一的数字化管理平台对加氢站的数据进行采集汇总,如加氢站的车流量、加氢量等,此外储氢罐压力、压缩机、加氢机的工作状态等都会汇总到站控系统,并且由系统统一监管生产厂家、安装时间、定期检验时间等数据,目前全国部分加氢站内部已实现一定程度的数字化、信息化管理,无论是氢燃料汽车、加氢站还是储运氢,都能够进行一定程度上即时、全面的数据采集,并通过建立数据库进行实时数据的收集分析,提高了氢能企业生产、管理和研发效率。未来我国氢能的规模化发展需要实现生产端与用户端的匹配,其中数字化技术的应用及平台化建设必不可少。如上海青浦区提出到2022年,全产业链年营收突破70亿元,初步完成氢能产业园区及"5G+氢能"大数据平台的规划建设。

当前,我国氢能数字化转型尚未形成明确的发展路径。国外的氢能数字化转型路径可依据战略目标划分为深度脱碳、经济增长和能源安全三种类型。其中,深度脱碳路径是指通过数字技术与绿氢产业的深度融合推动国家碳减排进程,典型代表国包括德国、英国、法国、荷兰等;经济增长路径是指利用数字技术积极推动氢能的产业化进程,创新经济发展模式,以促进整体经济效益的提升,典型代表有韩国、俄罗斯、澳大利亚;能源安全路径是指通过发展氢能替代,以保障国家能源安全,巩固产业基础,典型代表国如日本。

(二)我国氢能行业数字化转型典型案例

氢枫能源的数字化转型实践:作为中国氢能领域的头部企业,氢枫能源是一家高科技氢能综合服务商,致力于打造"制、储、运、加"氢能全产业链,拥有制氢、储氢、加氢站等方面的核心装备与技术,并参与制定氢能相关的各项标准。随着氢能产业不断获得各项国家政策支持,在低碳背景下发展氢能成为实现"双碳"目标的重要途径。因此,氢枫能源在2021年提出了"构建能源网络"概念,开始向数字化转型,同年与优云智联达成战略合作,将加氢站的建设、运营与云计算、大数据、工业互联网等先进信息技术结合,打造属于自己的氢元宇宙——H_2MeTa,构建全产业链场景数字孪生平台,解决各业务场景下的生产管理、运营协同等难题。在这一过程中,由优云智联提供全套工业数字孪生解决方案与技术支持。

结果表明,氢枫能源的数字化转型实践在不同场景下都取得了不错的成效。在加氢站场景下,优云智联基于物联网、数字治理、算法模型等核心技术构建数字孪生加氢站,反映出加氢站周围3千米的加氢过程、设备运行等真实情况,通过配置模拟交互场景,实现了企业远程参观培训和智能运维巡检;在工厂场景下,优云智联数字孪生平台可视化展现了装备工厂、制氢测试基地等场所的动态实时情况,以确保每个生产工艺流程可追溯,每个生产环节安全高效;在车辆运营平台上,优云智联通过打造数字孪生数据底座,实现了数据驱动、科学决策,通过地图可看到每一辆重卡车的实时情况和各类数据,并由系统为其推荐最佳运输路线及故障预测。

优云智联与氢枫能源的合作表明,拥有自主可控的国产工业软件和工业云化产品的企业可以大力推动面临智能化困难企业的数字化转型进程,尤其在产业链条长、业务场景多、协同难度大的氢能行业。通过在各类业务场景和模式中部署数字化应用,将有助于发挥上下游协同效率、降本增效,同时产生新的业务组合,打造氢能行业全产业链战略布局下的核心竞争力。

　　提亚数字科技有限公司的数字化转型实践:数字时代的能源管理及智能化转型的核心在于企业的主动性,而我国目前的氢能行业数字化转型面临着资金与技术的双重受限困境,这使中小企业的实践探索变得格外艰难。这一过程中,在深圳提亚数字科技有限公司(以下简称"提亚数科")通过打造融合数字孪生技术的智能解决方案达到了提升效率、提高运营可持续发展能力的效果。具体来说,提亚数科在对能源合理规划的基础上,利用数字化手段挖掘能源大数据中心的数据价值,运用数字孪生技术搭建氢能生态系统从而在业务范围内实现了设备管理可视化、全参数实时监控、氢能产品供需调节,因此获得了提升销量、提高运营可持续发展能力等附加收益,进一步创新氢能数字化转型模式及能源动态智慧管理,助力我国其他氢能企业的数字化转型及"双碳"目标的达成。提亚数科对大数据的实践应用充分体现了能源大数据中心的优势,通过将不同类型制氢技术(如电网电力电解水制氢、天然气制氢、可再生能源电解水制氢等)所转换的氢气最终产量在各自应用的领域或其他用途的消耗量以数据可视图表的方式呈现,为能源规划、分析、监测等工作提供支持,充分体现了能源大数据的价值作用。

　　尽管目前我国氢能行业数字化转型案例相对较少,但氢能企业对数字化、智能化发展的尝试步伐却从未停止。国家电投从氢能的制储输用入手,致力于实现氢能技术自主化,从而打造氢能低碳发展产业集群;天津新氢动力科技有限公司自主研发了"氢能+5G无人输送车"产品,为数字技术与氢能产业的有效结合提供了新的路径;中国能建与中国电建、中国华电、氢阳新能源等多家公司签署战略合作协议,共同打造氢能产业链数字化发展平台,推动实现碳中和目标。结合以上实践案例可以看出,我国的氢能行业数字化转型路径主要采取深度脱碳的方式,将大云物移智链等数字技术运用于氢能产业的制储输用等各个环节,打造氢能数字化产业集群,从而促进氢能产业增效减排,实现经济效益和生态环境的协同发展。

第三节　供给侧的清洁能源产业
数字化障碍分析

　　我国清洁能源产业数字化起步较晚,从智慧电网建设、数字化电厂改造、智能化煤矿开采到"数据+平台+应用""电网数字化平台"等规划部署的提出,数字化程度已经有了明显突破。但整体推进仍然还是比较缓慢,在信息系统、业务流程、人员结构等方面仍然存在挑战,本节将分析光伏、风电、水电、氢能行业在数字化转型中的障碍,梳理影响其转型升级的具体难题。

一、我国光伏行业数字化转型的障碍

(一)我国光伏行业的发展"瓶颈"

从新能源产业发展的角度来看,太阳能光伏产业能够解决长期以来我国发展与环保之间的矛盾,并探索与实际情况相适应的"低成本、高效率"的新能源产业模式。然而,基于碳中和理念的相关要求,结合太阳能光伏产业发展的实际情况,相关问题也逐渐暴露出来,具体包括以下几个方面:首先,早期太阳能光伏产业的发展并未引起广泛关注,在缺少资本牵引的情况下,相关基础技术研究较为缓慢,对技术迭代的需求相对偏低。随着国家政策的持续出台,太阳能光伏产业进入了快速发展阶段,加速了以光伏为核心的技术研究,新技术在转换效率、安全、成本等方面有着一定的提升,但基于新技术的太阳能光伏产品和系统的推广应用未能考虑与原有太阳能光伏产品之间的适配性等问题,导致太阳能光伏产品和系统的生命周期相对较短。

其次,在规模庞大的市场牵引下,我国相关企业的关注点放在了现有技术的产业化推广应用方面,忽略了太阳能光伏产业关键核心技术的创新研究。因此,欧美国家与我国相比在部分关键核心技术领域依然拥有较为明显优势,"卡脖子"风险依然存在,基于关键核心技术的自主控制问题依然需要引起足够重视。

再次,在碳中和背景下的太阳能光伏行业发展必须充分调动产业链上下游公司的投资积极性,由于太阳能光伏产业链利润空间多集中于硅片与硅料的加工制造环节,即整个价值链的上游,因此对下游企业来说,其盈利空间相对较小,这对太阳能光伏产业的发展产生了不利影响。受资本的趋利本性和产业链盈利空间的影响,大多数企业将重点放在了产业链的上游,下游因缺少优质企业的加入难以拓展其盈利空间,由此导致太阳能光伏产业的"亚健康"状态。

最后,电力的科学合理使用是当今世界各国政府继续优化电力内部结构、保护能源安全的关键措施。近年来中国能源事业蓬勃发展,但与此同时,电力基础设施、输配售电体制等方面发展水平却相对落后,并出现了如下的"弃风弃光"、资金缺口等问题。

1. 部分地区弃光限电现象严重

从全国范围来看,当前西北地区弃光限制用电问题相对严峻,据统计,

2018年新疆、甘肃等地的弃光率高达30%。此问题涉及多方面的原因,包括管理机制、经济条件和区位环境等方面。首先,地方政府在光伏电站管理上存在无序现象,缺乏有效的协调计划。这导致了地方供电计划未能有效地落地,使光伏电站的发电能力无法得到充分利用。其次,经济社会发展缓慢也是导致弃光问题的原因之一。由于经济发展不够迅速,电力负荷持续下降,使光伏电站的发电能力无法得到充分利用。此外,能源主管部门利益不平衡也成为弃光问题的原因之一。由于利益的不平衡,水力发电政策未能得到有效实施,这使光伏电站的发电能力得不到充分释放。另外,电网系统峰值控制能力的不足也限制了光伏电站的发电能力。由于缺乏灵活控制的供电项目,使光伏电站的发电能力无法得到充分利用。最后,跨省输电通道的能力不足也导致了大规模消纳困难。由于输电能力不足,光伏电站产生的电力无法有效输送出去,从而使"弃光"现象加剧。

2. 制造业竞争力提升进程缓慢

目前,光伏制造企业产品结构性矛盾显著。首先,光伏制造企业存在大规模低水平重复建造问题。由于缺乏规划和统一标准,很多光伏制造企业盲目扩大产能,使企业之间存在重叠的现象,造成资源的浪费和供给能力的严重限制。因此,需要加强对光伏制造企业的规划和管理,避免低水平的重复建设,提高高性能光伏产品的供给能力。其次,国家与各地政府部门在光伏建设的规划和年度计划上存在不协调的问题。由于各地政府部门的利益、资源分配和政策导向存在差异,使光伏行业建设的规划和计划不够统一和协调,影响了光伏产业的持续发展。因此,需要加强国家级和地方级政府部门的协调合作,形成统一的规划和政策以推动光伏产业的整体协调发展。再次,光伏上网电价调整机制还处于改革的初级阶段。当前,光伏行业的上网电价还存在诸多问题,使市场波动幅度较大,给光伏产业发展带来了不稳定因素。因此,需要加快完善光伏上网电价调整机制,确保市场的稳定和可预测性,为光伏产业的发展提供有力的支持。最后,光伏行业的重大技术研究专项尚未开展,基础研究薄弱,关键技术水平与高端装置技术水平亟待提高。光伏产业作为新兴产业,需要不断进行技术创新和研发,提高核心竞争力。因此,需要加大对光伏技术研究的投入,支持相关科研机构和企业进行基础研究和关键技术攻关,提高光伏产品的品质和性能。

3. 标准体系建设周期滞后

首先,中国光伏行业技术标准编制、修改进展较慢,技术标准制度和当前的行业发展模式和发展水平严重不相符,且部分技术标准存在归口交叉管理问题;其次,由于企业的科技专家长期以来将大量资源聚焦在企业建设中,忽视了国家标准管理体系建设工程,造成了部分标准转换工作停滞不前;最后,由于企业专利维权成本高,很大程度上限制对新质生产力与技术的开发资金支持。

（二）我国光伏行业的数字化转型障碍

光伏产业的数字化变革,意味着光伏产业要和云计算、无人机巡检、物联网等诸多新技术相结合,但新科技的应用也存在以下问题。

首先是数字化战略缺乏顶层设计。光伏产业的降本压力日益增大,如何在未来保持竞争力仍然是光伏企业的关键问题。新能源企业的数字化过程困难,主要是在产品、公司等层面的数字化策略上没有完善的顶层设计,导致其发展路线的系统化、数字化水平较差,加上管理人才缺失、数字化成本高昂,以及传统企业组织结构不适应创新型数字化运营方法;其次,光伏行业尚未达到全产业链条优化。当前业界光伏玻璃、背板出现较大缺口,但事实上,供给能力并没有问题,而是因为大部分材料都在搬运路上或堆放在仓库,导致成品加工过剩的现状;再次,光伏行业的发展模式模糊。在"十四五"初期,政府根据目前系统认知,合理挖潜资源,维持光伏产业的一定增长。到"十四五"后期和"十五五"时期,太阳能光伏发电新技术产业要想保持高速发展,地方政府部门、行业、公司都需要做更多的调研工作,以系统优化为主要目标,综合考量煤炭石油能源等各行业共同参与的低碳达峰计划,在全面平价背景下,通过基地项目、"光伏+"、户用光伏等各种方式实现市场化运营,依据需求通过竞争项目招标等方法确定开发公司;最后,光伏产业的融资渠道单一。光伏电站项目具有投资高、周期长、回报慢等特征,这导致光伏产业项目投资及实施难度大的现象。目前的光伏投资项目在很大程度上都依赖于政府财政资助,企业也很难通过商业银行或政策性银行贷款的途径获得融资。因而总体上,光伏企业数字化转型进程中不可忽视以下两个关键问题:第一,数字化设备的投入回报率和人工费用节省比率如何更具备经济效益,需要公司根据自身运营情况深入考虑;第二,智能化控制系统装置的稳定性需要在光伏电站后期的运维过程中持续改善。

二、我国风电行业数字化转型的障碍

（一）我国风电行业的发展瓶颈

上海电气风能集团股份有限公司发布的《电气风电2023年年度业绩报告》显示,我国制造商与服务商深耕风电18年,在全球风电装机综合排名中领先,风力发电量从2018年的3660亿千瓦时增长到2023年的6526亿千瓦时,同比增长40.5%,发电总量呈现稳步增长态势。虽然总体发展情况良好,但是在区域分布方面,《2023年中国风能太阳能资源年景公报》显示,我国风能资源集中于东北地区西部、华北地区北部、西北地区西北部、华东地区东南部沿海等地,陆上可供开发的风力资源呈现出区域发展不平衡的特征,此外,我国风电行业发展还存在以下几个问题。

首先,风电公司和国家电网在发展规划上不协调。表现有四:第一,各级政府、供电企业和风力开发公司对风电发展制订了中长期发展计划,但缺乏统一协调。这导致了不同地区之间的发展不平衡,并且容易出现重复建设的问题。这需要各方加强沟通与合作,形成统一的发展规划,以充分利用资源、避免浪费,并推动风电行业的可持续发展。第二,风电工程建设与电网的节奏不统一,存在投资地点、装机规模、开发进度等方面的差距。一方面,风电项目建设需要投入大量资金和人力,但电网建设进展缓慢,这使很多风电项目面临消纳能力不足的问题。另一方面,电网建设跟不上风电项目的发展速度,导致一些已建成的风电场无法及时投入运营。这需要政府加大对电网建设的投资力度,并加强与风电工程建设方面的协调,确保两者能够相互配合,实现风电资源的有效利用。第三,各部门之间缺乏有效的信息沟通,导致工程进度推进不及时。风电项目的成功与否与各个环节的协调配合密切相关,而信息沟通是协调的基础。然而,由于缺乏沟通渠道和共享平台,各部门之间的信息交流不畅,使工程推进受阻。因此,需要建立一个有效的信息交流机制,加强各部门之间的协作,及时沟通和解决问题。第四,偏远地区的风电资源优势明显,但由于地方电网消纳能力较弱、供电基础建设较落后,大力发展风力发电可能造成上网困难和无法输出的问题。这需要加大对偏远地区的电网建设投资,提高消纳能力,使风电资源能够得到充分开发利用。同时,也需要注重提升供电基础设施建设水平,确保电力供应的可靠性和稳定性。

其次,风力发电自身的消极特征对电网造成不良影响。影响有三:第一,风力发电具有波动性和间歇性特征,导致其不可预测性增加,这给电网的稳定运行带来了负面影响。特别是在中国的"三北"地区,风电发电量的波动性更为突出,给电网调度带来了巨大困难。第二,风能设备与供电末端相连,增加了配电网能量传递的单向性,这就意味着在出现故障时,风电场地和设备的安全隐患会更大,同时也会对电网的调度造成干扰。由于风力发电对电网的影响无法完全掌控,电网调度员很难准确预测风电的发电情况,这给电网运营造成了不良影响和冲击。第三,风电设备的安全性和稳定性相较于传统的发电设备较差,容易发生波动性和间歇性风险。这意味着风力发电设备在正常运行过程中可能出现故障或停机,严重时甚至可能导致限电现象的发生。

最后，风机制造创新技术有待提高。近年来中国在发电风机生产上实现了质的飞跃，由于陆上风电的高速发展，单机容量日益扩大，生产企业数量却逐年缩减。由于近海风力资源充足，加上海上风速比陆上风速更快更稳更有效率，利用海上电网可减小对陆上风机电容量的限制从而避免陆上长途输电配电问题，因此我国政府大力支持发展海上风电。但是，海上盐雾和空气温度加大了对风电机组的腐蚀程度，缩短了设备寿命，增加了风电场设备检修与维护的费用，从而导致运营成本上升。因此，提高并创新风机生产技术对风电行业的发展至关重要。

（二）我国风电行业的数字化转型障碍

在新能源汽车、新基建、5G等产业快速发展的背景下，智能化、数字化已成为风电行业未来转型的主要方向。以风电为代表的可再生能源在"十四五"时期迎来广阔的市场，但庞大的市场需求和良好的发展前景也在某种程度上造成了风电企业数字化转型困难。首先，由于市场供给分散，加上运维容量超过5吉瓦的第三方运维服务企业数量较少，风电企业无法从市场上获得质量良好的、具备专业能力的电站；其次，虽然规模化的服务具有明显的优势，但其管理能力制约着企业的成长和竞争力；再次，新能源电站运维服务远离管理中心，由大量的专业工程师组成交付单元，管理和运行又小又分散的资产，因此管理的主体是人而不是设备，而工作人员的行为过程、执行效果、服务质量等环节无法用大数据进行有效监管；最后，风电系统的稳定性和波动性问题仍未得到解决，因此能否充足稳定持久进行电力供应，是保障风电能源安全的关键。

三、我国水电行业数字化转型的障碍

（一）我国水电行业的发展瓶颈

我国水电事业在"流域、梯级、滚动、综合"的水电开发八字方针下得到快速发展，逐渐形成了十三大水电基地的开发蓝图。随着西部大开发战略的实施，水电建设也步入流域梯级开发的新阶段，现有规划政策极大地促进了我国的水电发展，但是也存在以下几个问题。

首先，水电建设条件的复杂性导致了开发成本不断提升。在实施常规水电项目的前期工作中，进程缓慢成为成本提升的重要原因之一。此外，水电工程向河流上游地区的转移也给项目的发展带来了资金困难和挑战。另外，资金分摊方式的无法落实也可能导致项目研发费用的增加。在现有的水电价格制度中，缺乏激励机制，使水电开发的财务效益受到了严重影响。

特别是由于低廉的上网电价,水电开发的经济利益很容易受到损害。因而,为推进水电行业的发展,需要加快体制机制的变革。这不仅能够确保投资主体的利益,还能够提出合理的价格保证。同时,在加快体制机制变革的过程中,应着重解决常规水电前期工作进程缓慢的问题。这需要加强对项目的前期勘测和评估工作,提前发现和解决可能存在的困难和问题,以确保项目能够按时启动和顺利推进。另外,针对水电工程向河流上游地区转移导致项目发展困难增加的问题,可以采取一系列措施来应对。其一,可以加强对河流上游地区的环境评估和保护工作,确保项目对当地生态环境的负面影响降到最低。其二,可以优化工程设计,减少对水资源的消耗,并采用高效节能的技术和设备,提高水电项目的发电效率。其三,在水电价格制度方面,应该引入激励机制,鼓励水电企业提高发电效率,降低成本,并根据企业的综合能力给予合理的价格补贴,以实现水电开发的财务效益的提升。

其次,水电工程可能对局部自然环境造成一定的负面影响。当前,全球新一轮能源革命方兴未艾,中国绿色发展理念已成为社会各界的广泛共识,包括大力发展水电在内的可再生能源已成为中国能源变革和应对气候变化的重要方式。水电工程与其他清洁能源工程项目相比,在降低二氧化碳排放量、减缓大气环境污染方面都起到了积极效应,但也对局部自然环境造成了一定的负面影响,这也是水电工程的两面性。因此,需要对水力发电工程从策划、设计、施工、运行、退役全过程贯彻并落实"生态建设优先"的基本理念,根据对生态环境所造成的直接影响做好全过程的环境污染防治与资源保障工作,对受影响地区进行环境恢复从而真正实现水力发电工程与自然环境和谐发展的局面。

最后,水电开发利益共享机制的实施细则亟待明确。随着经济社会的发展,迁移人口搬迁安置与区域发展期望值日益增强,对迁移安置工作的要求标准也越来越高。我国待开发水电大部分聚集在西南部省份大江河流流域,这部分区域经济社会发展较为落后,山高坡陡、生态脆弱、安置容量有限,为此我国发布的《关于做好水电开发利益共享工作的指导意见》具有良好的借鉴作用,通过制定并实施操作性强的实施细则推动全国水电开发利益共享。

（二）我国水电行业的数字化转型障碍

我国水电行业的数字化转型并不是一帆风顺,就能源工业发展而言,伴随着电力需求侧分布式新能源应用的显著增加、新运营模式的迅速成长,以及相关产业政策的逐步完善,用电端将会进入一个开放型的能源市场,整个动力系统要实现"源网荷储"协同发展必须得到新电力系统现代化和数字化技术的支持,也就是从大数据收集感知、计算能力支持、智能化管理以及智慧化操作等层面,建成一套强有力的数字化平台来保障新型动力系统的正常运营与控制。另外,我国水电行业数字化转型还存在以下问题亟待解决:首先,缺乏统一的管理平台,数据价值流失。电力企业在多年的现代化建设中产生了大量的产品和运营数据,但由于厂商、平台、产品的种类区别,使企业变为了信息孤岛,无法与内部其他部门和外部环境协同工作,更无法让数据管理平台发挥应有的价值;其次,硬件设备存在管理与并网调度难度大等问题。对水电发电厂而言,首先要面临的挑战就是硬件设备管理问题,因为发电的持续生产要求,设备的故障会产生巨大经济损失,因此必须提升设备维修管理水平。新能源电站电压调控能力有限,易引发次同步斜波问题,进一步加大供电运营管理难度,因此电能来源需要统筹调配以确保系统的安全可靠与平稳运行;最后,水电企业组织缺乏具备数字化思维的人才。在智慧化平台的发展过程中,不但需要大量 IT(信息技术)人才,还需要 OT(操作技术)人才的深度融入,对整个电力行业来说都有由生产过程驱动信息化转为大数据驱动信息化的需要,这一过程既需要强大的信息技术平台支持,又需要有先进实践方法论、数据应用理论和具备超前技术管理知识的人才。

四、我国氢能行业数字化转型的障碍

(一) 我国氢能行业的发展瓶颈

氢能产业链主要包括上游的氢气制备、中游的氢气储存与运输以及下游的氢能利用,简称"制储输用"。目前,我国氢能行业在产业链上游、中游和下游三个层面均面临一些发展瓶颈。在上游层面,当前我国的氢气年产量约为 3300 万吨,位居世界前列。其中化石燃料制氢技术较为成熟,已形成了较为完善的工业体系。而由于碳捕获、利用与封存技术(CCUS)仍较不成熟,氢能制备中的灰氢占比仍较大环境友好度低。风能制氢和光伏制氢等可再生能源制氢产业虽处于高速发展阶段,但水电制氢由于水域资源分布不均的问题尚未能形成规模化发展;在中游层面,当前我国的氢能的储运形式主要包括高压气态、低温液态、固态金属合金以及有机液体四种类型。其中,高压气态具有能耗低、成本低的优点,但存在储量较小且安全性较差的问题,应用场景十分有限。低温液态的成本较高且制造难度较大,但在长途运输中具有成本优势,预计在 2050 年将成为工业氢气储运的主要形式。固态金属合金具有氢气纯度高、可重复利用的优点,但面临"氢脆现象"的挑战。有机液体的储运方式较简单,但对储氢材料的要求较高。因此,四种类型的氢能储运形式均存在很大应用限制;在下游层面,目前我国氢能主要运用在交通领域,以燃料电池汽车为重点发展形式。此外还运用于电力、工业、建筑等领域,但应用规模较小,仍处于研发阶段,未形成产业化的实际应用产品。

总体而言,当前我国在氢能传统应用领域的发展较为完善,而绿氢产业发展尚处于起步阶段,关键技术、储运材料等方面与发达国家仍存在较大差距。未来,我国应进一步加大对氢能产业的研发投入,促进氢能行业创新技术实力提升,努力实现氢能核心技术自主可控,积极推动绿氢产业的发展,充分开展氢能的多元化应用,助力实现"双碳"目标。

(二) 我国氢能行业的数字化转型障碍

目前,我国氢能数字化转型仍存在技术装备实力薄弱、产业创新水平不高、制度保障体系有待健全等关键问题。具体来说,首先,企业对氢能的应用技术相对国外仍存在较大差距。例如,国内氢燃料电池安全使用寿命仅约为 3000 小时,而国外已达到高于 5000 小时的水平。氢能的储运材料和加氢设备仍较多依赖进口,新型材料和装备的自主研发能力亟待加强;其次,由于氢能产业链长、场景应用丰富,当前氢能数字化转型仍存在资金投入不足、运维成本较高、经济优势不突出等问题,氢能的综合应用成本较高也极大阻碍了氢能行业的数字化转型进程,数字技术与氢能业务的协同发展亟须更多的创新研发投入,各大氢能企业之间的数字化合作仍有待加强;最后,氢能行业尚未形成明确的数字化转型模式,产业的数字化创新水平亟待提高。其数字化应用场景较为单一,主要集中在交通领域,发电、工业、建筑等方面的数字化应用仍需进一步深入开展。在宏观层面,当前我国对氢能行业数字化转型的战略制定和路径规划仍有待完善,相关激励政策和制度保障体系仍需进一步健全。由于我国各地方在打造氢能数字化产业链过程中缺乏对本地比较优势的准确把握,使无序竞争加剧。此外,主管部门职责不明确、安全监管力度不够等问题也给氢能数字化转型带来了较大挑战。

第四节　供给侧的清洁能源产业数字化影响和政策思考

纵览全球各市场经济体当前的环境气候活动,能源规模布局重构、工业制造商节能减排、交通运输业绿色转型、建筑行业环保能效升级,以及低负碳技术开发的利用已成为零碳发展重点领域。在这场可再生能源革命的重要发展契机中,如何跟跑、并跑和领跑全球,将影响一个国家综合国力的发展及其在全球政治经济新格局中的战略地位。在全球能源变革及"双碳"目标的愿景下,构建以新能源为主体的新型电力系统,实现能源体系的清洁、低碳,是我国整个能源产业自上而下共同努力的目标,在这一过程中数字化转型是推动能源产业取得全新突破的关键。本节将论述我国光伏、风电、水电、氢能行业的数字化转型影响及政策思考,探索其未来可持续发展方向,从而带动清洁能源技术进步和产业升级。

一、我国光伏行业数字化转型的影响和政策思考

在全球所有的新能源发电方式中,我国太阳能发电产业的制造能力持续增强、产业链逐步完善、发展规模位居全球第一,其中光伏发电已成为太阳能发电技术的主力军。虽然我国的一次性能源储量远远低于世界平均水平,大约只有世界总储量的 10%,但太阳能是取之不尽用之不竭的可再生能源,具有清洁性、安全性、广泛性、经济性等优点,在长期的能源战略中具有重要地位。太阳能利用技术主要包括光伏发电、太阳能热发电、光生物转化等多种形式。其中,光伏发电的并网装机容量占全部太阳能发电并网装机容量的 99% 以上,是太阳能发电技术的主力军。我国对光伏行业的政策扶持从最初的补贴转变为推动其规模化发展,再基于光伏行业的发展基础和信息技术的应用,光伏行业得以进入数字化转型阶段并助力企业解决融资困难等问题。

（一）我国光伏行业的发展现状及数字化转型影响

光伏发电是利用半导体界面的光生伏特效应而将光能直接转变为电能的一种技术。早在 1954 年,美国科学家恰宾（Char Bin）和皮尔松（Pearson）就首次制成了实用的单晶硅太阳能电池,诞生了将太阳能转换为电能的实用光伏发电技术。20 世纪 90 年代后,光伏发电快速发展,因其稳定、洁净、安全的优良特性而受到了世界各方的广泛重视。其中,美国是最先制订光伏发电发展计划的国家,日本则是启动了新阳光计划。中国作为近年来全球光伏行业中发展速度最快的国家,目前已经具有全球最大规模的太阳能光伏行业。技术体系的日益完善为太阳能光伏产业发展创造了良好的基础,组件出口额和出口量均创历史新高。在产业链总量方面,截至 2022 年,全国光伏发电新增装机容量为 8740 万千瓦,同比增长 9.4%,光伏发电总装机容量约为 3.9 亿千瓦,同比增长 28.1%,在全球光伏市场中继续保持前列;在产业链制造端方面,光伏产业链制造端自上而下分为硅料、硅片、电池片及组件四个环节,其在 2022 年的产量分别为 82 万吨、357 吉瓦、31 吉瓦、

289吉瓦,同比增长均在55%以上;在产品出口额方面,全年光伏产品(硅片、电池片、组件)出口总额突破512亿美元,同比增长80.3%,有效保障了国内外对光伏市场增长和全球新能源需求。此外,随着目前中国太阳能光伏产业成本的持续降低,我国太阳能光伏产业在全球市场中的竞争力将持续提升。

虽然我国光伏产业的国际竞争力较强,但是其发展严重依赖补贴政策,并且受能源供给侧结构性改革的影响,光伏产业进入亏损期,许多企业不得不贱卖资产或股份来维持生存,而数字化转型就是打破行业发展瓶颈的关键一环。随着数字化技术渗透到光伏制造、发电、输电与配电、消费等各个环节,通过对设备进行物联网改进,配置传感器、数据采集器,光伏电站可以初步具备自我体检功能;再通过融入区块链应用,电力生产设备得以实现数字化的真实性认证。因此,光伏行业的数字化转型一方面能够实现光伏电站的智能化运营,在数据的真实性和不可篡改性基础上降低电站运营成本,提高电力产出;另一方面,基于区块链、数据中心等价值输送端,可以将生产端生产的数据资产和电力资产输送到各个平台实现智能化的应用场景和权益凭证的多层级价值流转,从而扩充光伏电站融资渠道,解决企业融资方面的困难。光伏行业的数字化转型为清洁能源资产管理的数字化、设备的智能化改造和应用场景多元化提供了重要的参考价值。

（二）我国光伏行业的政策思考

在新能源的发展进程中,光伏产业最先体现出规模效应。根据国家能源局2023年4月公布的《2023年能源工作指导意见》,2023年光伏发电量占全社会用电量的比重为13.8%左右,后续将逐年增加,到2050年,光伏将极有可能成为中国的第一大电力来源。

我国对光伏行业的发展政策从简单的补贴转变为推动其规模化发展。从出台光伏补贴政策以来,光伏新增装机量呈现出爆发式发展的背后是以政府千亿元补贴为支撑。2021年,光伏产业已经熬过了"幼年期",国家能源局针对光伏产业分布式的推广情况发布了《关于报送整县(市、区)屋顶分布式光伏开发试点方案的通知》,宣布取消发电补贴,并推出了"整县推进"的试点工作方案,把分散的屋顶进行打包,进一步降低成本,实现光伏的规模化继续发展,在该政策的推动下,2024年,分布式光伏产业占比已突破60%,发展速度大大增加。由此可见,我国光伏行业的发展政策呈现出先扶持后扩张的特征,对于成本较高、基础较弱的清洁能源产业来说,该类型的发展政策演变模式具有参考价值。

二、我国风电行业数字化转型的影响和政策思考

风能作为可再生能源,其绿色、安全、环保特点明显,大力发展风能发电不仅可以提高生态环境质量,还可以改进能源结构,对促进经济社会的可持续发展具有重大意义。目前,风能技术已是最具发展潜力的可再生能源技术之一,具有较强的国际竞争力,市场发展前景广阔,但同时,电力系统稳定性和波动性问题亟待解决,信息化水平长期落后于其他行业,因此加快数字信息化建设将成为推动其绿色能源转型的关键,本部分将讨论我国风能发电在政策扶持下的发展历程及其数字化影响,探讨其如何在未来与新一代信息技术深度融合,助力实现"双碳"目标。

(一)我国风电行业的发展现状及数字化转型影响

据国际能源署报告,2023年,我国二氧化碳排放量超过114亿吨,占全球总量的33%,是欧美国家碳排放量总和的近两倍。据此,发展清洁的可再生能源已经成为保证中国能源安全和缓解减排压力的重要途径。与太阳能、核能等其他种类的可再生能源相比,风力发电是目前技术相对成熟、应用前景较好的可再生能源。近年来,风能发电在中国电源构成中的比例逐渐增加,已经成为继火电、水电以后的第三大电源。中国风力发电市场由于受产业进入门槛的约束,风电产业呈现出行业内市场份额集中程度较高的特点,近年来新增装机容量前十大企业约占全国累计装机总容量的70%左右,同时区域市场集中度也进一步提高,各大风能基地的运营公司布局相对稳定。

从20世纪80年代中期开始,中国风电行业逐步走向产业化发展道路,经历30多年的发展,已成为中国电力供应的重要组成部分,其发展历程可分为以下4个阶段。结合表5-4和图5-1可以看出,我国风电行业装机增长率呈现先增后降的趋势,从2003年的迅猛发展至2013年的增速下降,并通过大幅降低年度装机增长率改善弃风现象,这也符合近年来国家对高质量发展的要求和"双碳"目标下节能减排的需要。

表5-4 中国风电行业的发展阶段

阶段	时间	主要内容
早期示范阶段	1986—2002年	1986年,山东荣成建成了中国首个并网风电项目,这标志着我国风电发展进入了示范性应用阶段。这个里程碑的项目为我国的风电行业树立了一个榜样,为后来的风电项目开展提供了有力的推动。我国风电发展的方式主要是通过引进、吸收和再创造国外先进的风电技术。基于国内风能资源的丰富和对清洁能源

续表

阶段	时间	主要内容
早期示范阶段	1986—2002 年	的需求,我国积极引进了国外先进的风电技术,并在此基础上不断进行改进和创新。这种方式使我国风电技术得到快速发展,提升了我国在全球风电领域的地位。然而,在风电发展过程中,高投入与低收益的不匹配问题抑制了风电投资的积极性。由于风能资源的分布不均,风电项目的建设投入较高,发电量的不稳定性和市场定价机制的不完善,风电项目的收益相对较低。这导致一些潜在投资者在考虑风电项目时持保守态度。为了解决风电发展中的问题,国家出台了一系列试点支持政策。例如,"双加"工程旨在推动风电和太阳能发电的发展;"乘风计划"旨在加强对风电技术和装备的研发和推广;"国债风电"示范项目则通过国债资金的引导和支持,促进风电项目的投资和发展。这些政策为风电行业提供了更好的发展环境和更多的投资机会。截至 2002 年年底,风电累计并网装机容量为 47 万千瓦,此时并没有实现产业规模化
发展起步阶段	2003—2005 年	2003 年,国家发展改革委发布"风电特许权"项目,并在广东省和江苏省进行第一期"风电特许权"建设项目招标,共吸引五家国有企业、三家外商直接投资企业和一家民营企业,其共同组成的风电市场主体以竞争方式参与项目投资建设。其间为加强产业有序管理,国家相应出台了项目建设管理、上网电价管理、产业发展指导目录等多项政策。截至 2005 年年底,全国风电累计装机容量规模超过百万千瓦
飞跃发展阶段	2006—2010 年	2006 年,《中华人民共和国可再生能源法》启动实施,标志着以风能为代表的新能源产业步入发展快车道。此后在国家发展改革委、电监委、财政部等多部委的政策支持下,大量资金涌入大型电力投资企业,全国项目建设明显加快。2006—2009 年,风电累计装机容量连续 4 年翻番,实现飞跃式发展。截至 2010 年年底,全国风电累计装机容量实际达 2958 万千瓦,为产业规划目标的 6 倍
深入调整阶段	2011 年至今	风电在近年来其规模快速增长。然而,由于市场消纳能力和输送电网的约束,风电发展遇到了一些困难。2011 年,国家对风电发展规模和建设布局进行了调整,为风电行业的稳步发展铺平了道路。到 2016 年之前,风电年度装机增长率一直保持在 20%以上,这表明风电行业仍然具有很大的发展潜力。为了推动风电发展,国家出台了一系列政策,如风电全额保型收购管理、监测预警机制等。这些政策的出台为风电行业提供了更好的保障和监管。为了进一步加强可再生能源电力消纳的监测,国家采取了措施,将风电增速降低到 20%以下。这样做的目的是使风电的发展更加平稳和可持续,有效减少弃风现象的发生

资料来源:笔者根据中国政府网数据自行整理所得。

　　为实现"双碳"目标,需要加速建设以新能源为主体的新电力系统,并着力增强新能源发电消纳与储备功能,以新电能的绿色低碳发展推动国家经济系统性转型。当前风电发展重点主要是稳步推动风电基地建设,积极开展分布式网络结构风电项目,把规模化集中发展与分布式开发有机融合。

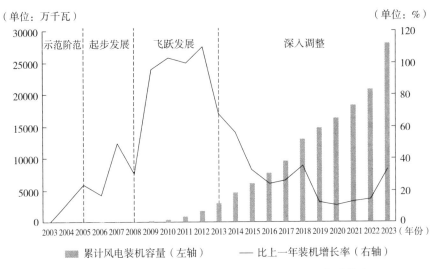

图5-1　2003—2023年中国风电累计装机容量及历年增长率
资料来源:笔者根据国家能源局数据自行整理所得。

而在新型计算机科技高速发展的背景下,信息技术被广泛融入能源电力工业改革的应用领域中,特别是在新能源技术与风能开发领域受到了广泛关注,主要涉及传感感知、模拟、运算、储存、运输、管理等方面。但是由于风能开发应用的区域集中在一些地广人稀的省份,因此实践中存在不少困难。将智能控制器技术纳入风能发电自动化的管理系统中,则能够推动风电行业长期稳健发展,对实现"双碳"目标和建设低碳型经济社会发展具有重要意义。

(二) 我国风电行业的政策思考

我国风电行业在其政策支持下大致经历了 5 个阶段。第一阶段是2003—2010 年,在补贴政策的大力支持下,风电行业开启快速成长期;第二阶段是 2011—2012 年,为了应对行业粗放式成长带来的弃风限电问题,风电政策收紧导致装机量逐渐下滑;第三阶段是 2013—2015 年,随着弃风率改善,这一时期的政策重点在于行业复苏,具体表现为电价下调;第四阶段是 2016—2019 年,这一时期的政策仍然延续之前的重点发展方向,持续推动风电装机量回升、弃风率下降;第五阶段是 2020 年至今,陆海风装机优惠补贴逐步取消,陆上风电优惠补贴正式退出,风电项目正式迎来平价上网时代。

与光伏行业的发展政策相似,我国风能行业的政策起初也是通过大力度的补贴推动其快速发展,但是随后引发的弃风限电现象,成为制约其转型及规模化的关键问题,随着补贴政策的逐步取消,"十四五"时期的风电行业发展政策聚焦规模化发展通过陆上和海上并举,推进"三北"地区陆上大型风电基地建设和规模化外送,加大推动近海规模化发展、深远海示范化发展,推动构建以清洁低碳能源为主体的能源供应体系。

三、我国水电行业数字化转型的影响和政策思考

当石油及煤炭资源的利用弊端越发明显后,开发利用低碳环保的可再生能源就成了当今经济社会发展的主旋律。其中水能是技术成熟、运行灵活的低碳可再生能源,水电开发项目直接带来大量低碳、清洁的电能的同时,还实现了容量支撑效益,提高了电力系统的灵活性,从而带动清洁电能的规模化发展和高比例消纳。因此水力发电是构筑"清洁低碳、安全高效"的现代能源管理体系的基础,尤其是将物联网、大数据、人工智能、云计算等智慧信息技术应用于水电行业中时,数字化手段不仅推动协作效率、管理效率和资源配置效率大幅度提升,还将助推水电行业数字化转型和可再生能源结构调整,促进我国能源绿色转型健康发展,因此本部分将讨论水电行业的发展现状、数字化转型影响及相关政策思考。

(一) 我国水电行业的发展现状及数字化转型影响

水力资源作为一种清洁能源是我国资源的主要组成部分。我国水电行业发展具备优越的地理环境基础。由于地形西高东低、雨热同期、水量丰富,使我国的开发水力资源条件位列全球第一。目前,理论蕴藏量在 1 万千瓦以上的河流有 3886 条,技术可开发装机容量 54164 万千瓦,年发电量 24740 亿千瓦时。

从整体发展情况来看,2023 年,我国水电装机容量 41350 万千瓦,年发电量 12020 亿千瓦时,全国有 14 个省份常规水电装机容量超过 500 万千瓦,集中在西南、华中区域。其中,四川、云南、湖北的装机容量分别为 8887 万千瓦、7820 万千瓦、3644 万千瓦,位列前三,合计装机容量 20351 万千瓦,占全国常规水电装机规模的 57.4%。根据 2023 年水电水利规划设计总院统计数据显示,目前我国已建成 629 座 5 万千瓦以上常规水电站,其中 54 座装机容量在 100 万千瓦以上,136 座装机容量在 30 万千瓦以上。我国水电资源优势最明显的金沙江、雅砻江、澜沧江、大渡河、乌江、长江上游、黄河上游等流域总装机容量大约占全国可开发量的 46%。这些河流或区域的水电资源优势比较集中,因此可以实现流域、梯级、滚动开发,既可以建设成大规模的水电产业基地,也可以发挥水电资源优势的规模经济效益,实施"西电东送"工程。

我国水力资源分布不均衡，西部地区的水力资源丰富，而东部地区相对缺乏水力资源。为了满足东部地区对电力资源的需求，我国实施了水电"西电东送"工程，将西部地区丰富的水电资源输送至东部地区的市场。这一工程的实施对平衡全国水力资源的利用具有重要意义。主要的河流如金沙江、长江、黄河、大渡河等拥有丰富的水电资源，这些河流所提供的水力资源占据了全国总资源量的54.5%以上，为水电开发提供了得天独厚的条件。

截至2023年年底，我国主要流域已建和在建的水电装机规模合计达到204710千瓦，占比约为54.58%。这表明我国水电开发取得了显著的进展，但同时也说明了水力资源的潜力在逐渐被开发。未来的水电开发潜力主要集中在拥有丰富的水力资源的西南地区。

从技术可开发量来看，在2016年公布的《水电发展"十三五"规划》中，我国100千瓦以上水电站技术可开发装机容量约为6.6亿千瓦。根据水电规划总院的研究数据显示，我国水力资源技术可开发量为6.87亿千瓦，其中水电资源丰富的西南地区技术可开发量为4.76亿千瓦，占全国的69.3%。从剩余技术的可开发量来看，常规水电技术尚有较大的发展潜力，但已开发流域梯级电站联合调度程度不高，部分流域具有较大调节能力的龙头电站有待开发，制约着梯级电站发挥更大的综合效益。我国建设抽水蓄能电站的站点资源丰富，但已投产抽水蓄能电站装机在电力系统中的比例较低，发展潜力巨大。

从表5-5来看，2023年我国常规水电基地规模约为37507万千瓦。在建项目主要集中在金沙江、雅砻江和大渡河。大型项目主要包括乌东德水电站、白鹤滩水电站、金沙水电站、两河口水电站、杨房沟水电站、拉西瓦水电站以及大古水电站等。

表5-5　2023年我国主要流域开发情况

基地	基地规模（万千瓦）	已建（万千瓦）	已建比例（%）	在建（万千瓦）	在建比例（%）	已建和在建（万千瓦）	已建和在建比例（%）
金沙江	8167	4312	52.8	2258	27.7	6570	80.5
长江上游	3128	2522	80.6	——	——	2522	80.6
雅砻江	2881	1620	56.2	642	22.3	2262	78.5
黄河上游	2665	1508	56.6	380	14.3	1888	70.8

续表

基地	基地规模（万千瓦）	已建（万千瓦）	已建比例（%）	在建（万千瓦）	在建比例（%）	已建和在建（万千瓦）	已建和在建比例（%）
大渡河	2496	1737	69.6	464	18.6	2201	88.2
红水河	1508	1208	80.1	160	10.6	1368	90.7
乌江	1158	1110	95.9	48	4.1	1158	100.0
西南诸河	15504	2288	14.3	140	1.3	2428	15.7
合计	37507	16305	43.0	4092	11.1	20397	54.4

资料来源：笔者根据华经情报网数据自行整理所得。

大数据时代的到来为水电行业带来了崭新的发展契机，提升水电企业数字化程度已是必然趋势。一方面，应用大数据分析可以辅助企业采购决策、规范供应商管理。通过智慧供应链平台挖掘数据价值，打通企业内部、第三方、线上、线下等多源异构数据的壁垒，从而分析采购业务的需求，提供管理决策服务。还可以利用供应链系统和程序模块，根据场景需要提取所需数据，实现可视化分析，帮助提高供应商管理能力；另一方面，数字化转型有助于水电行业畅通融资渠道，实现多方共赢。数字化供应链管理系统通过实现货款在线担保支付，建立供应链平台征信评估体系，打通供应链上下游，帮助核心企业提升整个产业链的效率，从而解决中小企业融资难问题。水电行业的数字化转型侧重于影响整条产业链，利用数据化优势改变企业供应链体系，这对其他想要拓展业务模式的清洁能源产业来说具有重要意义，有助于借鉴以构建新的供应链生态，实现节能降本，提升行业综合竞争力，推动产业数字化和智能化加速发展。

（二）我国水电行业的政策思考

随着金沙江乌东德、雅砻江两河口、大渡河双江口等水电站的陆续建成投产，我国主要大型水电基地的开发布局已基本完成，初步形成了防洪体系完善、水能水资源利用高效、生态环境友好的江河治理体系，而在未来，为了支撑"碳达峰、碳中和"目标的实现，水电发展政策重点将逐渐从电量为主向电量、容量并重转变，并将经历3个步骤：第一步，2022年，完成全国200万千瓦以上主要流域的可再生能源一体化基地规划研究，这项工作的完成不仅为后续的实施奠定了基础，还完成了对各流域的开发基础和资源条件的评估；第二步，2025年，根据各流域开发基础和资源条件，选择重点项目实施；第三步，2035年，按照基地规划方案，在现有水电基地基础上，全面完成可再生能源一体化综合能源基地建设。整体政策保持一体化运行并积极参与电力市场竞争,以实现集约高效发展。通过充分发挥水电调峰潜力进行系统谋划,在水电资源开发程度较高的地区,使能源的调节能力更加灵活。由于我国水资源分布不均,在中东部及西部地区等水电资源开发程度较高的地区,基于生态优先的原则,政策将充分发挥水电既有的调峰潜力进行系统谋划,通过对已建、在建水电机组进行扩机和增容改造,进一步提升水电的灵活调节能力,以适应新能源的大规模发展对新型电力系统灵活性的需要。

四、我国氢能行业数字化转型的影响和政策思考

氢作为世界上最丰富的元素,具备能量密度大、可储存、无碳等特点。作为一种清洁、高效、安全的二次能源,氢能有望成为"双碳"背景下的主体能源。根据制造来源,氢能可分为灰氢、蓝氢和绿氢三大类(见表5-6)。

表5-6　氢能的主要类型及其特点

类型	制备来源	优势	劣势
灰氢	煤炭、天然气等化石燃料	成本低廉、操作简便	容易产生大量碳排放
蓝氢	煤炭、天然气等化石燃料	对电力需求较低、制氢过程碳排放较少	成本高昂、对地质条件要求严苛
绿氢	风能、太阳能等可再生能源	可实现净零碳排放	耗电巨大、成本极高

资料来源:笔者根据中国氢能联盟及 IRENA 数据自行整理所得。

其中,灰氢是通过煤炭等化石燃料制备的氢气,但易造成大量碳排放;蓝氢的特点是在化石燃料制氢过程中将二氧化碳进行捕获、利用和封存以降低碳排放;绿氢则是利用可再生能源制备氢气以实现零碳排放。由于无碳的优点,绿氢将是未来氢能行业发展的主要方向。而在新一代信息技术蓬勃发展及我国氢能政策陆续出台的背景下,氢能行业数字化转型对战略性新兴产业如何在政策支持下适应智能制造潮流并引领未来能源智能化发展具有重要意义。

(一)我国氢能行业数字化转型的影响

氢能作为清洁、高效、安全的能源可以被高效率、低损耗地运输,满足能源供给跨境交易与合理分配的需求,成本投入也将随着传输量的增大而下降。但随着氢能产业的发展,加氢站与燃料电池汽车数量规模化增长,氢能终端用户也需要通过远程管理系统及时掌握周边加氢点、加氢排队状况等

信息,生产端与用户端需要数字化技术进行匹配,因此,氢能企业的数字化转型尤为迫切。

目前我国部分加氢站内部已实现一定程度的数字化信息化管理,其积极效果显著,具体表现为:第一,极大地保障了氢能的使用安全性。数字化技术的应用除了提高氢能利用效率、降低企业成本外,还加强了氢能的安全监管,大幅降低了事故风险。由于氢气极易扩散,智能、主动的检测方法可以提前检测到风险隐患,通过智能传感器、探测器、巡检机器人将运行工况及时上传到数字化信息管理平台,提高安全监测精准性和效率,而这些都离不开数字化转型;第二,实现了氢能的高效利用。随着国家对清洁能源的重视以及对氢能行业的投资增加,氢能行业正在经历快速发展。然而,目前该行业仍然面临成本偏高、利用效率较低、产业链协调不足等问题。为了解决这些问题,数字化技术的应用被认为是推动氢能行业规模化发展的关键。首先,数字化技术可以降低氢能行业的成本并提高效率。通过建立数字化信息平台,能够准确预测加氢站的氢气日需求量,并结合场景分析制定氢气供应方案。这样一来,运输方式和适用场景的选择可以更加科学合理,实现统一调度,进而促进产业协同发展。这样的数字化转型可以有效降低生产和运输成本,并提高氢能行业的利用效率。第三,数字化信息平台的建立可以使氢能企业在信息化、数字化发展中发挥出保障能源安全、提高能源使用效率的优势。通过数字化技术,可以实现对氢能源供应链路的监控和管理,及时发现和解决潜在的安全隐患。此外,数字化技术可以实现能源使用情况的实时监测和分析,帮助企业优化能源使用效率,并提供相关数据支持进行精细化管理。第四,氢能企业的数字化转型不仅可以为其他清洁能源产业提供正面影响和参考模式,还可以加快我国清洁能源产业的绿色发展步伐。数字化技术的应用使氢能产业链条更加透明化和高效运作,这为其他清洁能源产业提供了借鉴和学习的范例。通过数字化转型,氢能企业在提高自身竞争力的同时,也为整个清洁能源产业的发展注入新的活力。

(二) 我国氢能行业的政策思考

2022 年 3 月,国家发展改革委发布了我国首个氢能产业中长期规划《氢能产业发展中长期规划(2021—2035 年)》(以下简称《规划》),明确了氢能产业的战略定位并对其发展情况提出思路建议。在此基础上,一些地区也相继发布了氢能发展的指导意见,如《四川省"十四五"电力发展规划》《北京市"十四五"时期城市管理发展规划》。自《规划》发布以来,绿氢产能规模不断扩大,相关企业密集诞生,全产业链布局趋势渐显,而这良好的发展态势都离不开政策的有力支撑,主要体现在以下几个方面。

　　首先,明确了氢能的能源属性和发展定位。这是我国首次将氢能纳入未来国家能源体系的重要组成部分,确定其为可再生能源的主要发展方向,进而提出构建清洁化、低碳化、低成本的多元制氢体系,力争到 2025 年可再生能源制氢量达到 10 万—20 万吨/年。在"碳达峰、碳中和"背景下,随着可再生能源大规模推广,绿氢在供给能力上体现出巨大潜力,长周期、大规模的储能优势有望进一步降低用电成本,为能源绿色低碳转型提供支撑。

　　其次,以试点示范带动氢能应用场景多元化。目前,我国各地布局氢能应用场景存在重复相似的问题,对此《规划》有针对性地作出政策部署,鼓励各地结合自身条件布局氢能产业,尤其在供应潜力大、产业基础实、市场空间足的地区率先开展试点示范,逐步拓展氢能应用场景,推动氢能在交通、储能、工业等领域实现多元应用,如氢燃料电池中重型车辆应用、电解氢在合成氨生产代替煤制氢等的示范,从而实现产业健康有序和集聚发展。

　　最后,在技术自主可控的前提下开展终端应用和国际合作。相较于国际先进水平,我国氢能产业仍处于发展初期,存在产业创新能力不强、技术装备水平不高、部分关键核心零部件和基础材料依赖进口等问题。《规划》从关键核心技术、创新支撑平台、专业人才队伍、国际合作等方面对氢能产业链建设进行部署,通过产业联盟、国家创新平台等机制,全面提升氢能各环节的研发能力,持续推动氢能先进技术、关键设备、重大产品示范应用和产业化发展,构建氢能产业高质量发展技术体系,力争到 2030 年,形成较为完备的氢能产业技术创新体系。

　　从中央到地方,涉氢政策的密集出台为有效引导和规范氢能发展提供了有力支撑,预计到 2025 年,我国将形成较为完善的氢能产业发展制度政策环境,初步建立较为完整的供应链和产业体系。在新一代信息技术蓬勃发展的背景下,氢能行业必须始终坚持安全为先,以"碳达峰、碳中和"目标为引领实现绿色发展并带动可再生能源规模化应用,建设成为战略性新兴产业,为能源绿色低碳转型提供支撑。

第六章　能源企业数字化转型与
主业绩效的测度评估

　　在全球加速创新的数字技术驱动下,数字经济在重组全球要素资源、重塑全球经济结构和改变全球竞争格局等方面的重大作用日益凸显。"数据"成为国家基础性战略资源、全球战略竞争新焦点的基本共识不断纵深发展。作为全球数据量最庞大的国家之一,2023 年我国数字经济规模达到50 万亿元,在 GDP 中的比重超过 41%。未来,中国数字经济将逐步进入规范有序、深化应用和普惠共享的新阶段。

　　面对数字经济的蓬勃态势与"双碳"目标的约束效应叠加,能源产业已加速进入结构调整与转型升级的重要历程窗口。2022 年 3 月,国家能源局印发落实"十四五"规划和"双碳"目标的关键性文件——《2022 年能源工作指导意见》,明确指出"深入落实碳达峰行动方案,以科技创新和体制机制改革为动力,加快能源产业数字化和智能化升级,加大能源技术装备和核心部件攻关力度提升能源产业链现代化水平",为进一步加快能源企业数字化结构调整和转型升级提供了方向性引领。通过积极开展煤矿、油气田、管网、电网、电厂等领域设备设施、工艺流程的智能化进步,生产、零售、消费等能源领域各环节数字化水平将跨越式提升,进而更好地降本增效和协同发展。因此,数字化转型不仅为传统能源产业提质增效提供了新支点,也为现代化能源经济体系构建提供了新引擎。

　　能源企业具有资本和劳动密集度高、运输负担重、生态和环境影响大等特征,能够加快市场需求结构升级、持续提升科技创新能力、推动内部产业结构调整和产品结构升级、促进科技和产业深度融合,是推动经济高质量发展的主要承担者,也是实现三大变革的基础。科技创新是新生产要素中的核心要素。加快部署大数据、人工智能、云计算等数字技术与能源产业融合发展,是推动能源企业数字化转型的必经之路,也为能源企业绿色低碳发展提供重要支撑。因此,只有推动能源企业数字化转型,才能实现能源产业的高质量发展。

　　本章将以能源企业数字化转型为研究对象,通过大数据文本提取技术对能源企业"数字化转型"的关键词进行搜寻、识别、配对与加总,将能源企业数字化转型特征变量与反映主业绩效的财务变量相结合,实证检验能源企业数字化转型对主业绩效的中介效应和门槛效应,为能源企业数字化转型推动主业绩效提升的理论机制和实践效果验证奠定坚实的数理基础。

第一节　能源企业数字化转型推动主业绩效提升的理论机制

随着人工智能、区块链、云计算、大数据等数字科技的迅猛发展,能源企业发展环境已发生巨大变化。数据已经成为企业获取竞争优势、实现创新发展的重要资源。随着数据处理能力的提升由 KB 级跨越至 PB 级,标志着经济社会正在迈入以数字(数据)为核心的新时代,数字科技在这一进程中的重要作用不言而喻。2019 年,党的十九届四中全会将"数据"确认为第七种生产要素,越发凸显出信息化和数字化对我国高质量发展的崭新支撑作用。中国经济社会发展正加速向数字化、网络化、智慧化方向延伸与拓展。

企业通过海量数据的积累和分析可以更好地了解市场趋势和消费者需求,从而持续调整产业结构和改进产品服务。同时,通过积极探索数字科技的应用,企业生产效率和经营管理水平得以不断提升,创新能力和竞争实力得以不断加强。尤其是对能源企业来说,依托人工智能技术对大数据进行挖掘分析,能有效帮助企业发现潜在风险和市场机遇。区块链技术的采用可以实现能源交易的可追溯和透明化,提高交易的安全性和效率。云计算技术为能源企业提供了可扩展的弹性存储空间,更好地满足企业数据处理的需求。这些数字科技的普及应用,使能源企业在提高效率、降低成本、优化资源配置等方面有了巨大的潜力。

伴随工业化、城镇化的深入推进,仍处于发展中国家的中国,能源需求将在较长时期内继续保持增长态势,石油、天然气等对外依存度仍居高不下。供给端强化能源需求成为建立现代化能源体系的基础底线。面对实践导向和政策倾向的双重驱动,数字化变革为微观经济主体提供了理解和控制市场复杂性、识别与应对环境不确定性的一系列重要方法论。

一、数字化转型与能源企业绩效的关联性

能源企业作为经济发展的重要微观主体之一,为工业体系与社会体系的正常运转提供了基础保障和重要支撑功能。近年来,数字化转型的浪潮已逐步映射在能源企业的战略变革和生产流程中,数字科技和生产发展已经深度融合、密切关联。这意味着能源企业正逐步完成传统生产

体系向数字化体系的转型。当前全球经济面临不确定性增加、经济下行压力增大以及经济结构转型加速的大环境。面对这些挑战,中国能源企业必须将"数字技术+"作为逆境中的首要战略行为,积极探索数字背景下的商业模式和服务方式,以更加积极求变的数字化创新赋能高质量可持续发展。

数字化转型与能源企业绩效的关联性究竟如何? 有部分学者认为,数字技术为能源企业在多元化市场生态场景中衍生出独特运行节奏和变革轨迹,在分布式发展演进过程中通过组织创新形成数字技术导向的优越治理环境,从而提升运营效率和组织绩效。然而也有研究认为,数字化转型对大多数能源企业而言组织体系的调整影响范围更大、更广,尤其是在转型需求与组织结构匹配滞后的情形下,管理成本的抬升往往成为普遍现象,这显然对企业绩效优化形成了部分阻滞作用。相较于数字化驱动带来技术升级的"降成本""提效率""强创新"等中介渠道或作用机制,客观来看,能源企业转型行为必然会在一定程度上映射至资本市场和财务活动中。如股票流动性、主业绩效财务表现等一直是企业盈利能力的核心内容,能够较为准确地反映出资本市场的价格发现、资源配置效率和市场认可度等重要功能。由此可见,数字化转型为能源企业的生产经营决策、市场战略制定等实践性管理行为也提供了必要的参考依据和尺度。

综上所述,本书认为能源企业数字化转型是一项技术变革、组织变革、资源变革等多重优化协同配合的长期性行为,其本质是利用数字技术强化数据流动有效性,提升要素配置效率,进而提升自身运行质效、增强企业核心竞争力的系统性进程。因而,能源企业需要对组织架构、经营模式和管理流程进行更深层次和全面的优化。然而,目前大部分能源企业的数字化转型仅停留在表面规划,缺乏深度嵌入制度和具体业务指导。据统计,仅有约10%的能源企业数字化转型具备较为显著的成效,但与宏观层面中国数字经济的实际增速和 GDP 比重相距甚远。

面对数字化在微观结构主体与宏观趋势之间的较大偏差,以及理论最优解与转型实效的明显背离,本书聚焦数字化转型与能源企业业绩间的相互关联与影响机制具有重要的理论意义与实践价值。随着人工智能、区块链、云计算和大数据等新一代信息技术在能源领域的持续性创新与应用,中国能源企业能够充分利用"数字化"技术与工具,制定适配自身禀赋特征的转型战略,以信息流带动技术流、资金流、人才流、物资流,从而促进企业资源配置优化和全要素生产率提升,成为能源微观经济主体高质量发展的必由之路,为推动能源领域在不确定性环境中的动能转换与提质增效提供有力支撑。

二、理论机制与假说提出

围绕硬件平台搭建和设备更新的相关研究,反映了早期各领域企业对数字化转型的初步认知。而近年来随着数字化技术逐步渗透至企业经营的更深层次,企业数字化转型已经扩展到业务、组织乃至经营理念的全领域重构。企业数字化转型(Digital Transformation)反映出新时代数字经济高质量发展下微观企业主体遵循发展规律所必经的一个重要阶段。虽然不同领域、规模和属性的各企业可能拥有差异性和个性化数字转型模式,但其转型本质均体现为企业全方位要素同数字科学技术的深度整合。通过释缓内部信息不对称水平,降低交易成本与代理成本,实现技术转型与组织变革的良性循环和高效驱动,从而撬动企业主业绩效提升、创造新兴商业场景和孕育新兴发展业态。概括来看,数字化转型主要通过提升内部控制水平、增强市场关注度与加速企业技术创新三个层次实现能源企业业绩提升(见图6-1)。

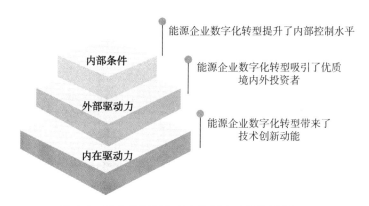

图6-1　数字化转型作用于能源企业业绩提升机理

资料来源:笔者根据国家能源局及中国能源报数据自行整理所得。

第一层次是提升内部控制水平,为能源企业主业绩效增值构建了必要的内部条件。内部控制水平与企业业绩间的正相关作用在学界和商界均已得到多次确证。能源企业数字化转型的稳步推进,极大地提升了信息获取能力和数据处理效率,由此强化了能源企业对市场供需关系的准确预测与科学决策,对有效识别市场机遇、及时规避市场风险提供了强有力支持。具体体现在以下几个方面:

首先,数字化技术及手段的不断迭代更新,加速了能源企业内部信息流转,显著降低了内部结构主体信息不对称程度。其次,通过加大能源企业处理非标准、非结构数据的频度、广度与深度,明显缓解了委托代理矛盾,引导组织系统变革和学习型组织养成,从组织结构和管理流程的优化角度提升运营效率和组织绩效。最后,通过数字技术赋能和强化能源企业的自我优化机制,可实现战略合理、财务稳定、报表可靠、资产安全等多维目标,保障了企业组织经营行为的有序性、科学性和高效性。

第二层是增强市场关注度,为能源企业主业绩效提升提供了必要的外部驱动力。在数字经济成为高质量发展新动力的战略背景下,能源企业数字化转型更加契合国家政策导向和经济实践需求,有利于吸引更多优质的境内外投资者持股和增股。主要体现在以下三个方面:

其一,能源企业数字化转型程度越深入,国际和国内市场的重视与关注程度越高。目前,国内外市场中优质机构投资者均配置实力雄厚的市场分析与财务管理团队,信息鸿沟正在逐步缩小,其高度的专业性足以辨识能源企业数字化创新转型与变革水平,进而调整对特定企业的投资策略和持股比例。其二,数字化转型帮助能源企业更好地整合和发布自身信息,增强公众舆论的关注度和好评率,将有力提升公众、市场等对公司的价值评估,并引导优质境内外机构投资者增大投入力度。其三,优质境内外机构投资者专注于长期持股建立的稳定预期,减弱了企业的投机主义和短视行为,对企业具有明显的内部治理提升效应。并且,优质的机构投资者还可利用自身专业分析技能来参与企业重要决策,为能源企业的主业绩效提升提供了有利的外部条件和创新动能。

第三层次是加速企业技术创新,为能源企业主业绩效提升奠定了重要的内在驱动力。数字化技术已经成为企业各项经济指标增长的有力工具,并将持续为我国能源企业技术革新注入强劲的推动力,从而在"供给—需求"双翼为公司可持续高质量发展提供动力源泉和技术需求。随着数字化转型的不断推进,创新型企业文化的培育和营造变得越发重要。数字化转型不仅是企业现代化发展的趋势,更是推动企业创新的关键。数字化转型以数字技术为基础,通过整合、应用和创造数字技术,以实现企业信息化、智能化和综合化的创新转型。同时,数字化转型也鼓励员工创新和创造,改变了传统企业文化的僵化,通过激发员工的内在潜力切实提高工作效率和竞争力。这种开放合作、积极创新的企业生态为企业提供持续的竞争优势,最终驱动企业业绩的不断上升。

基于此,本书将中国新时代之能源企业数字化转型与绩效提升联系起来,旨在识别和检验"能源企业数字化转型→主营业务绩效"关联的存在性、渠道机制和非对称效果,为理解能源企业数字化转型和主业绩效提供新

的研究框架与实践证据。本部分的边际贡献主要体现在:

在研究主体上,突出了微观结构视角下资本市场与能源企业数字化转型的互动关系。并通过拓展对能源企业主业绩效提升的认识,丰富了资本市场与能源企业数字化转型"互动—关联"模式的理解;

在研究数据上,采用 Python crawler 文本识别功能,遵循"搜索—配对—聚合"的研究思路,对沪深两市能源上市企业年报关键词进行综合分析和实际匹配,为准确评估能源企业数字化转型的经济效应提供切实佐证;

在研究范式上,构建"基准分析→中介机制→异质性检验"的演进框架,探求数字化转型与主业绩效之间的机制"黑箱",从"创新投入与产出""企业价值与财务稳定"等多渠道揭示数字化转型影响主业绩效的关键驱动因素;

在研究内容上,突出能源企业数字化转型可能存在的非对称效果,从"产权特征"与"区位特征"等视角出发,深入区分能源企业数字化转型影响主业绩效的结构性差异,为政府政策的有效治理引导提供有益的经验证据支撑。

以上研究方法和逻辑框架的设立,有助于资本市场更好地理解能源企业的数字化转型进程,为能源企业的准确评估和科学决策提供了可靠的数理依据。由此提出全章实证研究的核心假设:

H1:在其他条件不变的情况下,能源企业数字化转型能够推动主业绩效水平提升,二者呈现明显的正相关效应。

第二节　能源企业数字化转型与主业
绩效的空间差异分析

目前基于微观主体数字化转型的研究,集中在出口提升、新产品开发、股票流动性优化等方面,对企业数字化转型"宏观—微观"的经济后果优劣尚无一致定论。究其主要原因,一是数字化转型指标的选取缺乏统一标准。部分研究沿袭硬件设备规模或结构化量表等传统指标测度企业数字化水平,不符合企业数字化转型快速变化、多维复杂的实践特点。二是研究样本缺乏结构化识别检验和精细化处理,导致对不同特征的企业数字化行为所引发的非对称效果无法准确识别和有效处理。尤其欠缺能源这一细分领域"企业数字化转型的真实绩效评估"的细致探讨。鉴于此,本节对能源企业数字化转型与主业绩效进行细分性测度,并对其空间差异进行深入分析,为

"能源企业数字转型是否能够显著提升其主业绩效"这一科学问题的展开论证提供重要基础。

一、指标选取和数据来源

考虑到 2007 年起实施新的会计准则,为确保财务数据口径的一致性,本书选取 2011—2022 年沪深两市 A 股上市公司为样本,借助同花顺证券交易分析软件中行业板块区分功能,对可能涉及能源数字化转型业务与发展方向的"边缘计算、储能、大数据、地热能、地下管网、风能、工业互联、光伏、核电核能、节能、可燃冰、绿色电力、绿色照明、氢能源、区块链、生物质能、数据中心、数字货币、数字孪生、碳中和、特高压、天然气、虚拟现实、页岩气、元宇宙、云计算、智慧城市、智慧政务、智能电网"等板块企业进行初步筛选。并在此基础上,本书对该数据做以下处理:第一,剔除研究期内 ST、＊ST 和金融投资类可能存在特殊性或非实体性的相关样本;第二,剔除 IPO 当期样本缺失的样本;第三,剔除关键变量缺失严重的样本。并对所有连续变量在 1% 和 99% 水平上进行双侧缩尾处理以尽量消除极端异常值的影响。本书涉及的所有上市公司年报文件均来自巨潮资讯网(http://www.cninfo.com.cn/new/index)最新公布,数字化转型指标系使用 Python 软件从企业年报文件中抓取关键词条聚合构建形成,企业层面的其余数据来自 CSMAR 数据库。

（一）被解释变量

本书选取能源企业主业绩效(MRS)作为被解释变量。采用剔除金融收益后的资产收益率来衡量能源企业主业绩效,即 MRS =（营业利润−投资收益−公允价值变动收益+对联营企业和合营企业的投资收益）/总资产。

（二）解释变量

本书选取能源企业数字化转型(EDT)作为核心解释变量。目前,关于数字化转型的研究多数是以定性分析为主,缺乏对数字化转型的定量分析。因此,采用文本分析法(Textual Analysis)对上市企业年报文本中关于数字化转型的关键词进行识别、词频计数,得到了有关企业数字化转型的"文本强度",并以此为代理变量。具体步骤为:首先梳理沪深两市交易所所有 A 股上市企业的年度报告,以此作为数据池为之后的特征词筛选提供支持。其次,进一步基于学术领域和实践领域确定能源企业数字化转型的特征词。最后,对这些特征词进行搜索、匹配和词频计数,进而分类归集关键技术方向的词频并形成最终的加总词频,建立能源企业数字化转型的评价体系。

采取该方法获取 EDT 的可靠性与有效性在于,年报是企业向股东、投资者以及其他利益相关者展示其业务状况和发展前景的重要文件。在年报中,企业往往使用特定的词语和表达方式来准确地传达其发展策略和目标。因此,通过分析年报中出现频率较高的关键词,可以帮助了解企业的经营重点和战略方向。例如,如果能源企业年报中频繁出现与人工智能、大数据、云计算、物联网等数字化转型相关的关键词,可以推测企业正在积极推进数字化转型,并在业务运营中应用了部分数字技术。

另外,为进一步规范数字化转型词库的构建,本书选取《大数据产业发展规范》(2016—2020 年)、《中国金融科技运行报告》(2019 年)和《金融科技发展规划》(2019—2021 年)等纲领性文件中关于数字化转型的指导要求,结合能源上市企业的热搜新闻和重要会议信息等,确定与数字化转型相关的关键词。在关键词的类别界分上,首先要考虑到企业在初步开展数字化转型时的底层技术架构;其次,能源企业数字化转型更加关注如何"落地",即将数字科学技术与复杂行为场景进行融合,由此会形成数字技术的应用层,最终确定"能源企业数字化转型"详细词频图谱。(见表 6-1)

表 6-1　数字化转型文本指标体系

维度	类别	关键词
底层技术	人工智能	人工智能、商业智能、图像理解、投资决策辅助系统、智能数据分析、智能机器人、机器学习、深度学习、语义搜索、生物识别技术、人脸识别、语音识别、身份验证、自动驾驶、自然语言处理
	区块链	区块链、数字货币、分布式计算、差分隐私技术、智能金融合约
	云计算	云计算、流计算、图计算、内存计算、多方安全计算、类脑计算、绿色计算、认知计算、融合架构、亿级并发、EB 级存储、物联网、信息物理系统、计算科学、超级计算机、边缘计算、云平台
	大数据	大数据、数据挖掘、文本挖掘、数据可视化、异构数据、征信、增强现实、混合现实、虚拟现实、数字工程、成像、ICT
实践应用	普遍性应用	移动互联网、工业互联网、机器人、无人机、移动互联、互联网医疗、电子商务、移动支付、第三方支付、数字平台、数字化人才、设备数字化、P2P、NFC 支付、线上、线下、B2B、B2C、C2B、C2C、O2O、网联、智能穿戴、智慧农业、智能交通、智能医疗、智能客服、智能家居、智能投顾、智能文旅、智能环保、智能营销、数字营销、无人零售、互联网金融、数字金融、科技金融、开放银行、共享电池、共享能量、AI 加持、自动驾驶、5G+、数据中心

续表

维度	类别	关键词
实践应用	行业性应用	移动互联、能源互联网、呼叫中心、源数字化、智慧能源、智能能源、综合智慧能源、智慧能源服务、智慧能源管理、能源智慧系统、数字能源、数智能源、能源数字系统、数字能源产品、智能储能、智慧应急、智能运维、数字化连接、数字化流程、数字化业务、数字化生态、可交互电网、智能电表、数字电网、智能电网、智慧电网、电网数字化、电力数字化、发电企业数字化、智能缆网、智慧水电、水电数字化、智能电池、智能风电、智慧风电、风电数字化、海上风电数字化、智能微网、智慧光伏、光伏数字化、智慧氢能、智慧核电、智慧核能、智能矿山、智能煤机、煤矿 5G、虚拟电厂、智慧油气管线、智慧煤矿、数字化油田、智能油田、智慧油气田、智慧油气管网、智慧电厂、智慧油气储备库、智慧用能、智慧管网、石油数字化、在线缴费、数字渠道平台、智能电力设备、数字赋能、数字化能源监测、数字化能源管理、新能源信息化、数字化风场、新能源+、能源产业数字化、数字化交付、数字化运营

资料来源：笔者根据《大数据产业发展规范》(2016—2020 年)及《金融科技发展规划》(2019—2021 年)自行整理所得。

在得到数字化转型特定关键词的基础上，基于 Python 大数据爬虫功能，按照"数据抓取→关键词匹配和次数统计→指标加总处理"的步骤，建立关键词与数字化转型程度之间的关联，统计确定特定年份年报中关键词的出现频次，进行加总处理后得到能源企业数字化转型的总指标。最后加入对数化处理以纠正这类计数统计数据的典型"右偏"特征。

（三）控制变量

为准确衡量数字化转型对能源企业绩效的影响，还需要考虑部分控制变量：企业规模(ES)，以企业总资产的自然对数值衡量；企业营业收入(OR)，以企业总收入的自然对数值反映；企业年龄(EA)，用样本年份与企业成立年份差值（取正值）的自然对数值来刻画；总资产收益率(ROA)，采用净利润占资产总额的比重表示；净资产收益率(ROE)，采用净利润占净资产的比重表示；应收账款(AR)，采用应收账款金额表示；总资产负债率(TTC)，用以表征财务杠杆即总负债与总资产之比；创新投入(II)，采用企业研发与营业收入的比值表示；创新产出(IO)，采用企业专利申请数表示；企业价值(EV)，采用托宾 Q 值表示；财务稳定(FS)，采用阿特曼 Z-Score 得分表示。以上控制变量多为财务性指标，进一步加强了数字化转型、能源企业绩效评估与资本市场表现的关联性。

由此，本书共选取 913 家沪深两市 A 股上市能源企业为研究样本，探究能源企业数字化转型对主业绩效的影响。相关变量的描述性统计如表

6-2所示。

表6-2 各变量的描述性统计

变量	观测值	均值	标准差	最小值	最大值
MRS	10956	0.3164	3.0911	−24.6816	86.8322
EDT	10956	44.3978	79.7664	0.0000	1166.0000
ES	10956	22.1921	1.4960	14.3226	28.6365
OR	10956	21.4693	1.6152	−22.6034	28.7183
EA	10956	2.6964	0.5004	0.0000	4.1431
ROA	10956	0.0446	0.2410	−4.7821	19.6743
ROE	10956	0.0749	1.2514	−26.1794	64.0564
AR	10956	0.4639	0.2790	−3.2277	11.9950
TTC	10956	0.6636	0.4966	−0.5304	9.3799
II	10956	3.5030	3.7448	0.0000	58.2500
IO	10956	0.3161	1.0679	0.0000	9.0350
EV	10956	1.8657	1.6816	0.6837	76.8195
FS	10956	4.1224	8.8474	−5.7090	668.9068

资料来源:笔者使用Stata 18软件自行分析所得。

二、能源企业主业绩效的空间差异分析

为了进一步探究能源企业主业绩效的空间差异及其来源,利用Dagum基尼系数对能源企业主业绩效进行分析。

表6-3反映了能源企业主业绩效的空间差异及其贡献率,样本考察期内,能源企业主业绩效总体区域差异的均值为0.013,整体呈现出波动下降的变化趋势,且趋于平稳,年均下降25.89%,在2019年达到低谷0.001。这表明,研究期内总体区域差异表现出下降的趋势,意味着能源企业主业绩效的区域总体协同性不断增强。基于此,本书进一步分析能源企业主业绩效的区域内差异、区域间差异和超变密度对总体差异的贡献情况,发现能源企业主业绩效区域内差异的贡献率均值最高,达到51.972%,其次是超变密度,贡献率均值为32.759%,区域间差异的贡献率最低,贡献率均值为15.269%。这表明,能源企业主业绩效的区域内差异是总体差异的主要来源,且超变密度贡献明显要高于区域间差异的贡献。

表6-3　2012—2023 年能源企业主业绩效的
空间差异来源及其贡献率

年份	总体	区域内来源	贡献率（%）	区域间来源	贡献率（%）	超变密度来源	贡献率（%）
2012	0.054	0.032	59.567	0.010	18.457	0.012	21.976
2013	0.042	0.025	59.448	0.008	19.038	0.009	21.514
2014	0.029	0.017	58.967	0.006	19.294	0.006	21.739
2015	0.015	0.009	59.163	0.003	18.787	0.003	22.050
2016	0.002	0.001	51.105	0.000	19.408	0.000	29.487
2017	0.002	0.001	47.590	0.000	22.653	0.000	29.757
2018	0.002	0.001	40.774	0.001	32.431	0.000	26.795
2019	0.001	0.001	49.413	0.000	6.282	0.001	44.305
2020	0.002	0.001	50.540	0.000	5.149	0.001	44.312
2021	0.002	0.001	48.546	0.000	12.905	0.001	38.549
2022	0.002	0.001	51.120	0.000	4.031	0.001	44.849
2023	0.002	0.001	47.435	0.000	4.790	0.001	47.775
均值	0.013	0.008	51.972	0.002	15.269	0.003	32.759

资料来源：笔者使用 Stata 18 软件自行分析所得。

　　表6-4 给出了能源企业主业绩效的区域内差异大小及其贡献率。分地区来看，东部地区能源企业主业绩效的区域内差异最大，其次是中部地区和西部地区，东北地区的区域内能源企业主业绩效差异最小。除东北地区外，东部地区、中部地区和西部地区能源企业主业绩效的区域内差异均出现下降的趋势，分别年均下降 27.43%、23.11% 和 13.61%。因此，解决我国能源企业主业绩效非均衡问题的重点在于促进东部地区和东北地区能源企业主业绩效的协同提升。

表6-4　2012—2023 年能源企业主业绩效的
区域内基尼系数分解及其贡献率

年份	东部	贡献率（%）	东北	贡献率（%）	中部	贡献率（%）	西部	贡献率（%）
2012	0.068	54.400	0.001	0.800	0.036	28.800	0.020	16.000
2013	0.052	54.167	0.001	1.042	0.028	29.167	0.015	15.625
2014	0.036	52.941	0.001	1.471	0.021	30.882	0.010	14.706

续表

年份	东部	贡献率(%)	东北	贡献率(%)	中部	贡献率(%)	西部	贡献率(%)
2015	0.019	52.778	0.001	2.778	0.010	27.778	0.006	16.667
2016	0.002	33.333	0.001	16.667	0.001	16.667	0.002	33.333
2017	0.001	20.000	0.001	20.000	0.001	20.000	0.002	40.000
2018	0.001	14.286	0.001	14.286	0.001	14.286	0.004	57.143
2019	0.001	25.000	0.001	25.000	0.001	25.000	0.001	25.000
2020	0.002	28.571	0.001	14.286	0.002	28.571	0.002	28.571
2021	0.002	25.000	0.002	25.000	0.001	12.500	0.003	37.500
2022	0.002	40.000	0.001	20.000	0.001	20.000	0.001	20.000
2023	0.002	20.000	0.002	20.000	0.002	20.000	0.004	40.000
均值	0.016	35.040	0.001	13.444	0.009	22.804	0.006	28.712

资料来源:笔者使用 Stata 18 软件自行分析所得。

表 6-5 列示了东部地区、东北地区、中部地区、西部地区四个地区能源企业主业绩效的区域间差异。可以看出,东部地区和东北地区能源企业主业绩效的区域间差异最大,其次是东部地区和中部地区、东部地区和西部地区、中部地区和西部地区,东北地区和中部地区、东北地区和西部地区能源企业主业绩效的区域间差异最小。其他大部分地区能源企业主业绩效的区域间差异整体呈现下降的变动趋势。因此,能源企业主业绩效的区域间差异要实施更为有效的控制,尤其是要推动中部地区和西部地区能源企业主业绩效的协同发展。

表 6-5 2012—2023 年能源企业主业绩效的区域间基尼系数

年份	东部—东北	东部—中部	东部—西部	中部—西部	东北—中部	东北—西部
2012	0.064	0.062	0.061	0.003	0.028	0.015
2013	0.049	0.048	0.046	0.022	0.002	0.011
2014	0.034	0.033	0.032	0.016	0.002	0.008
2015	0.018	0.017	0.017	0.008	0.008	0.004
2016	0.002	0.002	0.002	0.001	0.001	0.001
2017	0.001	0.001	0.002	0.002	0.001	0.002
2018	0.001	0.001	0.002	0.002	0.001	0.003
2019	0.001	0.001	0.001	0.001	0.001	0.001
2020	0.001	0.002	0.002	0.002	0.001	0.002

续表

年份	东部—东北	东部—中部	东部—西部	中部—西部	东北—中部	东北—西部
2021	0.002	0.002	0.002	0.002	0.001	0.002
2022	0.002	0.002	0.002	0.001	0.001	0.001
2023	0.002	0.002	0.002	0.003	0.002	0.003
均值	0.015	0.014	0.014	0.005	0.004	0.004

资料来源：笔者使用 Stata 18 软件自行分析所得。

三、能源企业数字化转型的空间差异分析

利用 Dagum 基尼系数进一步探究能源企业主业绩效的空间差异及其来源。表 6-6 反映了能源企业数字化转型的空间差异及其贡献率，样本考察期内，能源企业数字化转型总体区域差异的均值为 0.667，整体呈现出波动下降的变化趋势，年均下降 1.55%，在 2022 年达到低谷 0.611。这表明，研究期内，能源企业数字化转型的区域总体协同性在不断增强。进一步探讨区域内差异、区域间差异和超变密度对总体差异的贡献情况，能源企业数字化转型区域内差异的贡献率均值最高，达到 51.811%，其次是超变密度，贡献率均值为 38.637%，区域间差异的贡献率最低，贡献率均值为 9.533%。这表明，能源企业数字化转型的区域内差异是总体差异的主要来源，且区域间差异贡献明显要低于超变密度贡献。

表 6-6　2012—2023 年能源企业数字化转型的
空间差异来源及其贡献率

年份	总体	区域内来源	贡献率（%）	区域间来源	贡献率（%）	超变密度来源	贡献率（%）
2012	0.741	0.410	55.321	0.119	16.025	0.212	28.654
2013	0.722	0.395	54.744	0.109	15.118	0.218	30.139
2014	0.699	0.368	52.656	0.082	11.727	0.249	35.618
2015	0.672	0.351	52.230	0.074	11.076	0.247	36.695
2016	0.666	0.352	52.788	0.083	12.455	0.232	34.757
2017	0.660	0.340	51.513	0.064	9.769	0.256	38.717
2018	0.657	0.337	51.321	0.054	8.258	0.266	40.422
2019	0.659	0.332	50.437	0.041	6.294	0.285	43.269
2020	0.651	0.329	50.531	0.042	6.398	0.280	43.071
2021	0.639	0.320	50.112	0.041	6.463	0.277	43.425

续表

年份	总体	区域内来源	贡献率（%）	区域间来源	贡献率（%）	超变密度来源	贡献率（%）
2022	0.611	0.310	50.716	0.042	6.796	0.260	42.489
2023	0.624	0.308	49.360	0.027	4.256	0.290	46.384
均值	0.667	0.346	51.811	0.065	9.553	0.256	38.637

资料来源:笔者使用 Stata 18 软件自行分析所得。

表 6-7 给出了能源企业数字化转型的区域内差异大小及其贡献率。分地区来看,中部地区能源企业数字化转型的区域内差异最大,其次是东北地区和西部地区,东部地区的区域内能源企业数字化转型的差异最小。东部地区、东北地区和中部地区能源企业数字化转型的区域内差异均出现不同程度的下降趋势,其中东部地区的区域内差异下降幅度最大,年均下降1.79%,其次是中部地区(1.20%)和东北地区(0.47%),西部地区的区域内差异下降最小,年均下降0.08%。因此,解决我国能源企业数字化转型非均衡问题的重点在于促进中部地区能源企业数字化转型的内部协同提升。

表 6-7　2012—2023 年能源企业数字化转型的
区域内基尼系数分解及其贡献率

年份	东部	贡献率（%）	东北	贡献率（%）	中部	贡献率（%）	西部	贡献率（%）
2012	0.738	25.759	0.715	24.956	0.754	26.318	0.658	22.967
2013	0.717	25.426	0.720	25.532	0.738	26.170	0.645	22.872
2014	0.684	24.569	0.658	23.635	0.756	27.155	0.686	24.641
2015	0.658	24.470	0.657	24.433	0.717	26.664	0.657	24.433
2016	0.652	24.077	0.688	25.406	0.712	26.292	0.656	24.225
2017	0.641	23.403	0.729	26.616	0.701	25.593	0.668	24.388
2018	0.643	23.701	0.735	27.092	0.683	25.175	0.652	24.032
2019	0.642	23.534	0.739	27.089	0.694	25.440	0.653	23.937
2020	0.635	23.659	0.705	26.267	0.675	25.149	0.669	24.925
2021	0.617	23.222	0.699	26.308	0.68	25.593	0.661	24.878
2022	0.597	23.700	0.660	26.201	0.632	25.089	0.630	25.010
2023	0.605	23.305	0.679	26.156	0.66	25.424	0.652	25.116
均值	0.652	24.069	0.699	25.808	0.700	25.839	0.657	24.285

资料来源:笔者使用 Stata 18 软件自行分析所得。

　　表6-8列示了东部地区、东北地区、中部地区、西部地区四个地区能源企业数字化转型的区域间差异。可以看出,东北地区和中部地区能源企业数字化转型的区域间差异最大,其次是中部地区和西部地区、东北地区和西部地区、东部地区和中部地区、东部地区和西部地区,东部地区和东北地区能源企业数字化转型的区域间差异最小。因此,能源企业数字化转型的区域间差异要实施更为有效的控制,尤其是要推动中部地区和东北地区能源企业数字化转型的协同发展。此外,不同地区能源企业数字化转型的区域间差异整体呈现不同程度的下降趋势,说明能源企业数字化转型的区域间差异在不断减弱。

表6-8　2012—2023年能源企业数字化转型的区域间基尼系数

年份	东部—东北	东部—中部	东部—西部	中部—西部	东北—中部	东北—西部
2012	0.738	0.742	0.738	0.727	0.749	0.684
2013	0.718	0.722	0.718	0.710	0.736	0.680
2014	0.683	0.697	0.688	0.738	0.741	0.690
2015	0.659	0.669	0.663	0.703	0.708	0.671
2016	0.654	0.663	0.656	0.692	0.709	0.675
2017	0.647	0.652	0.648	0.691	0.711	0.696
2018	0.649	0.651	0.647	0.673	0.698	0.682
2019	0.650	0.652	0.646	0.682	0.706	0.683
2020	0.640	0.643	0.643	0.678	0.684	0.683
2021	0.623	0.629	0.626	0.677	0.686	0.675
2022	0.601	0.604	0.604	0.633	0.639	0.641
2023	0.610	0.615	0.613	0.660	0.666	0.664
均值	0.656	0.662	0.658	0.689	0.703	0.677

资料来源:笔者使用Stata 18软件自行分析所得。

第三节　能源企业数字化转型与主业绩效的基准回归分析

　　为验证数字化转型对能源企业主业绩效的影响,本书构建以下数理模型:

$$MRS_{i,t+1} = \alpha_1 + \beta_1 EDT_{i,t-1} + \sum \beta_i CVs + \sum Year + \sum Ind + \varepsilon$$

$$(6-1)$$

　　其中,能源企业主业绩效($MRS_{i,t+1}$)为被解释变量;数字化转型
$EDT_{i,t-1}$为核心解释变量;CV_s为控制变量组,涵盖前述控制变量;且本书
在模型中设置时间($Year$)与行业(Ind)的双固定效应作为哑变量,吸收
不同行业与各时间截面变动下对结果分析可能造成的潜在不可预测因素的
影响;ε为随机误差项。考虑到能源企业数字化转型影响至主业绩效具有
一定的时滞性,本书对EDT_i做滞后一期处理,这样不仅考虑了实践中变量
之间的传递耗时,而且在技术上有效避免了反向因果的内生性干扰问题。

　　表6-9为能源企业数字化转型影响主业绩效的检验结果。在模型
M(1)中,仅控制了时间和行业固定效应,能源企业数字化转型($L.EDT$)的
回归系数为0.0103,且在1%显著性水平上通过了检验;在模型M(2)中,在
原有基础上引入了控制变量集,能源企业数字化转型($L.EDT$)的回归系数
显著为正。这意味着,随着能源企业数字化转型进程的加快,能源企业的主
业绩效会明显提升,两者之间呈显著的正相关关系。由此,本书的核心假说
得到了经验证据支持。

表6-9　能源企业数字化转型与主业绩效

Index	M(1)作处理 MRS	M(2)作处理 MRS
$L.EDT$	0.0103 *** (3.63)	0.0108 *** (3.75)
CVs	NO	YES
$Year$	YES	YES
Ind	YES	YES
N	10043	10043
$adj.R^2$	0.0786	0.0958

注:***、**和*分别表示1%、5%和10%水平的统计显著性;括号中为相应的t统计量。下文同。

第四节　能源企业数字化转型与
主业绩效的稳健性检验

　　稳健性检验,即敏感性分析(Sensitivity Analysis),是实证研究中诊断模
型误设(Misspecification)的常规方法。所谓"稳健性",指当研究者对回归
设定进行适当调整(增减回归元)时,估计所得的系数不会发生明显的变
化。如果一项研究所估计的回归系数具有合理的符号与大小,并且通过了
稳健性检验,那么通常就会认为回归估计得到的系数可以被解读为相应回

归元的真实因果效应。通过稳健性检验的方法,以期为能源企业数字化转型与主业绩效提供更好的识别潜在误设的方法,强化经济学结构性推断的有效性与可信性,从而提高研究的质量。

一、删除部分样本

全球范围的金融重大冲击在一定程度上可能对能源企业数字化转型产生影响,如在受到重大不利金融事件冲击后,能源企业自身的数字化转型过程也会出现停滞。如果忽视了这类因素对主业绩效的影响,容易产生一定的内生性干扰。近年来,国际和国内出现了两个相对重要的金融冲击,即国际金融危机(2008年)和中国股灾(2015年)。但是,现有研究难以利用变量构建的方法来吸收这类因素的影响。

为此,本书通过两种方式剔除这类金融因素:一是将国际金融危机对能源企业数字化转型的影响剔除,但是,考虑到危机的后效性特征,本书剔除2012年的企业样本,保留了2013—2023年的样本进行检验;二是在剔除国际金融危机的基础上,进一步剔除中国股市的影响,截取2011—2014年和2016—2022年的样本进行检验。根据表6-10中删除部分样本的回归结果发现,能源企业数字化转型仍然显著促进主业绩效的提升,这也从侧面为本书的核心研究结论提供了佐证。

表6-10　稳健性检验:删除部分样本

Index	M(1) 不作处理 MRS	M(2) 不作处理 MRS
L.EDT	0.0061 *** (3.64)	0.0073 *** (3.67)
—	剔除国际金融危机的影响	剔除国际金融危机+ 中国股市的影响
CVs	YES	YES
Year	YES	YES
Ind	YES	YES
N	9130	7304
adj.R^2	0.0770	0.0934

二、延长观测窗口

本书进一步延长了能源企业数字化转型影响主业绩效的时间考察窗

口,稳健性检验结果见表6-11。可以看出,在模型 M(1)—模型 M(3)中,对 *EDT* 进行滞后2—4期处理;在模型 M(4)—模型 M(6)中,对 *MRS* 进行前置2—4期处理。

表6-11　稳健性检验:延长观测窗口

Index	M(1) 不作处理 *MRS*	M(2) 不作处理 *MRS*	M(3) 不作处理 *MRS*	M(4) F2.*MRS*	M(5) F2.*MRS*	M(6) F2.*MRS*
L.EDT	—	—	—	0.0069*** (3.74)	0.0030*** (3.75)	0.0003* (1.93)
L2.EDT	0.0064*** (3.68)	—	—	—	—	—
L3.EDT	—	0.0028*** (3.66)	—	—	—	—
L4.EDT	—	—	0.0022 (1.56)	—	—	—
CVs	YES	YES	YES	YES	YES	YES
Year	YES	YES	YES	YES	YES	YES
Ind	YES	YES	YES	YES	YES	YES
N	9130	8217	7304	9130	8217	7304
adj.R²	0.0816	0.0674	0.1891	0.0869	0.0689	0.0177

　　实证研究发现,无论是对 *EDT* 进行滞后处理还是对 *MRS* 进行前置处理,除了 *MRS* 滞后4期的回归结果不显著外,多数回归结果中 *MRS* 的回归系数均为正且通过1%或10%水平的显著性检验,说明能源企业数字化转型对主业绩效产生显著的正向效应,这也进一步说明本书核心研究结论十分稳健。

三、分位数检验

　　随着能源企业数字化转型进程的加快,不同主业绩效下的能源企业行为可能存在明显差距。因此,通过进一步就主业绩效进行分位数层面的分析。结果显示,*EDT* 在条件分布的不同位置,对 *MRS* 存在不同的作用强度。但是,多数的 *EDT* 水平下的作用强度系数拟合线要明显高于水平线。这表明,虽然主业绩效强度发生改变,但是能源企业数字化转型对主业绩效的正向效应始终保持稳定的影响,核心结论"能源企业数字化转型有助于提升主业绩效"并没有发生变化。再次验证核心假设的成立。同时,可引申出在能源企业数字化转型中进行一定比重创新投入,均能有创新产出的效率升级,而对其投入产出转化率的影响因素与转型作用强度将在后文进一步分析。

四、缩尾检验

本部分将能源企业数字化转型的数据分别进行 1% 和 5% 的缩尾处理,即分别剔除首尾 1% 和 5% 的离群值,将超出指定范围的数值分别替换成该百分位上的数值,从而保证数据更加平稳。采用经缩尾处理后的数据进行了回归检验。

表 6-12 汇报了将 EDT 进行缩尾处理后对主业绩效影响的稳健性检验结果,两个模型分别是对 EDT 进行了 1% 和 5% 的缩尾处理。与基准回归结果进行比较发现,经缩尾处理后的各项回归系数的绝对值和显著性随着缩尾处理的百分比增大而减小,但是 EDT 对主业绩效的影响方向没有发生改变。这说明,本书的基准回归结果是稳健的,这也为本书的核心结论提供了新的证据支持。

表 6-12　稳健性检验:缩尾处理

Index	M(1)缩尾 1%	M(2)缩尾 5%
$L.EDT$	0.0051 *** (5.58)	0.0000 * (1.77)
CVs	YES	YES
$Year$	YES	YES
Ind	YES	YES
N	10043	10043
$adj.R^2$	0.1318	0.6432

第五节　能源企业数字化转型与主业绩效的异质性检验

异质性检验方法又叫统计量的齐性检验(一致性检验),目的是检查各个独立研究的结果是否具有可合并性。通过异质性检验,可以进一步深入剖析对能源企业数字化转型与主业绩效的影响机制,在不同的样本或群体之间传导是否存在差异。一方面,有助于我们为后文的政策意见和前文的实际意义提供理论支持。另一方面,观测实证结果与理论结果是否相符,再次佐证能源企业数字化转型提升主业绩效理论机制的正确性。

一、异质性检验

上文基于全样本视角分析了能源企业数字化转型对主业绩效的影响,并且经过多重稳健性检验验证了两者之间的影响效应。但是,在不同能源企业属性和区域差异下,能源企业数字化转型传递至主业绩效可能存在非对称效果,分析该问题有助于形成差异化的能源政策导向。

从企业类型看,企业性质可能成为影响能源企业数字化转型提升主业绩效的潜在因素。国有企业因下游需求者较为稳定,市场竞争力小,对数字化转型关注度、主观意愿与内在动力较小。而非国有能源企业面对自由市场更大的竞争压力,数字化转型意愿相对较大。因此,在微观要素与关联效应叠加影响下进一步分析,企业性质可能会影响能源企业数字化转型意愿与力度,进而影响主业绩效提升,具体异质性检验结果见表6-13。

表6-13　能源企业数字化转型与主业绩效:企业类型异质性检验

Index	M(1) 不作处理 *MRS*	M(2) 不作处理 *MRS*
L.EDT	0.0022* (1.78)	0.0130*** (3.49)
划分依据	国有能源企业	非国有能源企业
CVs	YES	YES
Year	YES	YES
Ind	YES	YES
N	3267	6776
adj.R²	0.0935	0.1273

从自然禀赋看,企业区位与政策支持也是影响能源企业数字化转型提升主业绩效的重要因素。东部发达地区地理区位、市场占有、资源获取等方面自然禀赋优势明显且基础较好,数字化转型投入产出比高,主业绩效提升速度较快。同时,政策支持也为数字化转型赋予更多驱动力。根据前瞻产业研究院的数据分析,中国能源企业从企业地域分布情况来看,北京、广东、山东、上海、江苏分别占据前5位,占总体的43.2%,这5个地区均在东部沿海地区,西部地区份额较小。由于东西部地区在技术、资金、人才上存在差异,行业内企业布局不合理,东西部地区发展差距明显,具体异质性检验结

果见表6-14。

表 6-14　能源企业数字化转型与主业绩效:区域异质性检验

Index	M(1) 不作处理 *MRS*	M(2) 不作处理 *MRS*	M(3) 不作处理 *MRS*	M(4) 不作处理 *MRS*
L.EDT	0.0135 *** (3.47)	−0.0000 (−0.13)	0.0063 (1.56)	0.0022 (1.63)
划分依据	东部	东北	中部	西部
CVs	YES	YES	YES	YES
Year	YES	YES	YES	YES
Ind	YES	YES	YES	YES
N	6776	484	1485	1298
adj.R^2	0.1226	0.8574	0.0599	0.1136

　　实证结果发现,在国有能源企业组别中,*L.EDT*的回归系数为0.0022且通过1%显著性水平的检验;而非国有企业组别中,*L.EDT*在1%显著性水平下的回归系数为0.0130。可以看出,国有和非国有能源企业数字化转型均能够显著提升主业绩效,且非国有能源企业数字化转型对主业绩效的促进作用明显高于国有能源企业数字化转型。其可能的原因为:首先,国有企业依托国家背景的平台效应,内部信息资源交互途径较外部非国有企业更为通畅,且与非国有能源企业相比,国有能源企业可顺势获得一定市场空间,面临的市场竞争压力较小;其次,国有企业主观市场竞争意愿较低,本身市场竞争能力也较差,同时创新和研发激励不足,导致技术革新与产品质量和种类突破十分缓慢、缺乏变化,其内在生产创新动力不足。以上原因导致国有企业在数字化转型后主业绩效预期提升情况较非国有企业有所差距。而非国有企业在巨大市场竞争压力下,为保证市场占有率、维持企业生存,从事创新转型活动的主观意愿更强,更期望通过数字化转型优化资源配置结构、提高信息效率、完成数字化技术升级以提高主业绩效达到更优利润空间,从而不断加快数字化转型落地,以实现更高的主业绩效。

　　分区域来看,在东部地区,*L.EDT*对*F.MRS*的回归系数为0.0135,并在1%水平上通过了显著性检验,说明东部地区能源企业数字化转型显著促进主业绩效的提升。东北地区*L.EDT*对*F.MRS*的回归系数为−0.0000,但没有通过显著性水平检验,表明东北地区企业数字化转型对主业绩效的抑制作用不显著。中部地区和西部地区*L.EDT*对*F.MRS*的回归系数均为正,但都没有通过显著性水平检验,说明中部地区和西部地区能源企业数字化转型对主业绩效的促进作用都不显著。这可能是由于东部地区能源企业在地理区位、市场占有、资源获取等方面具有天然的优势,在创新转型领域的投入明显高于其他地区,承担了数字化转型领头羊的角色,因而有利于加快推动主业绩效的提升。

二、主 要 结 论

　　能源企业能够加快市场需求结构升级、持续提升科技创新能力、推动内部产业结构调整和产品结构升级、促进科技和产业深度融合,是推动经济高质量发展的主要承担者,也是实现三大变革的基础。只有推动能源企业数字化转型,才能实现能源产业的高质量发展。本章以能源企业数字化转型为研究对象,通过大数据文本提取技术对能源企业"数字化转型"的关键词进行搜寻、识别、配对与加总,将能源企业数字化转型特征变量与反映主业绩效的财务变量相结合,实证检验能源企业数字化转型对主业绩效的影响效应。研究结果表明,能源企业数字化转型能够显著促进主业绩效的提升,且这一结论具有稳健性。分企业类型看,国有和非国有能源企业数字化转型均能够显著提升主业绩效,且非国有能源企业数字化转型对主业绩效的促进作用明显高于国有能源企业数字化转型;分区域看,只有东部地区能源企业数字化转型显著促进主业绩效的提升,而东北地区、中部地区、西部地区能源企业数字化转型对主业绩效的影响均不显著。

第七章　能源企业数字化转型与
主业绩效的影响因素

通过第六章对能源企业数字化转型影响主业绩效的实证分析,已经明确能源企业数字化转型对主业绩效具有显著的促进效应,但是尚不清楚这些结果发生的作用机制。因此,探讨能源企业数字化转型对主业绩效的作用机制,实际上就是要发现,能源企业的数字化转型通过哪些途径对主业绩效增长产生作用? 同时,创新投入和创新产出能够衡量能源企业数字化转型对主业绩效的"投入—产出"绩效,企业价值和财务状况能够衡量能源企业数字化转型后的经济绩效和风险水平。此外,由于能源企业的数字化转型水平存在较大差距,能源企业数字化转型对主业绩效是否存在非线性的影响效应仍有待考证。基于此,本章将对以下两个问题进行探讨:第一,能源企业数字化转型是否通过创新投入、创新产出、企业价值和财务稳定性来间接影响主业绩效;第二,能源企业数字化转型与主业绩效之间是否存在真实的非线性关系。

第一节　能源企业数字化转型影响
主业绩效的模型构建

当前,数字化理论研究从赋能实体经济实践,再到微观上推动企业绩效提升,在地区与行业等多层面均存在具体影响路径与作用机制的差异。在细化应用过程中,仍面临转型成本与转型不确定性等多方面问题与挑战,有待通过数字化转型对企业绩效的具体作用机制分析与实际检验进行解决。

首先,能源企业数字化转型后有利于信息效率提升以促进主业绩效提升。在"投入—产出效率"的突破式创新路径下,数字化转型有利于生态体系的打造与完善,在能源企业行业生态圈的产业链"链主"企业领导下,合作模式突破式创新,开展多层次多维度合作—协作平台,开展协同技术研发、协同资源互补、协同产业联动。同时,企业外部投资者充分掌握信息,"曝光效应"吸引投资者关注度,股票交易概率也将提升,从而推进能源企业上市融资。综上,数字化转型在该路径下的突破性创新推动全行业信息披露效率提高,升级合作模式与拓宽注资渠道,为能源企业上市及发展注入创新活力。

其次,能源企业数字化转型后有利于资源结构优化以提高主业绩效。从资金角度来看,在有限财务资源约束下达到最优资金使用效率边界,为企业生产与技术创新注入新动力,以提高生产效率与技术先进性,达成大幅削减产品成本、通过技术升级提高产品性能与质量保证的突破性创新。从其他生产要素角度来看,传统生产模式与数字科学技术结合,借助技术层面创新,对有限生产资源测算评估,优化重组,突破了传统要素的边界约束,在有限条件实现最大化价值功能产出。从而最大程度挖掘有限资源价值,在投入产出效率增量上达到突破性提升,提高主业绩效。

最后,数字化转型促进技术数字化升级以提高主业绩效。一方面,通过生产设备智慧化升级替代人工提高开采效率、控制人力成本;另一方面,企业数字化转型带来更强大的技术创新动能,从关键工序数控化率、数字化研发设计工具普及率、经营管理数字化普及率等全方位多角度为企业主业绩效提升带来了重要的技术驱动力,这是数字化转型将更多资源注入技术突破式数字升级带来的高效化优势。综上,本书认为投入产出效率是能源企业数字化转型促进企业主业绩效提升的主要机制路径,将通过中介效应模型对两者之间的影响渠道机制进一步检验识别,并进一步构建面板门槛模型探究能源企业数字化转型对主业绩效是否存在门槛效应。

一、中介效应模型设定

上文中对能源企业数字化转型与主业绩效之间的核心关系进行了实证检验,但是并未对其中的机制黑箱进行分析。为此,本书选取"创新投入与创新产出""企业价值与财务稳定"两类渠道进行检验。为了刻画能源企业数字化转型影响主业绩效的机制路径,采用中介效应模型进行识别检验,中介效应模型的数学表达式为:

$$MRS_{i,t+1} = \alpha_1 + \beta_1 EDT_{i,t-1} + \sum \beta_i CVs + \sum Year + \sum Ind + \varepsilon \tag{7-1}$$

$$Mediator_{i,t} = \alpha_2 + \theta_1 EDT_{i,t-1} + \sum \theta_i CVs + \sum Year + \sum Ind + \tau \tag{7-2}$$

$$MRS_{i,t+1} = \alpha + \varphi_1 Mediator_{i,t} + \varphi_2 EDT_{i,t-1} + \sum \varphi_i CVs + \sum Year + \sum Ind + \xi \tag{7-3}$$

式中,MRS 为被解释变量,EDT 为解释变量,$Mediator$ 为中介变量组,CVs 为控制变量组。其中,本书选取的两组中介变量中,第一组为创新投入(II)和创新产出(IO),反映能源企业数字化转型的"投入—产出"绩效;第二组为企业价值(EV)和财务稳定(FS),反映能源企业数字化转型后的经济绩效和风险水平。考虑到中介效应模型的变量传导具有一定的时滞性,也为了克服变量间可能存在的反向因果干扰,本书对 MRS 做前置一期处理,中介变量保持当期的数据结构,EDT 做滞后一期处理。

二、面板门槛模型设定

本书进一步构建面板门槛模型探究能源企业数字化转型对主业绩效是否存在门槛效应。其中,门槛效应是指一个经济参数超过了特定的临界值后,另一个经济参数在数量或方向上发生变化的结构突变现象。这一经济参数的临界值为门槛值。门槛回归的核心是如何找到导致经济系统结构改变的临界值,即结构变化内生于经济系统内部。

门槛效应模型无须设定非线性方程的形式、门槛值及其个数,完全由样本数据内生决定,并且提供一个渐进分布理论来构建待估参数的置信区间,其数学表达式为:

$$y_t = a_1 x_t + e_t \qquad q_t \leqslant \gamma \qquad (7-4)$$

$$y_t = a_2 x_t + e_t \qquad q_t > \gamma \qquad (7-5)$$

式中,q_t 为门槛变量,γ 为门槛值,e_t 为残差项。其中,门槛变量不仅可以作为解释变量中的一个回归元,也可以作为一个独立的门槛变量。

设定一个虚拟变量 $D_t(\gamma) = \{q_t \leqslant \gamma\}$ 和一个指示函数 $\{\cdot\}$,当 $q_t \leqslant \gamma$ 时,$D = 1$;当 $q_t > \gamma$ 时,$D = 0$。同时,令集合 $x_t(\gamma) = x_t D_t(\gamma)$,因而模型(7-4)和模型(7-5)可以改写为:

$$y_t = \theta x_t + \rho x_t(\gamma) + e_t \qquad e_t \sim iid(0, \sigma_t^2) \qquad (7-6)$$

其中,$\theta = a'_2$,$\rho = a'_1 - a'_2$,$e_t = [e_{1t} e_{2t}]'$。当 γ 给定时,式(7-6)中的 θ 和 ρ 为线性关系。对应于任意门槛值 γ,通过求残差平方和 $S_n(\gamma) = \hat{e}_t(\gamma)' \hat{e}_t(\gamma)$ 来得到各参数的估计值,最优门槛值 $\hat{\gamma}$ 是使 $S_n(\gamma)$ 在所有残差平方和中达到最小,即 $\hat{\gamma} = \mathrm{argmin} S_n(\gamma)$。在计算中,需要对样本根据门槛变量大小进行排序,然后使用"网格搜索法"进行抽样,从而找出使残差平方和最小化的值即门槛值。

第二节 能源企业数字化转型影响
主业绩效的机制识别

在第六章第三节中选取能源企业数字化转型 $L.EDT$ 为解释变量,主业

绩效 *F.MRS* 为被解释变量进行回归分析，其回归系数 0.0103，且在 1% 水平上通过显著性检验，说明能源企业数字化转型有利于企业主业绩效的提升，可以进行下一步的中介效用检验。

首先，以 *L.EDT* 为解释变量、*II* 为被解释变量进行回归分析，其次，以 *L.EDT* 和 *II* 为解释变量、*F.MRS* 为被解释变量进行回归分析。根据表 7-1 可知，*L.EDT* 对 *II* 的回归系数不显著，而 *L.EDT* 和 *II* 对 *F.MRS* 的回归系数均显著为正。对此，需要进一步做 Sobel 检验以确认 *II* 是否是 *L.EDT* 和 *MRS* 之间的中介变量。结果发现，创新投入在能源企业数字化转型和主业绩效关系中的中介效应显著。同理，通过 Sobel 检验发现创新产出在能源企业数字化转型和主业绩效关系中的中介效应不显著。一方面，能源企业数字化转型是一项系统工程，需要更多的专项投入才能实现，因而提升了对创新投入的需求，同时，为能源企业提供更多高效的创新生态场景，加快研发投入的产出绩效提升，推动了能源企业主业绩效提升。另一方面，能源企业数字化转型进程缓慢，尚未在信息搜集、解读、输出等方面提供有力的工具支持，在能源企业主业绩效提升上尚未充分发挥作用。

表 7-1　能源企业数字化转型与主业绩效的
机制识别：创新投入与创新产出

Index	M（1） *F.MRS*	M（2） *II*	M（3） *F.MRS*	M（4） *IO*	M（4） *F.MRS*
L.EDT	0.0067 *** （3.71）	0.0016 （1.58）	0.0066 *** （3.71）	-0.0001 （-0.49）	0.0067 *** （3.71）
II	—	—	0.0295 *** （3.74）	—	—
IO	—	—	—	—	-0.0161 * （-1.70）
Sobel 检验	中介变量：创新投入 1.5725 ** 机制有效—正向传导			中介变量：创新产出 0.4743 机制无效	
CVs	YES	YES	YES	YES	YES
Year	YES	YES	YES	YES	YES
Ind	YES	YES	YES	YES	YES
N	9130	10043	9130	10043	9130
adj.R²	0.0853	0.0778	0.0879	0.0123	0.0853

最后,本书就能源企业数字化转型影响企业价值和财务稳定机制进行了检验,结果如表7-2所示。

表7-2　能源企业数字化转型与主业绩效的
机制识别:企业价值与财务稳定

Index	M(1) F.MRS	M(2) EV	M(3) F.MRS	M(4) FS	M(4) F.MRS
L.EDT	0.0067*** (3.71)	−0.0017 (−0.65)	0.0067*** (3.72)	−0.0022 (−1.51)	0.0067*** (3.72)
EV	—	—	0.0079 (1.14)	—	—
FS	—	—	—	—	−0.0002 (−0.26)
Sobel 检验	中介变量:企业价值 −0.5660 机制无效			中介变量:财务稳定 0.2533 机制无效	
CVs	YES	YES	YES	YES	YES
Year	YES	YES	YES	YES	YES
Ind	YES	YES	YES	YES	YES
N	9130	10043	9130	10043	9130
adj.R^2	0.0853	0.0516	0.0853	0.0141	0.0852

通过Sobel检验表明,企业价值和财务稳定在能源企业数字化转型和主业绩效关系中的中介效应均不显著。这说明能源企业数字化转型并未完全充分地提升信息处理能力,难以有效提升企业价值,同时对完善自身财务建制没有提供良好的基础支撑,无法提升财务稳定性。

第三节　能源企业数字化转型影响
主业绩效的门槛效应

一、门槛值的估计与检验

本部分利用STATA18.0对上文所设计的门槛效应模型及其检验方法进行数据处理。首先,对门槛值是否存在以及门槛值的个数问题进行检验,具体的检验结果如表7-3所示。

表7-3 门槛效应检验结果

门槛变量	门槛数量	F 值	P 值	临界值		
				10%	5%	1%
II	单一门槛	305.86***	0.0000	18.4161	25.0733	45.2827
	双重门槛	89.89***	0.0000	17.1170	20.6356	38.5970
	三重门槛	13.66	0.6750	36.2598	46.7717	65.5426
IO	单一门槛	42.42***	0.0075	6.1657	10.3116	32.9191
	双重门槛	-1.92	1.0000	8.0076	52.5663	301.5807
EV	单一门槛	121.24***	0.0000	12.9880	17.4073	43.7331
	双重门槛	1077.52***	0.0000	20.3184	36.8598	350.7847
	三重门槛	42.06	0.5500	80.9937	329.9281	488.4227
FS	单一门槛	168.91***	0.0000	18.9655	27.2496	49.8895
	双重门槛	647.18***	0.0000	26.4076	54.6483	106.9471
	三重门槛	30.83	0.5300	62.1627	91.2863	381.0451

可以看出,(1)以 II 为门槛变量,$L.EDT$ 与 MRS 之间确实呈现出一种非线性的关系,在1%显著性水平上均通过了单一门槛和双重门槛检验,而三重门槛则没有通过显著性检验。这充分说明能源企业数字化转型对主业绩效的影响存在基于创新投入的双重门槛效应;(2)以 IO 为门槛变量,单一门槛通过了1%水平的显著性检验,而双重门槛没有通过显著性检验,表明能源企业数字化转型对主业绩效的影响存在基于创新产出的单一门槛效应;(3)以 EV 为门槛变量,单一门槛效应和双重门槛效应均通过了显著性检验,而三重门槛效应没有通过显著性检验,表明能源企业数字化转型对主业绩效的影响存在基于企业价值的双重门槛效应;(4)以 FS 为门槛变量,单一门槛和双重门槛假设均通过了检验,而三重门槛假设没有通过检验,表明能源企业数字化转型对主业绩效的影响存在基于财务稳定的双重门槛效应。

在门槛效应检验之后,需要对门槛值进行估计和检验,表7-4给出了以 II、IO、EV、FS 为门槛变量的门槛估计结果及其95%的置信区间。

表7-4 门槛估计值和置信区间

Index	门槛值1		门槛值2	
	估计值	95%置信区间	估计值	95%置信区间
II	3.0100	[2.8661, 3.0165]	5.2700	—
IO	1.7918	[1.6094, 2.0127]	—	—

续表

Index	门槛值1		门槛值2	
	估计值	95%置信区间	估计值	95%置信区间
EV	1.2898	[1.2862, 1.2934]	1.2963	[1.2652, 1.2995]
FS	2.6114	[2.6006, 2.6224]	2.6335	[2.5156, 2.6525]

其中,(1)以 II 为门槛变量,门槛1和门槛2的估计值分别为3.0100和5.2700,似然比值LR均小于5%显著性水平下的临界值,处于原假设接受域内,说明门槛模型的2个门槛值与实际值相等;(2)以 IO 为门槛变量,门槛1的估计值为1.7918,似然比值LR均小于5%显著性水平下的临界值,处于原假设接受域内,说明门槛模型的1个门槛值与实际值相等;(3)以 EV 为门槛变量,门槛1和门槛2的估计值分别为1.2898和1.2963,似然比值LR均小于5%显著性水平下的临界值,处于原假设接受域内,说明门槛模型的2个门槛值与实际值相等;(4)以 FS 为门槛变量,门槛1和门槛2的估计值分别为2.6114和2.6335,似然比值LR均小于5%显著性水平下的临界值,处于原假设接受域内,说明门槛模型的2个门槛值与实际值相等。

二、面板门槛模型的估计结果分析

模型的估计结果如表7-5和表7-6所示。可以看出,以创新投入、企业价值和财务稳定为门槛变量,将能源企业数字化转型分为3个不同的区间;以创新产出为门槛变量,将能源企业数字化转型分为2个不同的区间。

由表7-5可知,(1)以 II 为门槛变量,当 II 处于低水平区间内,即低于第一门槛值3.0100时,$L.EDT$ 对不作处理 MRS 的影响系数为0.0050,且通过1%水平的显著性检验;当 II 跨越第一门槛值3.0100但低于第二门槛值5.2700时,$L.EDT$ 对不作处理 MRS 的影响系数为0.0112,且在1%显著性水平上通过检验;当 II 高于第二门槛值5.2700时,$L.EDT$ 对不作处理 MRS 的影响在1%水平下显著且系数为0.0187。整体而言,能源企业数字化转型对主业绩效的影响存在门槛效应,且以创新投入为门槛变量,跨越门槛值之后能源企业数字化转型对主业绩效的促进作用由弱变强。(2)以 IO 为门槛变量,当 IO 低于第一门槛值1.7918,能源企业数字化转型在1%显著性水平下的回归系数为0.0115;当 IO 高于第一门槛值1.7918时,$L.EDT$ 对不作处理 MRS 的回归系数下降至0.0053,较第一门槛值之前减少了53.9%。这说明,当 IO 位于低水平区间时,能源企业数字化转型对主业绩效的增长产生明显的正向效应,当创新产出超出门槛值后,能源企业数字化转型对主业绩效的正向效应减弱,即创新产出只能在一定的区间内,能源企业数字化转型对主业绩效的增长起到较强的促进作用,超出这个范围,能源企业数字化转型的促进作用会降低。

表 7-5   门槛效应回归结果(创新投入和创新产出)

Index(1)	II 门槛	Index(2)	IO 门槛
$L.EDT(\ q_1 \geqslant \gamma\ )$	0.0050*** (8.46)	$L.EDT(\ q \geqslant \gamma\ )$	0.0115*** (24.56)
$L.EDT(\ q_1 < \gamma \leqslant q_2\ )$	0.0112*** (18.71)	$L.EDT(\ q < \gamma\ )$	0.0053*** (5.16)
$L.EDT(\ q_2 < \gamma\ )$	0.0187*** (29.40)	—	—
CVs	YES	CVs	YES
$Year$	YES	Year	YES
Ind	YES	Ind	YES
N	10043	N	10043
R^2	0.1270	R^2	0.0964
F	132.71	F	108.14

由表 7-6 可知,(1)以 EV 为门槛变量,当 EV 位于低水平区间内,即企业价值低于第一门槛值 1.2898 时,$L.EDT$ 在 1%显著性水平下的影响系数为 0.0068;当 EV 跨越第一门槛值 1.2898,但低于第二门槛值 1.2963 时,$L.EDT$在 1%显著性水平下的影响系数为 0.1013;当 EV 跨越第二门槛值 1.2963 时,$L.EDT$ 在 1%显著性水平下的影响系数为 0.0118,这一结果显示,在企业价值跨越第一门槛后,能源企业数字化转型对主业绩效的促进作用不断增强;当企业价值高于第二门槛值后,能源企业数字化转型对主业绩效的促进作用降低,说明企业价值过高并不能有效地增强企业数字化转型对主业绩效的促进作用。(2)以 FS 为门槛变量,FS 低于第一门槛值 2.6114 时,$L.EDT$ 在 1%统计水平下显著且系数为正;FS 跨越第一门槛值 2.6114,但低于第二门槛值 2.6335 时,$L.EDT$ 在 1%统计水平下显著且系数为正;当 FS 跨越第二门槛值 2.6335 时,$L.EDT$ 也在 1%统计水平下显著为正,但是,$L.EDT$ 对 MRS 的影响系数由 0.0076 上升至 0.0724 后下降至 0.0125,说明财务稳定在一定区间内,能源企业数字化转型可以有效地促进主业绩效提升,如果财务稳定跨越一定区间,能源企业数字化转型对主业绩效的促进作用出现下降的趋势。以上结果表明,企业价值和财务稳定均需

要在最优区间内,能源企业数字化转型才能对主业绩效产生最大化的正向效应。

表 7-6　门槛效应回归结果(企业价值和财务稳定)

Index(1)	EV 门槛	Index(2)	FS 门槛
$L.EDT$($q_1 \geqslant \gamma$)	0.0068 *** (12.34)	$L.EDT$($q_1 \geqslant \gamma$)	0.0076 *** (14.62)
$L.EDT$($q_1 < \gamma \leqslant q_2$)	0.1013 *** (35.97)	$L.EDT$($q_1 < \gamma \leqslant q_2$)	0.0724 *** (30.15)
$L.EDT$($q_2 < \gamma$)	0.0118 *** (23.77)	$L.EDT$($q_2 < \gamma$)	0.0125 *** (22.65)
CVs	YES	CVs	YES
Year	YES	Year	YES
Ind	YES	Ind	YES
N	10043	N	10043
R^2	0.1920	R^2	0.1617
F	216.75	F	175.94

三、主 要 结 论

能源企业数字化转型对主业绩效具有显著的促进效应,在这一结论基础上,进一步探讨能源企业数字化转型对主业绩效的作用路径,以及能源企业数字化转型对主业绩效是否存在"门槛效应"。研究结果表明,能源企业数字化转型能够通过促进创新投入间接推动主业绩效的提升,而创新产出、企业价值、财务稳定在能源企业数字化转型和主业绩效关系中的中介效应不显著。同时,能源企业数字化转型对主业绩效存在显著的门槛效应,其中,以创新投入为门槛变量,能源企业数字化转型对主业绩效的影响存在双重门槛效应,在跨越门槛值之后能源企业数字化转型对主业绩效的促进作用由弱变强;以创新产出为门槛变量,当创新产出位于低水平区间时,能源企业数字化转型对主业绩效的增长产生明显的正向效应,当创新产出超出门槛值后,能源企业数字化转型对主业绩效的正向效应减弱;以企业价值为门槛变量,在企业价值跨越第一门槛值后,能源企业数字化转型对主业绩效的促进作用不断增强;当企业价值高于第二门槛值后,能源企业数字化转型对主业绩效的促进作用降低;以财务稳定为门槛变量,在财务稳定跨越第一门槛值后,能源企业数字化转型对主业绩效的促进效应不断增强;当财务稳定高于第二门槛值后,能源企业数字化转型对主业绩效的促进效应降低。总体上,无论是创新投入、创新产出还是企业价值、财务稳定,都需要保持在最优区间内,能源企业数字化转型才能对主业绩效产生最大化的促进作用。

第八章 全球能源产业数字化
发展方向与应用趋势

在这个百年未有之大变局的时代,信息技术正日益创新,呈现出智能化、创新化、数字化的趋势特征。大数据、云计算、人工智能等技术加速创新,推动世界进入数字化时代,数字经济发展迅速、辐射广泛。随着经济社会的迅猛发展,能源需求也随之进入增长的快车道。这为全球经济与气候可持续发展目标带来了严峻挑战。当前,全球 1/2 以上的温室气体排放来自能源产业,其面临的减排任务十分艰巨。全球二氧化碳排放要在 2050 年前后实现净零排放,势必对全球能源生产和消费模式带来深刻变革。因此,"双碳"目标背景下能源转型成为实现碳中和的关键因素。为满足能源需求与脱碳目标的双重要求,传统化石燃料稳步过渡到低碳无碳来源的燃料成为世界性发展趋势。

随着新一轮科技革命与产业革命的兴起,能源数字化技术正加速有机融合,成为能源产业创新发展的全新驱动力。能源产业的变革必须依托数字化、智能化的新兴技术加以持续推进。全球范围内,各国都在积极采取相关措施推动能源产业数字化进程,包括但不限于将机器学习、区块链等数字技术应用于运输、交易、消费等生产经营各环节中。此外,还可以将能源和资源进行数字化处理后,采取智能化分配的方式,提升能源供给效率,降低能源供给成本。在可以预见的将来,数字化技术将成为能源市场发展的重要一环。

第一节 全球能源市场的发展
现状与规模预测

全球能源系统在近期、中期和长期都面临着巨大的不确定性。在遏制全球气候变化、减少温室气体排放的迫切需要和许多其他因素中,长期能源市场发展的预测角度可以评估全球能源、排放甚至地缘政治的广泛的潜在未来。从近期来看,缓解能源市场高油价的选择有限。但从中长期来看,可以通过减少石油和天然气消费以及供应商的进一步多样化来加强能源安全。许多加强能源安全的选择也符合全球长期气候目标。例如,能源效率的提升和加速能源的电气化均可以减少不稳定的二氧化碳的排放量。尽管如此,电动汽车、风力涡轮机和太阳能电池组件等清洁能源技术也依赖于全球供应链。而在某些情况下,全球供应链在地理上是集中且缺乏弹性的,这表明地缘政治未来将继续在能源市场发挥作用。

在现有政策的背景参考之下,全球一次能源消费在未来 30 年将大幅增长,但是对二氧化碳的排放量降低的需求,将会驱使我们趋向于碳密集度更低的能源使用组合发展。在当前整体的气候背景之下,能源效率的显著提高将会导致一次能源消费总量的下降,这要求我们采取更加绿色清洁的燃料组合来降低二氧化碳的排放量。

一、全球能源市场发展现状

纵观全球,近年来世界能源总体上形成了煤炭、石油、天然气三分天下,清洁能源快速发展的新格局。全球化石能源虽然总体储量大,但面临着资源枯竭、污染排放严重等问题。当前的世界能源市场正处于清洁能源快速发展,能源转型加速进行的全新发展时期。

(一) 传统能源发展现状

传统能源(Conventional Energy)是指已经大规模生产和广泛利用的能源。包括人们所熟知的煤炭、石油、天然气等一次性不可再生的常规能源。煤炭、石油、天然气这些自然资源是在地壳中经过数万年的自然进程形成的,在短期内这些资源是不可再生的,因此人们会对传统能源产生一定的危机感。当今时代是"世界能源时代",在能源问题如此受关注的背景下,目前世界能源仍旧是以石油、天然气和煤炭等传统能源为主,例如核能、生物能源等新型清洁能源虽然迅速发展,但所占份额依旧远不及传统能源。

相较而言,化石能源的价格更便宜,当前的开采技术也已经较为成熟,有着标准化的操作流程,依旧是大部分能源市场的选择。在过去很长一段时间,各国经济社会的发展在一定程度上依赖于石油等传统化石能源。而在未来 20 年,仍旧将以煤炭能源为最主要的供应能源,全球的煤炭需求将增加 1.5%,化石能源仍然是人类长期生存和发展的基础。对 2020 年以来的最新能源需求市场进行研究可以发现,发达经济体的能源需求下降了 6% 以上,许多发达经济体都在某种程度上经历了经济产出的收缩。

2022 年和 2023 年,全球整体石油的需求量相对 2021 年的净变化均呈现负增长的态势。尤其是美国、欧盟等主要经济体的石油需求数据均出现不同幅度的同比下降,而中国在 2023 年度对石油需求量的净变化达到正值,石油需求量略有增加。

2023 年,全球煤炭需求大幅下降,下降率约为 4%。其主要原因是许多市场优先调度或使用可再生能源,挤压了电力组合中的天然气和煤炭。天然气较低的价格导致大量煤炭需求转向其他燃料,特别是在美国和欧盟,煤炭发电使用量分别下降了 20% 和 21%。加之工业产出尤其是钢铁和水泥产量的降低,进一步降低了煤炭需求。

从天然气来看,2023 年全球天然气消费量出现了约 750 亿立方米的下降,但这并不意味着天然气市场前景黯淡。随着对可再生能源的重视和环境保护的呼声不断高涨,天然气作为一种清洁、高效的能源替代品,在全球范围内受到越来越多的关注和需求。在美国,尽管整体电力需求呈下降趋势,但天然气发电量却意外地增长了约 2%。欧洲地区的燃气发电行业也受益于低价的天然气得到了大幅回升。此外,亚洲国家中国、印度和韩国的天然气发电也有所增长。

相较于石油、煤炭等传统能源需求量的下降,可再生能源在 2023 年和 2022 年的需求呈现逆增长态势。2023 年,全球的可再生能源需求增加约为 3%,电力、供暖、工业和交通运输等各关键部门的可再生能源需求都得到明显提升。其中电力部门对可再生能源的需求增量最大,增长 8% 以上,达到 8500 太瓦时,其中过半的贡献来自可再生能源。可再生能源在发电中的份额增加到了近 30%。其中,风能和太阳能正在成为可再生能源发电的最大增长点,二者年增幅均超过 17%。

总体而言,当前能源市场虽然依旧是以传统能源消费为主,但能源产业正处于加速转型的关键时期。能源产业将会朝着更为绿色可持续和更为持久的新型能源市场转型。全球能源市场必将尽快形成前所未有的新型能源体系与格局。而为了实现这一目标,需要全球各个国家在能源市场上的通力合作,能源技术创新以及合理有效的能源政策制定将会成为未来全球能源发展的重中之重。

（二）清洁能源发展现状

清洁能源,即绿色能源,是指不排放污染物、能够直接用于生产生活的能源。风能、核能、太阳能、生物能、地热能等是较为常见的清洁能源。清洁能源不仅能够减少碳排放,同时还能够减轻能源枯竭压力,降低全球面临的能源枯竭的风险。纵观全球,加速清洁能源的开发利用得到了很多国家与地区的重视与政策支持。

　　清洁能源产业的开发利用正日益成为改善当前能源消费结构、实现多元化的能源供给、促进低碳排放发展的重要方式之一。据彭博能源财经和国际可再生能源署的最新统计,近年来清洁能源投资呈现持续增长态势。2023 年,全球清洁能源投资为 3830 亿美元,其中风能投资最高,占比达到 37.3%,总体规模 1430 亿美元。其次是太阳能,占比 36.8%,总体投入 1410 亿美元。其后为地热能 770 亿美元。水能投入最少,为220 亿美元,其所占清洁能源投资比例仅为 5.8%(见图 8-1)。2023 年,中国的可再生能源发电量增长最为迅速,其次是美国、欧盟和印度。在新兴市场和发展中国家,随着新的核反应堆的出现,核电在 2023 年的增长超过了 5%。

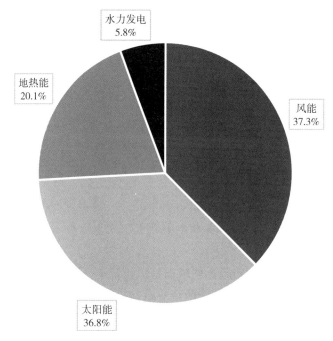

图 8-1　2023 年全球清洁能源投资占比

资料来源:笔者根据国际能源署数据自行整理所得。

　　虽然全球的电力行业超过 60% 的可再生能源目标已经实现,但是全球仍有约 1 太瓦的可再生能源尚未安装。当前现有的可再生能源发电目标低于过去 10 年观察到的实际部署趋势。如果可再生能源发电装机容量以与2010—2021 年相同的速度增长,全球可再生能源发电容量将在 2030 年达到 4091 吉瓦,比目标实施的预期水平高出 13%。但根据国际可再生能源机构的 1.5 摄氏度路径,到 2030 年,可再生能源的装机容量需要达到 10771

吉瓦,即超过装机容量的 2 倍才能达到上述目标。

二、全球能源市场发展规模预测

国际能源署(IEA,2023)[①]预计,若 2018—2050 年全球 GDP 年均增长 2.4%、人口年均增长 0.7%,2030 年全球清洁能源需求约为 21.8×10^8 吨油当量,占一次能源需求总量的 13.6%;2050 年全球清洁能源需求约为 40.1×10^8 吨油当量,占一次能源需求总量的 19.7%(见图 8-2)。

（单位：百万吨油当量）

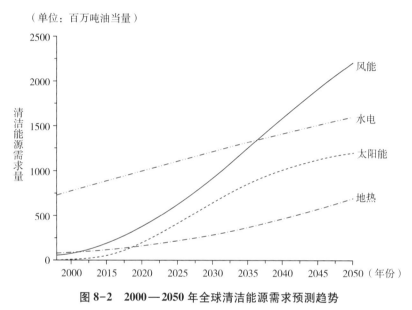

图 8-2　2000—2050 年全球清洁能源需求预测趋势

资料来源:笔者根据国际能源署数据自行整理所得。

国际可再生能源署(IRENA,2023)[②]假定 2050 年全球人口增至 97 亿人对全球清洁能源发展分 3 种情形进行了预测。

一是基准情形,根据 2015 年《巴黎协定》通过以后的各国实施政策进行预测,2050 年全球二氧化碳排放量为 4.3×10^{10} 吨/年。二是计划情形,根据各国已发布的能源计划进行预测,2050 年全球二氧化碳排放量为 3.3×10^{10} 吨/年,清洁能源占全球一次能源需求的 25%,将贡献相对基准情形减少二氧化碳排放量的 45%。三是理想情形(见图 8-3),根据清洁能源及其利用效率大幅提高进行预测,2050 年二氧化碳排放为 9.5×10^9 吨/年,清洁能源占全球一次能源需求的 66%,将贡献相对计划情形减少二氧化碳排放量的

---

①　http://www.iea.org/.
②　http://www.irena.org/.

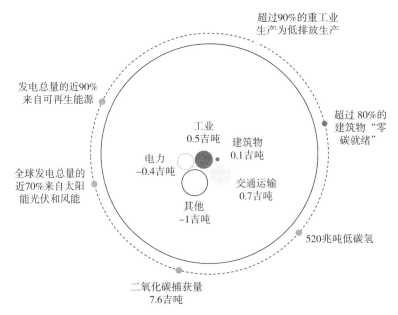

图8-3　2050年全球能源转型理想情形预测

资料来源:国际能源署。

52%。其中,发电总量的近90%将来自可再生能源,超过90%的重工业生产为低排放生产。

2050年全球范围内实现净零排放是一个关键而艰巨的目标,需要全球各国紧密协作。根据国际能源署2050年净零排放路线图的情景预测,2050年全球能源将以可再生能源为主,各项低碳或零碳技术发展成熟,各行业将实现低碳排放或零碳排放。

在未来,能源市场可能会出现更多动荡。世界投资不足以满足未来的能源需求,政策和能源需求轨迹的不确定性给能源市场带来了未来动荡时期的巨大风险。与能源转型相关的支出正在逐步增加,但仍远远不足以可持续地满足日益增长的能源服务需求。能源转型支出赤字在所有部门和地区都很明显。国际能源机构的分析一再强调,必须大幅增加支出以推动清洁能源技术和基础设施的部署,否则全球能源市场可能将进入持续性长周期的动荡不安。

第二节　全球能源产业的发展趋势分析

1850—2023年,人类总计排放约2.4万亿吨温室气体,地表温度较工业化前水平上升近 1.1 摄氏度,气候变化对环境、社会、经济的影响日益加剧,极端天气频发,海平面加速上升,上百万物种濒临灭绝。2015 年,全球大部分国家加入《巴黎协定》,其主要目的就是在于应对气候变化,减缓温室气体的排放,重视人类正面临着显著的气候变化风险。为了地球生态系统健康和人类福祉,人类需要迅速采取有效的行动,确保可持续发展。越来越多的国家开始同意并重视全球平均升温控制在 1.5 摄氏度的上限要求。而能源转型则是在 21 世纪中叶前后实现碳中和,达到温室气体净零排放目标的关键因素。总体而言,可以有以下几个方面的主要方针:

在能源转型技术创新方面:应当利用非常规油开采技术推动良性石油增产或稳产,通过生产设备换代提高生产过程中的能源利用效率,采用最新技术控制生产过程中的碳排放;通过三相分离、废气回收循环利用技术和增材制造方法,减少开采过程中的废弃物量并增强供应链灵活性。

加大可再生能源利用:扩大生产用能清洁替代,在生产经营过程中实现电气化转型,采用光伏、地热发电等可再生能源技术提高电力自给率。种种原因导致的油气消费量下降及油价长期走低,促使油气行业提升综合效率,降低运营成本。油气企业通过优化物流环节减少燃料消耗和碳排放,例如,对陆运和船舶等物流设备进行协调,优化物流模式,实现运输能力共享;油气炼厂以市场需求为驱动,优化生产决策方式,提升生产效率。

数字化转型:利用物联网技术优化生产运营全过程,在感知层、传输层和应用层进行油气数据采集、传输和分析处理;利用数字孪生和虚拟现实等数字化工具模拟场景、监控操作、跟踪能源使用情况,优化油气行业生产过程,提质降耗;同时探索 AI、区块链、5G 技术在油气领域的应用场景,逐步通过新技术来赋能业务。

为管理决策提供分析支持:健全数据治理体系,加强大数据分析与洞察能力,提升数据资产全生命周期管理能力,充分挖掘数据资产价值。使用 OSDU 数据平台进行多学科的协同运作,通过数据标准化、科研成果共享与数字化移交等手段,构建勘探和开发的一体化协作体系,实现油气勘探、开发、生产环节的精准决策。

一、能源技术前沿动态及成果

当今能源技术发展日新月异,可再生能源技术正成为能源技术发展的重中之重,具有广阔的发展前景与实际应用价值。首先,可再生技术的成本已经大幅下降,以化石能源为基础的电力不再是一个最具有吸引力的选择。其次,电力行业发展进步的正向溢出,正在逐渐让人们重新认识到可再生能源的丰富性与多样性。最后,全球已经形成一个基本共识,即基于可再生能源和高效技术的能源转型是实现 2050 年全球升温限制在 1.5 摄氏度以内目标的唯一途径。

国际可再生能源机构的《世界能源转型展望》概述了走出气候危机,走向一个环境更为宜人、气候更为舒适、能源利用更为高效公平的世界的途径。这一报告清楚地显示出当前世界能源市场的发展现状以及未来能源转型的重点问题及解决路径。能源技术发展所需要的技术创新应当得到大力支持,从而促进完善二氧化碳的减排路径。能源利用去碳化的实现是以能源效率的提升、可再生能源的普及等作为基础。能源产业与新兴的数字化技术相结合,将科技创新融入能源技术的发展当中,将促进能源技术的快速进步与应用。近年来,全球快速推进能源清洁低碳转型,风能发电、氢能技术、先进核电、生物能源利用等具有颠覆性的新技术取得重大突破。与此同时,二氧化碳捕集利用与封存技术(CCUS)的发展为碳中和、全球节能减排目标的实现提供了又一重坚实的技术保障。

（一）新能源技术发展迅速

传统上变化缓慢的能源部门近年来经历了前所未有的变革,这与历史上任何一个时期相比,都表现出了明显的差异性。这在很大程度上是由于可再生能源的出现和太阳能、风能发电技术的发展,从根本上改变了能源系统的结构。随着气候变化、能源安全、能源获取和空气污染等问题的日益突出,全球对可再生能源的关注和重视程度也越来越高。只有通过加强政策支持、推动技术创新和促进国际合作,才能实现可再生能源在能源系统中的广泛应用,为可持续发展作出贡献。

在全球性的能源市场动荡中,可再生能源表现出了非凡的弹性。这进一步巩固了它们在全球经济去碳化中的作用,并通过其创造就业的潜力,进一步支持经济复苏。综合起来,这些发展正在将可再生能源从小众转向主流,因为即使是最传统的能源市场参与者也开始逐渐接受可再生资源的巨大发展前景。当前的可再生新能源技术发展迅速,可以列举以下较为具有代表性的几点：

1. 海上风电和太阳能发电

新能源经济将更加电气化、高效、联动和绿色清洁。在大多数市场,太阳能光伏或风能是当前最便宜的新发电来源。清洁能源技术正在成为投资和就业的重要新领域——也是国际合作和竞争的活跃舞台之一。2020 年,全球新增可再生能源发电能力达到创纪录的 260 多千兆瓦。2023 年,可变可再生能源(VRE)的容量实现了 4 倍以上的增长,并且较 2019 年增加了50%。这种快速增长使能源供需平衡变得复杂,同时也对能源系统提出了更高要求。为了有效管理大量 VRE 股票,全球各地正在采取创新措施。在电池存储、数字技术和新型智能电网方面取得了重大进展,这些进展有助于更好地管理不断增加的可再生能源。首先,电池存储技术的发展为解决VRE 的波动性提供了新的解决方案。借助电池存储系统,可以在能源需求低谷时储存多余的可再生能源,并在高峰时段释放出来,实现能源的平衡利用。此外,数字技术也为精确预测和控制 VRE 供应提供了可靠工具。通过实时监测和分析能源消费模式,能源系统可以更加智能地调整 VRE 供应,确保能源供需平衡。其次,新型智能电网(SG)的发展为 VRE 的大规模整合提供了良好的基础。智能电网通过将可再生能源与能源系统互联,实现了可再生能源的灵活调度和管理。它允许能源系统监测和控制不同能源(如太阳能、风能、水能等)的实时变化,并根据实际需求进行动态调整,从而实现高效利用。此外,新的商业和监管模式不仅赋予消费者更多权利,也有助于更好地管理 VRE 的更大份额。通过引入市场机制,消费者可以自主选择可再生能源供应商,并根据自身需求灵活调整自己的能源消费。监管机构也通过推动可再生能源发展,确保市场公平竞争,促进能源系统的可持续发展。

海上风电装机量高速增长,推动绿色海运快速发展。海上风电作为脱碳的主力军一直致力于推动绿色发展理念的实践。随着世界各国对可再生能源的需求日益增长,海上风电产业迎来了前所未有的发展机遇。然而,海上风电的运维过程中存在不可忽视的碳排放问题,这对绿色发展的目标构成了挑战。为解决这一问题,丹麦航运公司 Esvagt 与沃旭展开合作,通过建造全球首艘利用甲醇燃料的海上风电运维船,为海上风电产业的绿色发展注入新的动力。这艘运维船将采用先进的双引擎系统,结合了电池和甲醇燃料两种能源,以实现更高效的航行和维护海上风力发电机组。通过利用甲醇作为燃料,这艘船可以显著减少二氧化碳的排放量,为海上风电产业的可持续发展作出贡献。根据初步估算,这种使用甲醇燃料的动力系统预计每年能够减少 4500 吨二氧化碳的排放。借助这样的新技术和创新的船舶设计,未来将有更多的海上风电运维船采用这一节能环保的动力系统,进一步降低全球海运领域的碳排放量。此次合作对推动海上风电行业的绿色发展具有里程碑的意义,将为全球绿色经济发展注入新的活力。

总部位于悉尼的可再生能源开发商 Maoneng 表示,计划将会建在新南威尔士州(NSW)的 Merriwa 能源中心,建成之后将成为澳大利亚最大的可再生能源中心之一。该能源中心将会拥有 550 兆瓦的太阳能发电厂和 400 兆瓦/1600 兆瓦时电池储能系统(BESS)。与之相匹配的太阳能发电厂和储能基础设施的建设预计需要 18 个月,一经建成,就将为澳大利亚的可再生能源注入全新的发展动力。

2. 小型核反应堆

传统的大型核电站,由于投资巨大,加上老化、熔毁和放射性废物的遗留问题,已被世界上大部分地区所远离。但近年来,许多国家将目光由传统的大型核电站转向小型模块反应堆(SMR)。相较于传统的大型反应堆,小型的核反应堆有许多大型核反应堆所没有的优势。此外,小型核反应堆还能克服一些传统核反应堆的突出问题,例如应急动力方面存在的问题以及在建造成本上的问题。

2021 年 10 月 12 日,法国总统马克龙宣布,将分配 10 亿欧元用于开发设计小型模块化核反应堆。该投入的目标在于跟进最新的核能创新技术的发展,推进法国的小型核反应堆技术发展创新,并且优化法国核电的核废料处理程序。法国电力集团还期望获得法国安全部门更多认可,推进小型堆建设标准化,以实现大规模商业推广和技术出口。2021 年 11 月,英国罗尔斯—罗伊斯公司得到了一个由私人投资者和英国政府组成的财团的支持,开发小型核反应堆以产生更清洁的能源。在私人公司注入 1.95 亿英镑现金和政府提供 2.1 亿英镑拨款后,劳斯莱斯小型模块化反应堆(SMR)业务宣布成立。

3. 地热能

全球地热资源具有丰富的储量和广泛的分布。据统计,当前全球可勘测到的地热资源约有 13 亿立方千米,分布在各大洲的许多国家。这些地热资源可以用于发电、供暖和水处理等多个方面,可满足各国能源消耗的需求。同时,地热资源的利用能够减少对传统能源的依赖,从而提高能源安全性。并且,由于地热能是一种稳定且清洁的能源,因此在应对气候变化和环境保护方面具有重要意义。相比化石能源,地热能不会产生二氧化碳等温室气体,从而有效减少对大气的污染和温室效应的影响。此外,地热发电的过程基本上不会受到天气条件的影响,因此能够实现能源的稳定供应。然而,地热资源的商业化开发受到一些限制因素的影响。首先,地热资源的分布并不均匀,只有部分地区具有丰富的地热资源。其次,地热资源的品位和投资强度较高,因此需要大量的资金进行开发和利用。这些因素导致了地热产业的规模相对较小,商业化开发的进展相对较慢。不过,近年来地热能作为一种可再生能源受到了越来越多的关注和重视。全球各国纷纷制定了碳中和新能源发展的目标,推动了对地热资源的开发和利用。政府加大对地热项目的扶持力度,提供了资金和政策支持,促进了地热产业的发展。同时,新技术的不断进步和成熟,使地热能的商业化开发变得更加可行。例如,地热发电技术的改进和高温、低温地热资源的利用等,都为地热产业的发展创造了良好的机遇和前景。

地热发电设备的容量系数远高于传统火电和其他可再生能源。容量系数是指发电设备实际发电与理论发电之间的比例。公开数据显示,地热发电设备的容量系数要远高于其他能源设备,这意味着地热能源具有更高的发电效率,可以更好地满足能源需求。地热能源的成本也相对较低。全球平均地热发电成本低于0.1美元/千瓦时,略高于风电和光伏发电成本。这使地热能源在经济方面更具吸引力,尤其在长期运营和大规模项目中,成本更有可能下降。目前,全球范围内的主要经济体对地热产业的发展都寄予厚望,并已进行了大量部署。美国、欧盟和中国等国家都在积极推动地热能源的开发和利用。为了加快地热产业的发展,当地政府制定了相关政策和支持措施,以吸引投资者参与地热项目,并为地热能源提供更多的市场机会。

（二）节能减排与深度脱碳技术

近年来,全球加速脱碳,通过二氧化碳捕集利用与封存(CCUS)、生物能源与碳捕集和封存(BECCS)、空气直接碳捕集(DAC)等技术来实现减排脱碳。全球范围内,许多国家都在加速推进碳捕集利用与封存技术的应用部署,CCUS的捕集规模在2010—2020年翻了3倍,2020年超4000万吨。各国对CCUS、生物能源与碳捕集和封存(BECCS)、空气直接碳捕集(DAC)以及造林与再造林等生态类负碳技术日益重视。

CCUS即二氧化碳捕集利用与封存技术,是碳中和背景下极具创新性的技术之一。与CCS(碳捕捉与封存)技术相较而言,CCUS不仅仅是对二氧化碳进行捕捉,而且通过一系列程序,将所捕集到的二氧化碳进行提纯,进而可以进一步利用二氧化碳。很明显,CCUS技术可以产生更多的经济效益,并且具有更多的可操作性,因而在世界范围内受到越来越多的重视。将CCUS的主要过程和技术环节总结如表8-1所示。

表8-1　二氧化碳捕集利用与封存技术
(CCUS)主要过程和技术环节

过程	技术环节
二氧化碳捕集	二氧化碳的捕集过程可以分为燃烧前捕集、燃烧后捕集、富氧燃烧和化学链捕集几个步骤。燃烧前捕集是指在燃烧过程之前捕集和处理二氧化碳,以减少排放量。燃烧后捕集通过收集燃烧过程中产生的二氧化碳来减少排放。富氧燃烧是指在烟气中加入额外的氧气来促进二氧化碳捕集。化学链捕集是一种通过化学反应将二氧化碳吸收捕集的方法
二氧化碳输送	二氧化碳的运输方式主要包括罐车运输、船舶运输和管道运输。其中罐车运输又可以细分为汽车运输和铁路运输。罐车运输是目前使用最广泛的方式之一,它可以快速将二氧化碳从发电厂运送到储存地点。船舶运输适合长距离运输,尤其是涉及跨越海洋的情况。管道运输则更适合将二氧化碳输送到较近的区域,具有较高的运输效率和经济性
二氧化碳利用	二氧化碳利用是指利用不同的工程技术手段将二氧化碳转化成有用的物质或能源。常见的资源化利用技术包括二氧化碳地质利用、二氧化碳化工利用和二氧化碳生物利用。二氧化碳地质利用是指将二氧化碳注入地下,用于强化能源生产和促进资源开采。例如,将二氧化碳注入石油和天然气储层中,可以提高采收率,增加油气产量。此外,二氧化碳地质利用还可以用于开采其他类型的资源,如利用二氧化碳进行矿物碳化反应,生产建筑材料或化肥等
二氧化碳封存	是指将捕集的二氧化碳注入深部地质储层,实现与大气长期隔绝。这种方式可以避免二氧化碳进入大气层,从而减少温室气体排放,对气候变化起到积极的控制作用。二氧化碳封存可以分为陆地封存和海洋封存。陆地封存主要是将二氧化碳注入地下岩石层或盐水层,常见的封存地点有深层地层、地下水层和废弃油气井。海洋封存则是将二氧化碳注入海洋水层,有利用较深的咸水层和枯竭油气藏的方式。不同的封存方式有不同的风险和适用范围,需要综合考虑

资料来源:笔者根据《中国二氧化碳捕集利用与封存(CCUS)年度报告》数据自行整理所得。

　　鉴于CCUS技术的优势所在,目前全球多个国家都在积极推进该技术的应用发展,全球的CCUS市场产值规模也在不断地增加。以中国为例,为助力实现碳中和目标,CCUS作为大规模减碳技术,行业前景十分光明。如图8-4所示,伴随着碳捕集技术的发展,以及成本的降低、政策的激励等因素,预计在2025年,CCUS技术的产值规模将会达到200亿元,并且在此后的每5年中都将保持快速增长的趋势,预计到2040年,CCUS市场将会达到1800亿元,而到2050年,这一数据预计将会继续增长至3300亿元。

　　由于碳捕获、利用和储存(CCUS)基础设施在21世纪20年代和21世纪30年代还没有建立起来,全球能源系统去碳化的正式行动可能起步较晚。但这一行动一旦在全球范围内开始启动,该技术的发展应用进展就将

（单位：亿元）

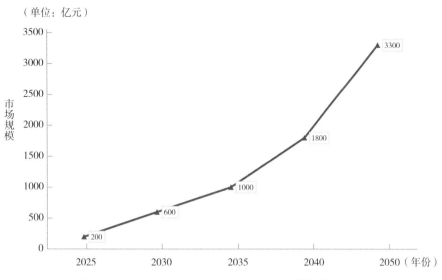

图 8-4　2025—2050 年中国 CCUS 市场规模趋势预测图

资料来源：笔者根据《中国二氧化碳捕集利用与封存（CCUS）年度报告》自行整理所得。

会非常迅速。这是因为 CCUS 需要部署的技术已经基本准备就绪，投资资金也已经准备到位。

此外，在碳利用方面还有很多的新兴方向。中国 CCUS 技术目前整体处于工业示范阶段，煤炭、电力、化工等行业已经开展 CCUS 试点。各国在推进气候行动的同时，均高度重视数字技术应用，支持能源、工业、交通和建筑等部门零碳转型。随着技术成本下降，应用规模将会进一步扩大。同时，中国积极推进生态碳汇建设，森林面积 30 年保持增长，湿地、海洋等固碳作用日益受到重视。

基于技术利用的成本和去除碳的能力而言，当前最具发展潜力以及应用前景的技术之一即为 BECCS 技术。BECCS 技术的应用案例很多，包括利用生物质（如甘蔗渣）发电和供热等。基于现有技术，传统能源企业需要加大对各类负碳技术的开发力度以达到系统化利用水平，利用 CCUS、甲烷捕获技术、二氧化碳再利用技术等，延展清洁固碳产业链，推动化石能源产业低碳转型。

二、未来能源技术发展趋势

展望未来能源技术发展趋势，不难看出，可再生能源技术的发展将会决定未来的能源技术发展趋势。不同于传统的工业时代，全球目前已经迎来了一个大规模储能的全新能源时期，伴随着电池储能技术的飞速迭代发展，以及电化学储能技术的突飞猛进,电化学大规模储能技术势必得到越来越多国家的重视与发展。同时,绿色制氢技术的重要性也已经成为国际共识,许多国家都将发展绿氢技术提升至战略高度,预计在未来,绿色制氢行业将会迎来明显的增长。此外,生物能源的可持续利用也将成为能源技术进步的关注重点之一。在这些过程中,都将伴随着能源产业数字化技术的支撑。

(一) 绿色制氢

氢能是重要的清洁能源。随着技术的发展,许多新兴经济体转向低碳或无碳技术,如下一代生物燃料和氢能。到 2040 年前后,化石燃料向氢经济的逐步过渡将真正开始。意识到绿氢将在推进能源转型中发挥的重要作用,一些国家出台了专门的政策来支持绿氢的采用。

在全球碳中和目标要求下,传统的石化企业面临着更高的转型要求,推动绿氢能源的发展已经成为石化产业的应用必然选择。目前,全球石化巨头已经纷纷开始在绿氢方面实施相关计划,对全球相关企业的氢能产业情况进行总结见表 8-2。

表 8-2   全球部分大型石化企业氢能产业布局情况

石化企业	产业布局
中国石化	中国石化将氢能全产业链作为新能源发展的核心业务,为实现这一目标,中国石化将积极锚定并努力成为"中国第一大氢能公司"。并与长城汽车展开了多项合作,在氢能产业、氢能技术和氢能资本领域展开合作,共同推动氢能产业的发展。此外,中国石化还推进了鄂尔多斯 10000 吨年绿电制氢项目。该项目设计的年产能为 20000 吨,将为我国的绿色能源发展作出重要贡献。为了进一步开拓清洁能源应用市场,中国石化与隆基股份签署了战略合作协议。根据该合作协议,双方将在分布式光伏、光伏+绿氢、化工材料等领域形成深度合作关系,共同开拓清洁能源应用市场
中国石油	中国石油和申能合资成立的上海中油申能氢能科技有限公司以及中国石油集团石油化工研究院设立的氢能研究所、生物化工研究所和新材料研究所将共同努力,打造一个综合能源站,集油、气、电和氢于一体,提供更多清洁能源供应的解决方案。这一综合能源站的建设将为中国的能源领域带来重大的转变,并且对全球能源结构的升级也将发挥重要的作用
中国海油	将发展海上风电绿色制氢加入其战略规划,意图通过发展海上风电绿色制氢加快能源转型升级。主要内容为:海上电解水制氢工艺方案选型及技术研究;海上风电与制氢设备匹配性研究;海上储氢、输氢技术等研究
国家能源	2021 年 12 月 30 日,国家能源集团下属中国神华能源股份有限公司公布拟作为有限合伙人以自有资金出资 40 亿元参与设立国能新能源产业投资基金(国能基金),整体规模 100.2 亿元,投资项目为:收购、并购市场风电、光伏项目;氢能储能等相关新技术项目投资

续表

石化企业	产业布局
巴斯夫	2021年5月22日,加入2吉瓦近海风电场制氢计划,助力实现零碳制氢。2021年10月,美国氢能航空专家HyPoint与化学公司巴斯夫的子公司巴斯夫新业务(BNB)签署了战略发展协议,目的是开发和测试一种新的质子传导Celtec膜,创新最前沿的制氢技术发展
壳牌	壳牌公司出台绿色转型战略,决定加大力度投资氢能,到2050年将氢能放在公司净零排放计划中的第一部分。2020年11月13日,河北张家口市桥东区政府与张家口市交投壳牌新能源有限公司就氢能一体化示范基地建设项目签署了合作协议
英国石油公司	2020年11月,英国石油公司宣布与沃旭能源开展战略合作,在位于德国西北部的林根炼油厂开发零碳氢能;2020年8月,英国石油公司公布的十年发展战略提出,2030年氢能业务在公司核心市场所占的份额要增长到10%
埃克森美孚	2021年3月,埃克森美孚发布新的战略内容,大幅下调了未来公司油气产量目标,表示要加大氢能技术、二氧化碳捕获与封存(CCUS)技术的应用。目前,该公司氢能产能已达到130万吨/年,并且还正在推进鹿特丹氢能项目以实现利用二氧化碳捕获与封存技术大量生产低碳氢能
道达尔	2021年2月23日,道达尔公司表示对绿氢能源有着非常浓厚的兴趣,希望能够利用相关技术从天然气中生产蓝氢,然后通过可再生能源生产绿氢,以此来达到成为全球清洁氢能的大型生产商这一战略目标

资料来源:笔者根据前瞻产业研究院数据自行整理所得。

截至2023年,全球已经有15个国家和欧盟实施了绿氢政策,其中约2/3集中在交通运输部门。然而,交通运输部门还仅仅只是氢价值链的其中一个最终用途部门。氢价值链的每一部分——包括电解、运输、储存、转化为其他能源载体和原料(氨、甲醇、合成燃料)以及最终用途都需要先进技术的支持,以达到能源转型所需的水平。首先,尽管绿氢有很大的前景,并且适合取代化石气体,但它不是化石燃料的完全替代品。其次,应该确定给定数量的绿氢的最高价值应用,以便将绿氢的发展成果集中在可以提供最直接的优势和实现规模经济的地方。

由于绿氢的分子与灰氢的分子相同,因此需要一个认证系统——"原产地保证"来追踪原产地并说明氢的生命周期排放。为了对生产者、政策制定者和最终用户有用,该方案为氢产品提供一个标签,清楚地表明其"色调"。在碳密集型氢不再被生产之前,该计划被认为是绿氢系统的关键要素。

(二)　能源产业数字化技术

随着数字化技术的发展,世界各地的能源系统联通更加便利高效和可靠智能。全球能源市场的转型无疑需要依托能源产业的数字化转型,而数字化转型能力则涵盖了战略、管理与运营、场景与服务、组织与人才、数据与安全等多种转型能力(见图8-5)。

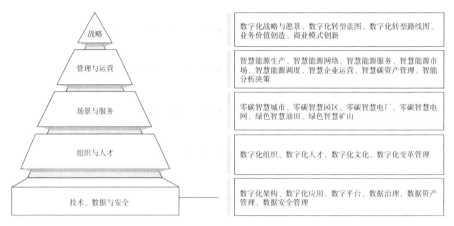

图8-5　数字化转型能力框架

资料来源:笔者根据《数字化转型参考架构》自行整理所得。

将以上数字化转型能力具体运用到能源产业数字化实践中,可以细分为以下几个方面:

1.智慧能源生产

利用数字化、自动控制、CCUS等技术,构建智慧感知、智慧运行、智慧控制、智慧检修、智慧减排、智慧安全、智慧经营等电厂核心能力,打造"近零/零碳排放,无人/少人值守、最优绩效运营"的零碳智慧电厂。利用数字化能源网络技术,满足新能源大规模开发利用和各类能源设施"即插即用",实现"源网荷储"协调互动,适应能源分布式、互动式、综合化发展需求。

2.智慧能源市场

利用能源区块链等数字化技术,为支付、销售、交易和价值分配提供智能化基础设施,使购售电交易等自动完成;利用信息物理融合、大数据等技术,有效聚合海量中小型负荷资源,参与能源市场交易及需求侧响应,执行负荷调度计划。

3.智慧能源调度

基于能源大数据平台,加强多样化、分布式能源主体接入和管理能力,实现可再生能源智能经济调度,实现多能互补和多能转换,更大范围内优化能源平衡与配置,提高能源网络安全性和可靠性,支撑能源交易市场高效运行。

4.智慧碳资产管理

建设数字化碳资产管理平台,实现对碳排放实时监控,支持科学碳目标设定、碳减排多场景模拟分析、碳成本测算、碳核查、碳履约与碳交易,实现碳资产全生命周期的可测、可视、可控。

5. 智慧能源城市

通过最新的能源技术,将城市构建成为具有感知能力的全环境智慧能源城市,实现资源智能找人,持续优化以人为本的体验;利用数字化技术支撑城市各功能系统的智能化、节能化和零碳化,推动零碳建筑、零碳交通、绿色能源的发展;打造全环境绿色零碳的智慧能源城市。

（三）生物能源的可持续利用

可持续生物能源的广泛应用将在能源转型的过程中发挥关键作用。通过在电力、供暖、制冷和运输等领域的使用,生物能源能够为实现脱碳目标作出重要贡献。同时,随着现代燃料组合的不断发展,传统生物能源也正在逐步被取而代之。伴随着全球社会对可再生能源的需求日益增长,可持续生物能源的广泛应用有望加速这一过程,进一步推动能源转型的可持续发展。

向可再生能源的过渡解决了现有能源技术在转型时所带来的许多挑战（例如气候变化、温室气体污染等）。然而,即使有了以可再生能源为基础的能源系统,如果在过渡进程及其政策制定中没有充分考虑到这些因素,也有可能产生负面的环境和社会影响。因而需要全面的指导方针和工具来支持决策者制定可持续生物能源的发展规则。联合国粮食及农业组织制定了这样的准则,以帮助利益相关方更好地了解如何确保生物能源的可持续性。

欧盟 2030 年可再生能源指令引入了生物能源生产的强化可持续性标准。它排除了以高碳储量或对生物多样性有重大影响的土地上生产的原材料为基础的生物燃料,并要求在生物能源生产中尽量减少温室气体排放。一些独立的认证计划,如森林管理委员会和可持续林业倡议,也得到相关行业参与者的广泛认可,以展示可持续的生物能源实践,减少生物能源生产对地球的负面影响。能源转型的规划应该优先考虑将生物能源用于那些没有其他基于可再生能源的替代品的应用(这将排除生物能源在一些应用中的使用,例如供暖建筑或生产家用热水),并加速开发难以减少的部门的替代品,如氢气和基于氢气的合成燃料,以便尽可能减少生物质的使用,并为更加可持续的能源来源获得更多保障。

第九章　未来能源产业数字化的
跨领域风险

　　第三次能源变革已是当今世界各国普遍关心的重大议题之一。能源系统的转型发展是一个渐进且影响深远的过程,能源总量、供给来源和终端供给方式都将发生质变。中国必须坚持绿色低碳、开放合作的高质量发展道路,以新的能源安全战略为基础稳妥推进能源转型,同步开展控总量和调结构,全面实施节能减排增汇,充分发挥政府与市场的作用,确保按期实现"双碳"目标。目前,中国能源结构转型发展的道路逐步清晰,中国的能源转型也已带来产融共生、国际合作等发展新机遇,但受产业结构、能源体制、排放总量、减排时限等多因素影响,中国能源的未来发展仍然存在诸多的不确定挑战。

　　中国是全球最大的石油消耗国之一,但中国的传统石化产业还局限于建立试验平台、模拟实验室等方面,还没有从根本上改变能源产品结构,特别是在能源产业的下游,缺少数字技术的支持,能源产业数字化还处在起步探索阶段,尚未实现数字技术和智能化管理模式的全流程普及应用。在能源采集、勘探等前端环节,智能机械装置应用还较少,大量油气资源等未得到充分挖掘和有效提取。因此,面对能源结构低碳化、清洁化发展趋势,关注能源跨领域风险可为未来能源产业数字化协同有序、高效发展的风险预警和危机防范奠定坚实基础。

第一节　数字化能源世界中的经济波动

　　"双碳"目标向经济社会系统性全面深刻变革提供了重要的发展思路,而能源系统变革是实现经济社会系统性变革的重中之重。当前世界各国正处于数字技术发展的加速时期数据潜力与价值的巨大潜力引发广泛关注。在新一轮科技革命和产业变革的赛道上,能源产业数字化在构建能源互联系统新架构方面也具备极大潜力。基于此,数字产业化与产业数字化的逐步普及引发了数字化能源世界中对经济波动的思考。以下将从就业和工作方式对能源产业的影响、能源博弈对能源产业的影响等方面进行讨论和研究。

一、传统就业和工作方式受到的冲击与挑战

数字化正在逐步深入影响能源产业未来的就业和工作方式。趁此契机,能源革命与以"云大移物智链"为代表的数字化技术深度融合,为能源企业效率和服务水平的提升奠定基石,同时助力构建高效化、安全化、经济化的现代能源系统,推动能源企业转型升级和人才技能重塑。企业通过数字化信息化管理与运营模式,利用大数据分析、云计算、物联网、移动互联网、人工智能、区块链等数字技术,将信息系统和信息技术注入生产经营流程,提高了能源产业的经营效率、劳动生产率和企业决策的准确性与适用性。同时大大降低了生产劳动工作过程中的试错成本,使各传统能源企业可把握时间优势在激烈竞争中脱颖而出。正因如此,数字化为能源产业创造了全新的就业机会,但同时也使大多传统岗位流失。在数字技术快速发展时代下,各种技术性岗位纷至沓来,拥有大量专业的信息和通信技术技能的人力资源是当前社会能源产业数字化转型所迫切需要的。当前能源产业数字化的新时代已经到来,其不确定性将对组织架构和管理系统带来极大考验。面对人才缺口与就业机遇的结构性矛盾,既应关注未来能源领域劳动力就业的新前景,又需保持较高的敏锐度以顺应数字化带来的转型发展趋势。具体来看,由传统岗位向新兴技术性岗位转型痛点有以下三个方面。

第一,传统岗位无法直接向技术性岗位输送人才。对于传统岗位工作人员来说,他们的知识储备和知识框架体系不足以立刻胜任技术岗位。在传统工作中,多是具有重复性、机械性、规律性、易上手操作的任务,人们能在短时间内学会,为企业创造末端的劳动生产力。区别于传统岗位,技术性岗位难度较大,灵活多变、无规律是其主要特性,对人员的专业信息和通信技术技能有着很高的要求。两方人员知识储备包容性大相径庭,知识体系框架不对等,这也是技术型人员能向传统岗位输送人力资源,而拥有传统工作技能的人员无法逆向输送进入新兴岗位的重要原因。因此在转型过程中,需要对从业者的工作技能进行重塑以达到激发人员潜能的目的。

第二,传统岗位向新兴技术岗位转型成本高昂。即便是将具备传统技能的人才进行专业数字技术培养,从无到有的周期是相当长的。于就业者个人而言,既然涉及自身就业升级转型,就意味着他们将停止现有传统工作输出(即劳动力的闲置,包含了劳动力自愿闲置中的提前退休与劳动力非自愿闲置中的摩擦性失业和结构性失业)或是加大额外投入于学习新兴技术技能,在此期间他们需要投入的时间成本、效率成本、基本生活成本都会增加。基本生活无法保障,生活品质下降,生活生存压力巨大成为该部分就

业者普遍存在的现象。此时,他们短期内对生活需求的满足度处于低谷,与向往的未来美好生活形成较大反差。这种阶段性的低需求导致的低消费、低投资不利于整个经济社会的循环和发展,对经济市场的正常运行起到了反向作用。就国家层面而言,国家关于能源产业数字化发展政策的倾斜力度逐步加大,吸引了大量劳动力投身于数字技术领域以期得到高额的收入回报或是较高的社会认可度。国家在培养新兴数字技术人才所需要投入的时间成本、资源成本、机会成本都较大。大数据、云计算、人工智能等技术近年来发展势头迅猛,但仍存在众多技术壁垒。要在本就短缺的技术型人才中剥离出部分对拥有传统工作技能的人员进行指导培训,这很大程度上阻碍了国家数字化发展的步伐,还会因技术型人力资源匮乏导致发展动力不足等情况的发生从而削弱国家竞争力。这一系列连锁反应都是由传统岗位向新兴技术型岗位转型的巨大挑战。结合目前经济发展形势,对劳动力投资进行优先级排序就显得尤为重要。

第三,能源产业数字化要求人员"软硬"技术兼备。在整个能源产业中,随着数字化程度的加深,能源企业逐渐步入转型正轨,有了新兴技术的加持,企业管理结构与运营思路推陈出新,呈现出与以往截然不同的创新模式。表面上企业融入的数字化管理是一种新型的数字管理系统,其本质则是对企业现有的组织架构、人员构成、管理理念、管理模式等的系统性变革。管理者得到的过去和现在的各种数据都能够预测企业未来发展方向和引导员工的工作,管理者承担起了"掌舵人"的职责,而数据便是能源企业发展的风向标和导航仪。无论是管理者还是管理措施的执行者都需要有着与时俱进的先进思想和意识形态,以此提高企业经营决策效率并提出数字化解决方案。能经受住时间考验的技能将会为就业者扩大增益。他们不光需要信息与通信技术等"硬"技能来实现数字技术的基础运用,对他们领导能力、沟通技能、团队协作等互补的"软"技能要求也很高。由于传统岗位与技术性岗位的工作环境、工作要求、工作目标等因素的不同,处于转型预备役的人员具备"软"技术的可能性微乎其微。因此在转型过程中,从业人员"软"技术的提升也任重而道远。

二、能源博弈推动能源产业快速发展

预计未来能源产业数字化发展过程中,能源博弈现象不可避免,其对能源产业的发展有着积极的推动作用。国民经济发展的核心动力是能源,同时能源还是人们赖以生存和发展的基础,其在稳定经济社会发展中发挥了重要作用。随着经济全球化的程度不断加深,国际能源贸易、输送、投资等经济活动日益频繁。为了协调多利益相关者的利益,避免发生能源利益冲突,就要确立国际合作关系,共建更高效、更清洁、更经济的国际能源市场。对现代国家来说,被称为"工业血液"的石油和天然气在现代工业和交通中的重要性不言而喻,它们为国家产业升级转型、民生保障提供坚实基础,成为政治、经济、社会、文化等方面的发展动力之源。高油价对世界能源供给格局的刺激就是向世界释放信号:在未来,推动能源产业数字化可持续发展将成为时代的趋势。现阶段,新能源开发的技术臻于成熟,但难以将其大量投入使用且没有配套的完善的产业体系,因此不可再生的资源禀赋是石油和天然气在国民经济发展中处于重要地位的关键要素。能源博弈围绕着能源贸易展开,通过影响能源的价格浮动、国际贸易格局、国际宏观经济走势等手段进行大国之间的竞争。

2020 年,我国石油对外依存度已攀升到 73%,天然气对外依存度攀升到 43%,总体来看,中国石油的对外依存度相对较高,因此实现能源产业数字化助力能源产业供给侧结构性改革工作刻不容缓。以石油产业为例,美国、俄罗斯、沙特阿拉伯、伊拉克等国家都是石油的主要产地和主要出口国。根据美国西得克萨斯中质原油油价和布伦特油价可以看出,2014 年以前国际油价上下波动幅度较小,且在可预见范围内;2014 — 2015 年的油价呈现断崖式下降,随后慢慢攀升但增幅不大,直到 2020 年油价又有所回落。

分析国际油价的长期变化趋势,可以归纳出国际能源博弈的三个特征。

第一,国际油价的定价权发生转变。美国曾一度凭借其丰富的石油储量和成熟的生产工艺垄断国际石油资本市场,它在国际油价的定价中有着举足轻重的话语权。随着以美国为主的西方国家石油开采量的下降,中东地区趁此机会跻身石油贸易的主战场,以中国、印度为首的发展中国家因经济迅猛发展而增大的石油消费量改变了国际石油消费格局。西方资本国家不得不注意到中东国家对世界贸易格局的影响,由此国际油价的定价也开始受部分中东国家影响,围绕定价权的竞争时有发生。

第二,石油交易结算货币呈现出多元化的趋势。从 2014—2015 年迅速下降的油价来看,石油价格随着美元的强势上升而应声下跌,不难发现美元在石油交易结算中有着重要的地位。但随着以中国为代表的新兴经济体的出现,中国作为世界经济发展的重要组成部分,其迅速崛起更是让人民币朝着国际化方向发展,以人民币为货币交易的成交量越来越多,人民币也逐渐走入国际视野,成为国际石油交易的重要货币。

第三,美国页岩油技术十分成熟,在国际石油市场上有很强的竞争优势。由于有关开发和提取的关键技术得到突破,美国页岩气产量大幅提升,助推美国石油行业的发展,推动产量的迅速增长,撬起了世界能源的杠杆。

基于能源博弈引发的国际油价的波动变化,未来将对能源产业产生以下影响。首先,国际油价的不断下跌抑制中国能源进口规模的扩大。在当前世界经济的发展过程中,以石油贸易为代表的国际贸易大多都是以美元进行交易结算的。因此国际油价的下跌会引起美元的升值,进而影响人民币发生贬值。人民币的贬值在一定程度上可以促进中国能源产业的出口,同时对中国能源进口规模的扩大起到一定的抑制作用。其次,国际油价下跌提升了我国能源出口的竞争力。由于美元升值引起的人民币贬值,能源产业的生产、运输成本大幅度降低,为提升中国能源出口的竞争力提供先机。最后,国际油价逐步平稳发展为中国能源对外贸易增加压力。在油价波动上升的情况下,人民币外汇汇率的下降意味着中国需要花费更多的资金成本以满足能源需求,而本币的相对升值也同样会对中国能源的对外出口贸易起到抑制性作用,中国能源对外贸易面对的下行压力不减反增。要想扛住压力发展有中国特色的数字化能源产业,就要做好中国能源博弈在能源产业的路径选择。

要注重能源产业结构升级转型。要想不断扩大我国能源进口规模、减轻能源对外贸易下行压力,培养创新型思维深入供给侧结构性改革,以数字经济赋能能源产业为抓手是迎接能源博弈的根本要义。先前,中国国内劳动力成本低下、国际市场对中低端产品需求较大使中国能够以"人口红利"建立起的微弱出口优势抢占市场份额,现如今,其他发展中国家的崛起无形之中增加了国际上的贸易竞争。所以,要升级能源产业结构并进行适合自身的转型来实现能源出口产品的科技化,推动产品附加值的提升,把低附加值产品升级成高附加值产品。同时也要改变我国的能源消费方式,无节制地购入石油等资源违背了中国可持续发展的宗旨和长远眼光。能源消费方式的科学化可以很好地分配国内资源的利用份额,致力于用较少的能源投入获得较多的能源产出,节约能源产业成本,提升能源利用效率。

其次,创新发展新能源。新能源的开发为地缘政治因素影响的国际贸易打开新的竞争格局,能源博弈不再是围绕能源资源本身进行的竞争,更多地有着向技术竞争方向发展的倾向。能源技术逐渐成为当前能源博弈的核心和焦点,这点不难从美国页岩气勘探开采技术的突破和所引发的油价下跌的现象看出。页岩气资源并非美国独有的资源,据了解,中国已探明的页岩气储备量远远超过美国,但美国能够迅速在国际市场抢占先机,就得益于其近年来页岩气勘探开采技术的突破和创新。我们国家对页岩气探索研究相较于美国起步较晚,对页岩气进行充分的开发和利用技术尚存短板。向美国借鉴的技术也由于我国特有的地质条件,出现了部分"水土不服"的现象,因此我国自主创新发展适合本国能源现状的先进技术任重而道远。大力发展页岩油气、可燃冰等新兴清洁能源的开发技术,使清洁的能源供应体系更加多元化,降低中国能源对外依存度是未来我国能源产业高质量发展的必由之路。

再次,创造良好能源贸易环境。其一,要制定跨国经营战略目标。在国际贸易大背景下,以石油产业为例,中石油、中石化、中海油三家石油企业并称中国"三桶油",他们在经过企业重组后,实力资质得到提升,有着极强的竞争优势。中石油、中石化、中海油连续多年入围全球油气行业 TOP10 企业。其中,中国石油综合排名较之于沙特阿美稍稍落后,居油气行业的第 2位。先前实力强劲的埃克森美孚等多家石油巨头企业受新冠疫情和油价变动等因素的影响,排名下跌,没能跻身前十。由此看出中国石油企业在国际贸易环境中的核心竞争力不容小觑。跨国经营为中国能源更好地"走出去"架起桥梁,助力创造良好的能源贸易环境。其二,要依托大国外交实现市场化运作。能源博弈中的许多能源摩擦和冲突是由于双方国家没有进行很好的深入沟通产生理解的歧义、运作的偏差。中国应该凭借大国形象进行外交,针对性地就政策层面问题深入沟通交流,以减少能源贸易摩擦和冲突为主旨,拓宽对话广度,建立多层次协调机制,帮助中国能源企业开拓海外市场,切实把握国际政治和经济关系间的有效磨合,站在利益最大化的角度上,开辟更为广阔的国际发展空间。

综合上述三个方面的路径选择,中国应当走"由内而外,内外兼修"的数字技术赋能能源产业的发展之路。从能源产业内部入手,以能源资源、产业结构、能源消费方式、能源开发技术等多方面因素为核心,进行国内范围的能源变革;从能源对外贸易来说,就能源竞争优势、能源海外发展大环境两个方面,帮助中国能源产业数字化、智能化、科学化地"走出去",为扩大能源对外贸易市场奠定基石。

第二节　数字化能源世界中的安全风险

现在,中国经济发展逐渐进入新阶段,中国能源产业也蓬勃发展,能源产业逐步开始拥抱数字化,进行高质量升级转型。与此同时,能源产业的转型企业在数字信息技术中的安全问题也慢慢浮现,由此引发国家和社会对网络安全和数据隐私与所有权安全的深刻思考。基于此,提高网络安全和数据隐私与所有权安全水平刻不容缓,降低数字化能源世界中的安全风险,对保障能源产业可持续高质量数字化转型有着重要意义。

一、网络与信息安全面临巨大风险

随着大数据、云计算等相关信息技术的蓬勃发展,世界正从信息化(IT)时代走向数据化(DT)时代。能源产业在新时代数字技术的赋能下,形成广泛统一共识,积极进入数字化转型加速道路,以实现降低成本增加效益的双战略目标。能源产业中以石油、煤炭、电力为代表的产业关系着国家的基础设施建设,是日常经济生活不可或缺的关键角色。安全是发展的前提。数字技术的使用和商业化是数字化转型的核心要素,也是公司未来生存发展的关键因素。在享受数字化给能源产业带来红利的同时,它也悄然增加了能源产业所要面临的包括地磁风暴和网络攻击在内的更为严峻的网络安全风险。能源产业的数字化、网络化、智能化的充分实现依托互联网平台建设。一旦平台被攻击,将会增加大量数据被泄露的风险,这将危害能源企业发展长治久安,让社会运转陷入停滞,对社会经济造成不可逆且难以预估的经济和能源损失。

根据公开信息了解到,能源产业是网络攻击的重灾区,其中不仅包括地磁风暴等自然灾害,还包括利用恶意软件、勒索软件、网络钓鱼软件和僵尸网络(机器人网络的简称)等手段进行有预谋有组织的网络攻击(见表9-1)。《能源产业针对性攻击分析白皮书》(赛门铁克公司,2017)[1]中明确表示,能源公司和相关产业受到的针对性网络攻击事件的数量持续增加,能源产业正在面临新的危机,能源数字化进程如履薄冰。根据赛门铁克作出的数据分析显示,能源产业受到网络攻击的数量约为全球总数的7.6%。全球受攻击目标排名中能源产业排在前5。2020年4月,攻击者利用勒索软件对葡萄牙最大能源企业、全球第四大风能运营商葡萄牙跨国能源公司(EDP)进行网络攻击,导致该企业数据泄露,损失近1000万欧元。2021年美国最大输油管道公司科洛尼尔(Colonial)的管道系统因遭到勒索软件攻击被当即关闭,此次涉事输油管线长5000多英里。通过这些事件不难看出,网络攻击具有较强的隐匿性和破坏性。可以在不破坏重要基础设施的前提下,找寻经济利益最符合预期的能源企业下手,进行有组织有预谋的犯罪。对这类攻击,能源产业的网络安全体系一般都难以招架,能源企业安全内忧外患,凸显了网络攻击的巨大威胁。

---

① http://www.symantec.com/.

表 9-1　关于世界范围内能源产业受网络攻击的事件简述

国家	攻击类型	事件简述
巴西	勒索软件	2020 年 6 月,巴西电力公司 Light S.A.成为 Sodinokibi 勒索软件的受害者,黑客以 1400 万美元的赎金要求进行勒索。Sodinokibi 勒索软件采用 RaaS(Ransomware as a Service)模式,有可能由与 Pinchy Spider 有联系的威胁者操纵。这种勒索软件利用 Windows Win32k 组件中的 CVE—2018—8453 漏洞来提升特权,并支持 32 位和 64 位版本的漏洞利用。Sodinokibi 勒索软件不提供全局解密器,因此只有通过攻击者的私钥才能解密文件
葡萄牙	勒索软件	2020 年 4 月,葡萄牙跨国能源公司(天然气和电力)EDP(Energias de Portugal)遭 Ragnar Locker 勒索软件攻击,并被攻击者威胁已经获取了公司 10 太字节的敏感数据文件,如果不支付赎金,将公开这些数据,赎金高达 1090 万美元。根据 EDP 加密系统上的赎金记录,攻击者能够窃取有关账单、合同、交易、客户和合作伙伴的机密信息。目前针对 Ragnar Locker 勒索软件加密文件尚无法解密
印度	恶意软件	2019 年 9 月,印度泰米尔纳德邦的 Kudankulam 核电站(简称 KNPP)被证实内网感染了 Lazarus 开发的恶意软件。其属于 Dtrack 后门木马的变体的软件,NPCIL 的声明显示,Dtrack 变体仅仅感染了核电站的管理网络,并未影响到用于控制核反应堆的关键内网。有报道指出,就在几天前,该核电站意外关闭了一座反应堆
南非	勒索软件	南非 City Power 电力公司在 2019 年 7 月遭受了一次严重的勒索软件攻击,给公司造成了巨大的损失和影响。这起攻击导致了电力中断,使居民们的正常用电无法得到保障。事实上,这种病毒软件加密了所有的数据库、应用程序、Web Apps 和官方网站,使公司无法正常运行。这次勒索软件攻击特别针对预付费用户,给他们的使用和交易带来了极大的不便。由于攻击,预付费用户无法访问公司的网站,无法进行充值交易和发票申请。这对依赖预付费系统进行电力消费的用户来说,造成了重大的困扰。受到攻击的服务和网络的清理工作需要数周的时间,才能使其完全恢复正常。这个过程需要专业的技术人员对系统进行修复和恢复。同时,相关部门也需要与安全机构合作,找出攻击者的身份并采取相应的法律行动
美国	拒绝服务(Dos)	2019 年年初,美国犹他州可再生能源电力公司遭到黑客利用思科防火墙中的已知漏洞发起了一次拒绝服务攻击。此次攻击波及范围广泛,包括加利福尼亚州的克恩县和洛杉矶县,犹他州的盐湖县以及怀俄明州的康弗斯县。根据报道,受害者使用的防火墙的 Web 界面存在网络安全漏洞,使设备在遭受拒绝服务攻击时会发生重新启动的情况。攻击者巧妙地利用了这个漏洞,切断了中央控制系统与各站点设备之间的通信传输,最终导致了网络连接的中断

续表

国家	攻击类型	事件简述
马来西亚、伊朗、美国	鱼叉式钓鱼软件	2020 年 4 月,两起针对能源及其垂直行业的鱼叉式钓鱼邮件攻击活动发生。攻击者以经过伪装的电子邮件的形式投递 A-gent Tesla 间谍软件。自 2014 年以来,Agent Tesla 间谍软件经过数次完善和改进升级,在公开渠道可以进行购买。3 月 31 日,攻击者利用邮件形式邀请收件方为某真实存在的项目设备和材料投标,以埃及国有石油公司 Enppi 之名发送电子邮件,在其中标明投标截止日期。了解该项目的石油和天然气行业人士受到诱导打开邮件中用于投递 Agent Tesla 间谍软件的恶意附件的概率十分大,攻击者正是利用这点对马来西亚、伊朗和美国等多个国家进行网络攻击,收集各种类型的凭据等敏感信息达到敲诈勒索的目的

资料来源:笔者根据国际能源网及国际电力网数据自行整理所得。

二、数据隐私与所有权受到严重威胁

随着信息网络技术的飞速发展,数据成为当今社会不可或缺的重要资源。与其他行业经济活动的信息技术应用类似,数字化技术在能源产业升级转型过程中日益广泛的应用已经使数据隐私和所有权问题进入大众视野,并引发了人们对个人隐私深刻的思考和担忧。2021 年 6 月 10 日第十三届全国人民代表大会常务委员会通过的《中华人民共和国数据安全法》(以下简称《数据安全法》)中明确指出:国家保护个人、组织与数据有关的权益,鼓励数据依法合理有效利用,保障数据依法有序自由流动,促进以数据为关键要素的数字经济发展。因此,在国家统筹发展与安全,实施大数据战略的政策方针下,结合能源产业数字化升级转型的时代议题,数据隐私与所有权的安全考量必须刻不容缓纳入规避未来能源产业数字化的跨领域风险的变革中。

数据是能源消费者产生的,就用户侧而言,数据泄露对隐私与所有权的危害以及如何保护自身隐私,提升用户侧数据安全是当下应当考虑的。能源产业的数字化、智能化发展在给消费者提供便利的同时,也潜移默化地挖掘了消费者的用户数据。这些商业性的数据可以被用于企业针对性的营销,例如用户的健康记录可以被用于研究推测出用户的身体状况,这对个人隐私有着非常大的安全隐患。另外,用户侧的能源数据随着数字信息技术的爆发式发展,数据实时更新迭代速度很快,几乎达到了实时传输,如果有心之人利用用户侧间断性的数据记录推断家中是否处于无人状态,进而有预谋有计划地实施犯罪活动,那么这对消费者来说将是不可抗的损失和打击,无论是财产损失还是人身安全都无法得到应有的完善的保障。除此以外,能源消费者不只是以家庭为单位的个人消费者,还有能源下游企业。当他们在进行内部的具有保密性质甚至是具有专利权的商业实践和活动时,其用户信息数据是否会被毫无保留地上传至云端,被披露给大众,让相关有利益冲突的企业模仿或者防范,进而危害企业在市场上公平竞争的合法资格。

消费者与公用事业单位应该借助物理元素等以安全、可靠、保密、用户友好的方式进行交互活动。公用事业单位在进行数据收集时,收集谁、收集什么、收集多少都应该有明确的界限,对过界的行为应有相关监管部门进行限制和权限约束。此外,公用事业单位收集相关消费者数据的目的也值得关注。

第一,这些被收集的数据产生于市场,也服务于市场,促进市场发展的指向性扩增,为各能源企业提供信息制定相应的适宜的发展战略。

第二,公用事业单位不仅为社会带来经济效益、社会效益和环境效益,他们还承担着一定的社会服务功能,其基础设施建设以及人员劳务支付也存在不小的压力。随着信息技术的发展,公用事业单位逐渐发现了收集数据用以变现的机遇,可以创造收入来源,用于基础设施建设和保障就业人员的薪资,使公用事业单位能可持续性提供服务,为能源产业的数字化转型升级保驾护航。

第三,区别于无增值成本的基础数据,公用事业单位挖掘的增值系统数据能够为数据开发者和其他市场参与者提供更高细粒度"增值"数据与定制信息。一般地,基础数据只是完成了无附加价值的传输和保存,若是对此类无增值成本的基础数据加以归纳整理,使其可供应市场,促进市场资源合理配置,将会产生超乎想象的反响。例如,国内关于电力负荷数据的开源数据集较少,根据用户侧数据进行电力负荷情况的预测,推动技术创新增强电网灵活发展将会改善这一现状。另外,电路电压数据、电能质量数据、风力转换效能数据等具有增值效益的数据都能帮助新型能源以及传统燃料型能源走向绿色低碳环保的发展路线,为能源产业数字化进程注入动力。

作为能源供给侧的各能源企业,数据的使用与共享一定是基于消费侧的准许,并在相关监管机构的监督下实现的。各能源企业应该提高透明度,使使用数据的用途可视化。在数字化转型中,能源企业要积极自省,聚焦自身的行业竞争优势充分利用数据集实施有选择的多元化数字化转型设计,开拓新的发展方向。另外,要深度分析数据,着重挖掘消费侧需求变化应对市场筛选机制,积极抓住行业转型发展的风口,主动作为,与能源下游企业进行交互活动。数据的产生、收集、使用与共享阶段的顺利运作离不开监管机构的保驾护航。第一，监管机构应立足保护用户侧隐私的出发点，制定相关规章制度保护消费者数据隐私与所有权安全，为消费者穿起数据泄露的防护铠甲。当下，监管机构多使用权限允许方案保障相关隐私与所有权。即在消费者使用能源服务时，将"加入"或"退出"的选择权交到消费者手中，让其决定自身能源使用数据是否允许被收集、被披露、被使用，以及允许被收集、被披露、被使用的个人隐私数据范围。以此来对公用事业单位的数据收集进行约束，实现用户侧到服务侧的单项权限保护，阻止公用事业单位对数据随心所欲、不受约束地收集以及后续让渡、转移使用权的违法行为，提高数据安全保护水平。第二，监管机构应允许服务侧的公用事业单位设置数据使用共享门槛，并监督公用事业单位通过收取费用为能源企业提供更高细粒度"增值"数据，促进供给侧行业发展。第三，监管机构应对相关能源产业进行数据安全知识的宣传和普及，推动全行业乃至社会的数据安全保护意识和水平，提高行业自律性。第四，监管机构还要注重制定供给侧的市场准入机制以构建良好的数据大环境，将危害个人隐私、非法使用消费者数据的"毁约"企业清出市场，促进行业健康正常诚信发展。

第三节　新贸易保护对我国能源产业的影响

2001年12月中国加入世界贸易组织（WTO），这一重大事件标志着中国深度参与经济全球化浪潮，有着中国改革开放进入历史新阶段的里程碑的意义。自此之后，中国秉持不违反加入承诺的原则，积极践行自由贸易战略，大幅度开放市场，吸纳外资、致力出口，以期实现互利共赢大发展目标。作为世界贸易组织成员之一，中国在加入之初，全球几乎所有市场经济国家、发达国家都视中国为非市场经济体，不愿承认、不愿给予中国市场经济体的身份，这一主观性、不公平、不合理的态度持续了15年。直到2016年，中国履行15年之约排除万难成为市场经济体，但是欧盟以及美国仍表示"赋予中国市场经济地位的时机还不成熟"，于是同年欧盟提交修改反倾销法律制度的提案以阻碍中国在欧洲的出口贸易。在这样的时代大背景下，随着数字化技术的蓬勃发展，中国力主产业数字化转型升级，尤其是能源、电子信息等高新技术产业，该类具有较强数字化潜力的中高端产业的出口贸易是国家大力发展的重点。但世界经济环境的不断变幻和新冠疫情的突发影响，一些贸易保护主义形式也随之发生改变，发达经济体仍徘徊在多边贸易规则的"灰色地带"，模糊地解读规则，象征性地遵守规则，资本主义抬头,新贸易保护为中国量身定制抵制性法规。因此,我国数字经济赋能能源产业的出口贸易要想摆脱新贸易保护的窠臼,步履维艰、道阻且长。为改善这一消极现状,特在未来能源产业数字化的跨领域风险中讨论新贸易保护对我国能源产业的影响,下面将从三个方面进行具体讨论:新贸易保护背景下中国能源进出口现状、中国能源企业对外投资现状、国际能源相关产业和政策的影响。

一、新贸易保护背景下中国能源进出口现状

能源的进出口贸易是世界商品经济贸易中不可或缺的一环,是能源生产和流通过程的重要组成部分,也是国家向世界范围内扩展能源市场的贸易业务。根据国家能源局的统计数据,2023 年我国原油产量在一次能源生产总量中占比 6.8%,天然气占总量的 6.0%,原煤占比 67.6%,一次电力及其他能源占比 19.6%;较之于 2022 年,原油产量占比下降 0.9%,天然气占总量之比下降 0.1%,原煤占比上升 0.6%,一次电力及其他能源占比上升0.4%。同时,我国能源生产总量呈现波动上升态势,2011—2016 年能源总产量增速持续下降,但 2016 年之后年增速实现追赶,在 2023 年达到 40.8亿吨标准煤。

随着增产保供政策的持续推进,我国国内能源生产总量逐步攀升,为能源面向国际市场的流通打下扎实的物质基础。但即使在我国力主自由贸易以期实现互利共赢局面的条件下,欧盟、美国等发达经济体仍实行贸易保护主义,贸易保护主义的抬头让我国能源的进出口贸易如履薄冰。根据 WTO提供的数据统计,截至 2023 年 6 月,全球发起的反倾销调查案件中,中国遭遇反倾销调查数量占总量之比高达 23%。这些反倾销调查覆盖的产业类型多种多样,能源产业也被牵连其中。从国家统计局发布的相关数据来看,2014—2023 年我国煤和天然气进口量呈上升趋势,原油以及电力进口量波动下降;煤出口量波动下降,原油和电力出口量总体呈上升趋势,且原油增速较为迅速(见表9-2)。

表 9-2　2014—2023 年我国能源进出口量

年份	煤(万吨)		原油(万吨)		天然气(亿立方米)		电力(亿千瓦时)	
	进口量	出口量	进口量	出口量	进口量	出口量	进口量	出口量
2014	18307	1910	303	23768	165	40	56	191
2015	22236	1466	252	25378	312	32	66	193

续表

年份	煤(万吨)		原油(万吨)		天然气(亿立方米)		电力(亿千瓦时)	
	进口量	出口量	进口量	出口量	进口量	出口量	进口量	出口量
2016	28841	928	243	27103	421	29	69	177
2017	32702	751	162	28174	525	27	75	187
2018	29122	574	60	30837	591	26	68	182
2019	20406	534	287	33548	611	33	62	187
2020	25555	879	294	38101	746	34	62	189
2021	27092	802	486	41946	946	35	64	195
2022	28210	494	263	46189	1246	34	57	209
2023	29977	603	81	50568	1332	36	49	217

资料来源:笔者根据国家统计局及各年度《中国能源统计年鉴》数据自行整理所得。

通过研究中国能源产业进出口量的变化趋势,可以反向推导出我国能源贸易过程中受到的阻碍以及产生这一变化趋势的原因。其一,以欧盟、美国为主的发达经济体在世界贸易组织制定的多边贸易规则的模糊地带打着新贸易保护的"擦边球",他们甚至为中国量身定制了专门的法规,对维护国际贸易秩序和公平竞争有着重大的负面作用。随着贸易保护主义的抬头,贸易壁垒的作用更是逐步攀升,除了关税壁垒以外,以技术性贸易壁垒、卫生与植物卫生措施、贸易救济措施等为主的非关税壁垒也在潜移默化地危害中国能源的生产与流通。其二,随着我国经济建设的推进,我国逐步从农业、纺织业等劳动密集型产业坚定向能源、信息技术、生物技术等中高端产业转型。随之而来的就是美国针对中国的反倾销、反补贴措施的适用范围从大米、棉花、纺织品等扩大到了电子设备、光伏电池、应用级风塔等多类产品。发达经济体急于遏制中国对其国家的贸易,保护自身国家产业和平稳定发展优势,为本国构建良好的产业生态环境,逼迫中国这样的新兴经济体投降,更加开放地敞开市场。其三,世界经济贸易规模扩大引起了新兴市场国家对华贸易保护阵营实力的扩张。越来越多的发展中国家跟随发达经济体的脚步路径,利用反倾销、反补贴的手段保护本国的产业。从20世纪90年代以来,在对中国企业发起反倾销的外部势力中,发展中国家甚至已经超过发达国家成为对华发起反倾销调查的主体。由于中国的经济结构和资源禀赋与其他发展中国家有着较大的相似性,印度、墨西哥这样的发展中国家采取对华反倾销调查,严重影响了我国的对外贸易战略部署,对建立友好、和平、公正的发展中国家关系产生较大的负面影响。

针对新贸易保护背景下中国能源进出口现状,结合当前世界经济、能源环境危机等多方面因素,提出几点对策与措施,保护我国能源对外贸易的公平性、合理性、客观性、非歧视性。第一,要深刻自省,结合当前外界对华贸易保护态势,确定能源产业发展大方向,进行改革的定制规划,实现产业资源与结构合理布局,对重点产业链加大政策、资源的倾斜力度,积极阻止能源产业企业长期无章法无目标盲目跟随市场的变化而发展。同时,应挖掘信息化技术潜在价值实行数字经济带动战略,国内逐年增多的市场需求推动能源产业结构的调整、能源产业的创新升级,并助力大幅提升企业产品技术含量。产业结构与对外贸易结构的合理化为我国总体能源外贸出口体系奠定基础。要避免因安全标准、质量标准等技术性标准不达标,从而受到歧视被排挤的现象发生。因此,升级核心技术,提高核心竞争力是能源产业的当务之急。

第二,将机制创新和技术创新相结合,双管齐下,走内生增长、创新发展之路。在技术创新道路上,要着重对技术难题攻坚克难,跟进升级配套的技术体系。当生产要素成本上升,资源被限制,环境被约束,国际竞争格局逐步打开。2022 年 2 月,国家发展改革委、国家能源局在《关于完善能源绿色低碳转型体制机制和政策措施的意见》中提出"到 2030 年,基本建立完整的能源绿色低碳发展基本制度和政策体系"的目标,这使能源绿色低碳转型路线图更清晰,为我国能源对外贸易扩大竞争优势提供了新的思路,为中国在世界范围内实现自由贸易加码。因此,能源产业数字化结合绿色低碳发展,可谓强强联手,对提升产业附加值、促进能源赋能、提高能源利用率有着重要的推进作用。在机制创新道路上,要构建产业优化升级机制,进行产业价值链重塑。还应制定战略性发展能源产业头部企业的计划,制定并完善尾部能源产业企业对市场迅速发展水土不服状况的"退出"机制。

第三,除了第一点、第二点以宏观视角看待解决问题,还可以深入微观寻找对策。以"云大移物智链"为代表的数字化技术带领能源产业进行变革。能源产业可以通过先进的信息技术,实现信息数据的实时对象化采集、使用与共享,这些基础数据所附有的"增值"效益可利用市场参与者提供高细粒度处理与定制促进需求响应市场,达到变现、创造收入来源的目的。充分发挥市场在资源配置中的决定性作用,积极构建行业信息数据的评价评估体系。

二、中国能源企业对外投资现状

随着中国战略布局的改变,中国能源企业切实高效地完成了能源企业"走出去"战略,我国能源企业对外投资的触角不断延伸,为能源金融资本的全球化拓展奠定了上行的基调。在我国大政方针的指引与支持下,能源产业集群建设方面成果显著,我国能源产业的对外投资战略布局实现了从无到有、从点到面的实质性飞跃,这使能源产业抢占世界投资市场进入上行通道。通过对中国近年来能源企业对外投资的情况进行分析,为了有助于后期定向地针对性地提出解决方案和对策,大致可以将中国能源企业对外投资现状的特点归纳为:强劲发展势头与潜在发展风险并存。

(一)投资规模不断扩大

具体表现在资本投入的加量和投资领域的扩张。自改革开放以来,我国的国内生产总值不断攀升,社会经济实力明显提高并持续稳步发展,资本积累完成程度较好,为我国能源企业的对外投资准备大量资本。我国一些有着深厚资历和较强实力的大型能源企业也起到模范带头作用,引领我国能源产业抢占国际投资市场。例如,2010 年中石化以 47 亿美元的价格自 Conoco Philips 购买了加拿大 Syncrude 公司 9.03% 的股权。2017 年 4 月,中石油签订了俄罗斯阿穆尔项目,合同额达 25.2 亿美元。2017 年 12 月,华润电力联手母公司华润集团以 7.4 亿美元的价格收购英国离岸风电场 Dudgeon Holdings Limited 30% 的股权。投资总额的增加不仅是中国作为投资方自身资本财力的体现,更是中国在"一带一路"倡议中引领能源企业真实"走出去"的最好佐证。与此同时,在"一带一路"倡议的积极推动下,我国大型能源企业在欧、美、亚、非、拉各洲开展国际多项业务,能源企业向多重领域如石化、油气、电力等进行业务拓展,对外投资领域逐步扩张。我国能源企业对外投资正进入高速发展时期,从最初以煤炭、石油、天然气这些传统能源工业为主要投资对象,到现在着眼于晶硅电池产业、海上风电并网装备、风力潮汐发电等新兴行业,在不断探索的过程中拓宽能源企业投资赛道。

(二)投资收益持续增长

以对外油气投资额最高的中石油为例,2020 年中国石油国内油气产量约达 1410 百万桶,与 2019 年相比提升了 4.8%;可销售天然气产量较 2019 年提升 9.9%,公司实现营业收入 19.3 亿元人民币。海外业务实现营业收入超 7210 亿元人民币,占中国石油总营业收入的 37.3%;实现税前利润 80.9 亿元人民币。2020 年,面对新冠疫情暴发、油价下跌等多方因素干扰,中国海洋石油有限公司反应迅速,主动采取措施攻坚克难,实现油气销售收入1396亿元人民币,净利润249.6亿元人民币。2020年,中国石化营业收入达2105亿元人民币,净利润32.9亿元人民币。在对国际规则和运作方式的逐步熟悉后,能源企业投资回报率提升,经济效益持续增长。

　　机遇和风险往往是相伴相生的,在能源企业投资大环境迎来春天时,也会伴随着出现诸多的风险和问题,世界投资市场仍有很多不确定因素,贸易保护主义的抬头使能源对外投资面临挑战。第一,我国能源对外投资分布格局在对象上呈现单一化趋势。就目前形势来看,高度集中的资金投放是中国对外投资在资金利用对象单一化的具体表现,即"把鸡蛋放在同一个篮子中"。根据投资发展周期理论,我国现正处于第二到第三的过渡阶段,而能源产业投资周期长、投资成本高、短期收益不明显等特点使我国部分能源企业注重以煤炭、石油、天然气为主的传统能源产业的投资,以保证投资收益的稳定和质量。但将自身收益与大量相同或类似对象的投资进行利益捆绑,这一举措显然不明智,而要想得到预期收益,就一定需要巨额资本的后续跟进,这种循环式的联系加剧了能源企业对外投资潜在风险。

　　第二,我国能源对外投资分布格局在空间上呈现向发展中国家集中趋势。就国际视野来看,我国对外投资能源板块的地域辐射范围进一步扩大,但我国大多能源企业仍倾向于投资亚、非、拉地区的产业,以降低投资风险,对拥有相对成熟的市场和技术的欧美国家持有观望态度,不敢轻易尝试。仅有小部分我国私有能源企业对欧洲、美洲等地区的产业进行试水,这也就导致了中国能源对外投资分布格局空间不均衡的现象产生。并且,我国能源对外投资起步较晚,投资方式、运作模式等多方面经验不足,对投资资金的充分利用略显稚嫩。这些都严重制约了我国能源企业的投资实效。

　　第三,运作手段单一。对外投资分为直接投资与间接投资,直接投资包括收购和新建,间接投资以购买有价证券为主。由于投资方式的不同,多样的运作手段使各大中小企业的投资如有增益,但在中国能源对外投资发展还未达到成熟的阶段,运作技术、人员等相关要素的缺失使运作手段单一,不利于能源企业对外收购的成功率。

　　第四,东道国存在政治风险。作为投资对象的东道国,其国家当局政府的领导、国家内部存在的民族矛盾、政治外交的表现、通胀率和人均国内生产总值等因素都被纳入投资考量范畴。现有研究表明我国能源企业投资在对共建"一带一路"国家和地区的投资中具有明显的政治偏好,表现为我国倾向于投资那些具有较低的政治风险的东道国;同时,在众多能源投资案例中,中国能源企业失败案例也多发生在政治风险较高的东道国,但这不表明只要在高政治风险的东道国的投资项目就一定存在问题,两方并不存在对应互通的关系。

针对上述四点问题,中国应该积极思考解决对策。首先,要促进多元化投资发展。打破资金投放高度集中的弊端,积极挖掘多样的投资对象,解除自身收益与大量相同或类似对象的投资之间的利益捆绑,降低能源企业对外投资潜在风险。

其次,要建设均衡的投资空间分布格局。规避我国能源对外投资分布格局在空间上呈现向发展中国家集中的趋势,多向欧洲、美洲这些发展先进的地区辐射,国家在这方面应同步制定相关大政方针,把政策优惠覆盖面扩展到能源产业的大中小企业,不管是国有企业还是私有企业都能鼓起勇气,敢于实践敢于探索。能源企业在发展战略指引下,充分科学化利用手头资金,促进了我国能源企业的投资实效。企业还应该适时地进行内部产业结构、管理方式的转型升级,结合数字信息技术,优化产业配置,加强投资就业人员的管理培训,培养业务能力强、涉外经验多等多方面发展的技术型人才,为我国进入能源投资领域奠定良好基础。

再次,学习灵活的运作方案。我国能源对外投资起步较晚,相较于我们国家,欧美国家早早涉足能源投资领域,可为我们的投资提供宝贵的经验和教训。可以学习借鉴有关投资案例中的运作模式,加以灵活变通,充分利用中国在能源投资领域的后发优势,提高能源企业对外收购的成功率。

复次,严格分析东道国政治风险。在进行对外投资之前,能源企业应该对被投资对象进行严格审慎的政治风险评估,对东道国政治军事、社会经济等方面进行考察,谨慎选择被投资对象。对被投资对象,一定要理性、公平考察其政治风险,不能因为其"一带一路"共建国家和地区的身份或是东道国政府给予投资者的政策优惠而提高包容度。

最后,建立国际合作互助体系。多国合作体系有利于分散风险,降低损失,保障基本收益,是互利共赢的先决条件。要构建良好的国际关系,要与东道国政府层面进行友好沟通,以期为能源投资的顺利落地保驾护航。同时,要提高政策导向的风险警醒度,时刻关注东道国制定的准入机制,对新贸易保护主义要有敏锐嗅觉。

第四节　实践结论及政策建议

致力于总结对未来能源产业数字化的跨领域风险研究的进展和实践结论,分别对数字经济赋能能源产业发展中的网络安全问题、数据隐私与所有权安全问题、协同问题等方面问题提出政策建议。

一、加强网络安全防火墙的构建

网络安全问题结合当今技术发展现状仍是能源产业数字化转型发展的重中之重。建设网络安全平台,构建网络安全体系框架切实符合当前时代发展的需要,是推动社会经济稳步运行发展和促进能源产业顺利数字化转型的重要手段。

下面将共筑网络安全防火墙、建设能源产业网络安全生态环境的工作分为微观和宏观两个方面进行分析和建议。在微观层面,小微型能源企业或机构自身综合实力薄弱,网络安全防范意识相对淡薄。这类企业进入数字化转型阶段落后,缺乏数字化基础,主观能动性不足,对数字化转型了解不够深入也不够全面,出现数字化转型动力匮乏现象。它们往往没有着眼于时代发展的进程,照原有的工作思路、管理运营模式进行主观判断。因此,必须努力扎根数字化转型浪潮,做到多快好省实现转型目标,着力于加强基础设施建设,以提高企业综合实力,奠定企业长远发展基石。

对大中型能源企业、机构来说,它们相对于小微企业进入数字化转型阶段具有先发优势且潜力更大。第一,作为能源产业数字化的先行者,大中型企业、机构具有较强的社会责任与担当,更应该起到重要的"领头羊"作用,充分利用先发优势下获得的企业经济效益、资源效益、技术效益以及机会成本觉醒防范意识,筑起网络安全防火墙。第二,大中型企业应对小微企业进行帮扶。无论是数据信息技术方面,还是企业转型运作管理体系的构建,大中型企业的经验都比小微企业更为丰富。如果能起到从大到小的充分的技术辐射作用,对小微企业夯实基础建设以及大中型企业发现技术漏洞并完善处理方案都有着重要意义,由此出现的双赢局面才是国家愿意看到的积极的发展状态。第三,大力加强能源数据安全技术攻坚克难。在世界数字技术更新迭代快速的今天,发达国家与发展中国家的技术发展进程不同步,呈现出了差距加剧的现象。因此大中型企业在技术扩张上投入的时间与精力应当增多,以此摆脱技术依赖,打破技术壁垒。第四,切实强化能源数据安全预警能力的建设。网络的交互性、虚拟性是其具有不确定性的本质特征。大中型企业应针对突发性有预谋有组织的网络安全犯罪制定相应的处理解决预案,以期在受到网络攻击的时候能精准快速高效化解,降低受伤害的概率和经济损失,提高能源数据信息安全预警能力。第五,要严格落实国家优惠帮扶方针政策以及发展目标。积极适应国家战略方针,在党和国家的领导下进入数字化转型加速车道。

　　因此，在微观层面，企业提高安全意识是必要的，企业内部应进行安全意识培训，从员工入手，建立起安全意识大环境。企业也要注重发展内嵌安全性设计，将网络安全部署贯穿生产销售始终，而不是将信息安全防护置于产业过程之外，让其成为产业链的附庸。企业之间还应通力合作，齐头并进，团结共筑数据信息共享平台，成立专门的网络安全研究工作机构，为能源企业提供针对性的预案指导，组织企业参与网络冲击、网络信息勒索的演习，为大中小企业模拟场景，提高各企业的应对能力和反应速度。

　　在宏观层面，国家对能源产业的稳定发展起到了宏观部署的作用。第一，应当加强包含信息资源、管理资源、经济资源在内的资源优化配置和利用。各方资源要向小微企业倾斜，也要保障大中企业的发展，实现宏观资源部署，降低能源产业运作成本。同时要将降低使用门槛和提高资源共享频率相结合，双管齐下，致力于突破传统运作模式束缚加强网络安全建设。第二，国家要制定并完善符合自身国情的法律法规。作为领导者，应下沉进入能源产业，观察行业数字化转型进程中遇到的网络安全方面的挑战，适时研究并讨论出相应的对策。第三，国家还应制定能源产业数据安全标准。明确包括营利性能源系统运营商机构和消费者在内的市场参与者以及政府机构、监管机构等管理机构的责任分工，制定数据安全标准，建立安全性防范和应对机制。

　　综合以上的分析和建议，就是要增强网络安全弹性，提高国家、组织和各系统抵御网络攻击和侵袭、处理应对善后恢复效率、适应变化环境的各方面多元化能力，以保障能源产业关键基础设施的正常运营；积极与多方合作构建能源产业网络安全生态环境。

二、加强隐私与所有权保护的政策体系建设

　　作为政策制定者，国家应考虑多方面因素，形成隐私与所有权保护体系，采取相应的措施并切实执行，同时制定法律法规保障行业的可持续健康发展，为未来能源产业数字化转型发展增加砝码。

　　从整个社会层面来看，政策制定者应该宏观把握数据隐私管理的切入口，促进需求响应市场的创新，满足公用事业单位的运营需求。首先，要对能源产业产生的数据集的附属效益价值给予肯定，它对能源产业的规划发展有着不可估量的作用。无论是具有成本的基础数据还是细粒度"增值"的数据，都有助于相关研究者探究调研单个消费者无法实现的综合效益增益的机遇。其次，政策制定者应该对部分企业抢占能源市场大部分数据的现象保持较强的敏感度。能源产业的部分私人企业对数据进行收集处理和

使用,将大量数据握于手中,这对整个市场的积极发展产生了一定的负面作用。决策者不得不对可能导致垄断市场的行为有所防范,以市场准入交换私人企业数据是可行思路之一。

国家应当采取物理行政和技术安全措施。其一,可以对集成方式实行匿名,好比经由消费者允许将其数据传输收集,但能源产业上游企业收到数据集,进行使用和共享时不会对应获取数据的来源,个人信息不会指向某个特定的家庭和用户。其二,随着数字信息技术的快速发展,用户侧的能源数据实时更新,几乎能做到实时传输。国家可以对隐私数据的传输速率和频次进行一定的限制,通过增加时间间隔、降低传输数据频次达到限制数据精度的目的。其三,在发挥监督职能的过程中,监管机构为保障消费者数据隐私和所有权安全采用的"加入"或"退出"选项可以在极大程度上提高数据安全性。这种选项也被称为保密选项,即消费者可以选择个人隐私和所有权的保密程度。初级保密的消费者相对于高级保密的消费者,数据保密的覆盖程度相对较低,因此初级保密的用户侧数据会较为容易地被收集被使用或共享,其体量也会较大,能够为能源产业基础数据库的建设提供大量用户侧数据。而高级保密的消费者只有较少部分的个人隐私数据会被披露,数据保密的覆盖程度相对较大,保密性要优于初级保密的用户侧数据。该类数据能够针对性地反映能源消费需求,助推能源产业更好地为消费者提供私人化定制化服务。

三、能源产业多角度协同融合发展的途径

(一) 促进传统能源与新能源协同融合发展的政策建议

"双碳"目标引领能源系统变革,使传统能源产业与新能源产业在数字经济赋能能源产业的大背景下有机融合、协同发展。从传统能源角度来看,根据国家统计局公布的数据显示,全国 2021 年能源消费总量达到 52.4 亿吨标准煤,同比增长 5.2%。煤炭的消费量增加了 4.6%,消费量占能源消费总量的 56%。我国煤炭消费的主要碳排放源包括煤电和工业用煤,其中煤电消费占比高达 55%。煤炭作为基础能源,其优越的能源地位和资源禀赋条件使其行业优势和市场基础十分牢固,短期内新能源无法实现全方位替代。中国的燃煤发电机组效能较高,平均煤耗的下降助力能源产业绿色发展,同时降低了能源产出成本,预计在 2025 年前后燃煤发电机组效能还会有适当的增长,结合"双碳"目标,部分燃煤发电机组还将持续发力,为新能源产业增量投产进入市场谋取"入场券"。但从另一角度来看,传统能源破坏生态环境、污染水资源、产能落后、资源有限等特质确实阻碍能源产业

升级转型步伐。未来,经济、能源环境危机会向传统能源的发展施加压力,资金使用成本将会大幅提高,随之而来的是资金链风险逐步上升,大大遏制了传统能源企业的生存和发展。

从新能源角度来看,新能源产业集群化建设日趋完善,我国新能源产业总装机量位居世界第一。江苏省作为中国能源产业数字化领跑大省,致力于顺应能源市场供给侧结构性改革,涉足风能发电、生物质能发电和光伏发电三个板块,多领域助推新能源产业蓬勃发展,并建立了多个新能源产业基地。同时新能源产业自主创新能力缺乏的问题尤为突出。我国新能源产业关键技术现处在"卡脖子"阶段,在风能、光伏、太阳能等领域的核心技术未能取得重大突破,对国外技术的依赖程度相对较高,没有考虑国外先进技术在我国水土不服的情况,对结合我国现实国情的自主发展道路有待厘清,最终产生了与我国新能源产业发展规模和经济总量不相匹配的空心化产业技术内核。另外,新能源的区域协同能力较弱,具体表现在:新能源科技研发各自为政,缺乏统一性协调性,没有制定系统的能源科技合作发展战略性规划,无法以长期发展视角聚焦新能源发展和能源产业数字化转型;科学技术资源不能很好地实现共享,各地区的科技基础、科研实力与科学信息不对称,分散性较强,不利于统筹利用;新能源产业科技管理和运营机制出现条块化特征,不适合发展的需要。针对新能源科技合作发展方向的问题,深入研究其产生原因有三点:能源企业、科研机构、高校之间技术转让效率有待提高,对提升行业竞争力的增益不够显著;产业集群日益完善,但高新技术产业基地的发展仍处于萌芽阶段,技术创新环境仍不成熟;科研人才资源稀缺,不能很好地维系能源企业之间的深入合作,人才流动性较差。

通过类比新能源与传统能源的优劣势条件,可以发现:在目前的国际能源形势下,新能源的发展是大势所趋,或许在不久的将来会达到发展的高潮。但即便如此,传统能源仍是可靠、安全、稳定的能源供应保障的主力军。新能源与传统能源并不是此消彼长的竞争关系,对传统能源不能偏废。因此,结合两者的资源禀赋特点,找到新能源与传统能源的优势平衡点,在发挥传统能源基础生产供应的"兜底"职能的同时,清洁、高效、智能地扬起新能源发展的风帆。第一,要构建新老能源合作与协调机制,制订合作发展战略性规划。能源产业多方信息不对称是新老能源融合协同发展的重大阻碍。对此,可以通过构建云端网络交流平台促进新老能源产业的沟通,提高沟通效率同时降低试错的时间、人力、机会成本。第二,要依托传统能源技术开展新能源技术攻关。首先,政府应该制定相关新能源产业扶持政策,为其技术创新发展提供资金支持,引导企业加大技术攻关的力度,激励企业挖掘探索自身核心技术,达到产业技术内核去空心化的目的。其次,深入学习国外先进技术,灵活多变地结合我国现实国情进行技术转化、技术应用,使新能源技术螺旋式上升。最后,加大人力资本的投入,联合培养、引进科研人才。打破人才资源流通中存在的壁垒,疏通人才由国外向国内、由一地向多地的流动通道,助力能源技术发展攻坚克难。第三,做到空间格局的协同。传统能源生产要素聚集情况良好,有效实现人才、资本的聚集,而新能源产业正缺乏这种能力;新能源绿色产业技术优势明显,传统能源若是能吸收这种优势加以转化就能实现拓宽市场、增加市场份额、降低成本的目的。

(二) 促进能源产业与数字信息技术协同融合发展的政策建议

新能源和数字信息技术的结合是时代发展的崭新命题。数字信息技术更是引领能源产业进行数字化变革,推动创新驱动发展,让能源向低碳化、清洁化、智能化方向实现转型。在能源革命视角中,能源产业以信息和通信技术为主体,在能源互联网架构中形成能源流和数据信息流的耦合和基本映射关系。能源流是能源产业数字化的物质载体,同时也是数据信息流生成的基础和来源,为能源产业数字化提供稳定的、安全的数据供给。数据信息流是能源产业数字化的信息载体,也是能源流的信息反馈和基本映射。在数字革命视角中,通过先进的数字信息技术的应用,能源数据信息的潜在价值被发掘和外化,使数据信息逐步商品化、产品化,促进需求响应能源市场的创新,推动经济社会的高质量发展。

在油气行业中,提升生产效率、增加油气开采量的技术研发是行业急需完成的任务,与之而来的丰厚的经济利益推动油气行业稳定持续发展。正是因为油气行业能源技术的不足,派生出了对数字信息技术的应用和需求。数字技术有助于提升油气资源开采率。数据分析和处理技术被广泛运用于处理地震勘探产生的巨大数据流和分析井眼定位,快速整合数据进行分析并作出决策,降低生产过程中因自然因素导致的损失并提高油气开采率,用以保证生产所得的经济利益,优化油气开采成本结构。因此降低的成本可以促进资本的有效利用。数字技术有助于监管生产流程。随着数字技术的应用范围的扩大和优化,远程操控传感器、使用无人机勘探检测等技术被广泛使用,技术普及率的上升提升了检测效率以避免发生具有不确定性的安全事故,起到增强互联和监控的作用。要实现油气行业与数字技术的协同发展就要着力于发展数字技术在油气行业的均衡性应用。

在煤炭行业中,生产力的提高、生产过程安全性的保障都得益于数据分析、自动化技术等数字信息技术。通过现代数据管理技术,构建可视化模型来了解煤炭储层的详细信息。煤炭供应链的流程优化取决于计算机模拟和传感器的结合应用。在具有较高危险性的工作环境,无人卡车、无人铲车的应用成为减少矿工安全风险的发展趋势,以此提高生产力,并保证安全性。定期的设备维护和检测也需要数据分析的技术支持。当前,空气质量和气候变化成了人们高度关注的焦点,因此煤炭行业的发展受到社会舆论和环境资源的约束,与此同时,新能源的开发利用也在压榨煤炭行业的市场,缩小其交易空间。即便如此,短期内作为重要的能源之一,煤炭还是会引入最先进的数字技术并广泛应用。

在电力行业中,数字技术的应用相较于其他能源产业来说是最深入最广泛的,也是最为迫切和必要的。良好的基础条件和发展潜力为数字化技术在电力系统中的使用打通道路。基于发电厂和输配电网络的性能改进可以看出数字技术带来的红利,有利于打通"源网荷储"等环节,将数据流通入设备、厂房,很大程度上体现数字技术的互联性。在用户消费侧,智能家电、用户侧电表等高度智能化产品的接入为用户提供私人化服务,对节省用电成本、优化用电结构有着很大的帮助,同时还积极调动用户对"源荷"活动的参与度,助力电力系统"源网荷储"的一体化发展。

要想构建能源产业与数字信息技术协同融合发展,实现能源流与数据信息流的深度耦合,打破能源产业之间的壁垒,就要着力提高能源系统的灵活性,并对整个能源系统进行整合。一是加快制定能源产业数字化战略,结合我国自身数字信息技术的发展程度合理部署能源产业数字化转型道路。由于信息和通信技术硬件设施的寿命相对较短,随时都有被淘汰的风险,并且其发展的规律不可捉摸,政策无法预见性地适应技术的变化,所以政策的灵活性也要考虑在内,以便应对数字和通信技术的快速发展。二是培养训练有素的技术人员。有着与时俱进的先进思想和意识形态是从业人员的基本要求。在能源产业数字化的过程中,拥有信息与通信技术等"硬"技能以及领导能力、沟通技能、团队协作等互补的"软"技能的人力资源十分短缺。因此应联合如高等院校、科研机构等有着深厚技术实力的多方组织,共同制定专业技术人员培养方案,为能源产业输送具有技术性特质的新鲜血液,扩充中国人力资源储备,为中国能源产业的长久发展提供全方位综合素质较高的技术型人才。三是创新发展先进能源技术,把握契机利用先进数字信息技术带动能源技术攻关,形成技术协同体系。随着能源博弈逐步向技术竞争方向发展的趋势,我国自主创新发展适合本国能源现状的能源技术成为应对能源博弈的解决之策。利用数据处理分析、大数据等数字信息技术协助清洁能源供应体系的构建,促进5G通信、云计算、大数据、物联网、人工智能、机器人等与能源产业的深度融合,达到降低中国能源对外依存度的根本目的。四是强化安全意识、安全技术等保障,构建先进的能源安全保障体系。要有相应的应急预案,防备针对能源数据的攻击,为能源产业的数字化转型保驾护航。

第十章 面向碳中和的未来能源产业数字化协同路径

"双碳"目标的实现必须依托全面、深入的经济和社会体制改革,而能源产业的绿色低碳发展是关键。在数字新技术的时代大背景下,能源产业的数字化成为当前中国能源安全有效发展的新课题和新需求。面对供需双侧的新发展格局逻辑、国内国际两个层面的能源格局走向,构建"企业—产业—政府"分级衔接的未来能源产业数字化协同路径势在必行(见图 10-1)。通过支持能源企业进行设备数字化和智能化改造,在能源数据培育、采集与共享方面,构建完整贯通的能源数据流;通过推进能源产业数据共享标准的建设完善,健全数据跨行业流通管理的兼容性与合规性;通过健全包含体制改革、财税扶持、法治建设与公众参与的能源产业数字化综合性政策体系,加快多级联动的国家级能源数据库建立。从而推动形成以数字化与前沿低碳技术融合发展为依托的全新能源结构,为数字技术和能源技术创新迭代、跨界融合助力"双碳"目标实现提供坚实保障。

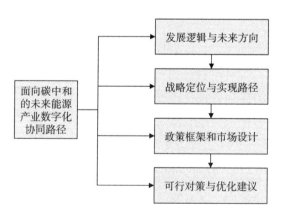

图 10-1 协同路径概要图

资料来源:笔者根据《中国碳中和与清洁空气协同路径(2022)》自行整理所得。

第一节　面向碳中和的能源产业数字化
发展逻辑与未来方向

面向碳中和的低碳零碳社会的高质量转型已经成为未来中国经济社会发展的崭新主题。面对地缘政治引发的国际能源格局重塑和国内经济发展新态势,"双碳"目标背景下的能源产业数字化与能源高质量发展存在必然的内在逻辑。

一、面向碳中和的能源产业数字化发展逻辑

随着世界范围内的环境问题日趋严峻,世界上越来越多的国家开始关注并发展高效节能、清洁低碳的绿色经济。为了实现可持续发展,中国政府已经明确了要坚持创新、协调、绿色、开放、共享的新发展理念。本部分主要从国际和国内两个层面探讨能源产业数字化发展的逻辑,国内能源公司主要是提高能源资源利用率、能源安全性和可靠性。而世界能源公司,则利用最新的资讯科技,对能源流进行智能分析,数据资源透明共享,智能设备互联互通,分散供电协调管理。由此,突破产业内部的数据障碍,增强企业的信息透明性,有效挖掘和使用数据,从而促进企业的资源分配,是推动中国能源产业向数字化转变的重要发展逻辑。

(一) 能源产业数字化的国内发展逻辑

"双碳"目标是引导中国能源与资源优化利用的最佳途径。利用低排放能源,建立"双碳"能源保障体系,改变"一煤独大"的能源消费结构,减少对原油的依赖度,从而为经济快速发展中的能源平稳供应打下坚实的基础。大能源公司的数字化改造规划是其数字化发展的必然选择。能源企业的数字化改造规划,就是要提高数据的丰富度、数据分析和处理效率、数据资源的流动效率,提高企业的数据开发和使用效率(数据的认知),提高企业决策的客观性和敏捷性,从而优化能源企业的生产、运营和服务,助力能源企业创新商业模式和能源产业高效节能、清洁低碳发展。面向碳中和的能源产业数字化国内发展逻辑主要包括信息数字化、业务数字化、数字业务化三部分。

1. 信息数字化

以信息技术为基础,着重进行数据的收集和转换,方便计算机就地存储、处理和传输。由于能源发电是技术密集型的代表,在数字技术和电力技术的深入结合下,有助于提高企业对信息的认知水平,促使其对决策的精确

性、客观性和灵活性的提高。如,中国石油"数字中国石油"建设将基本完成"石油数字化""智能油气田""智能油服"等综合服务体系的建设。由中国石化集团自行开发的"石化智云"产业互联网平台已具备 11 大领域的技术支持,可为企业的智能制造和新业务提供有力的支持,并初步实现了与航天云网和物资供应商的平台协同、系统直联。以及建设"432"项目,包括管理、生产、服务、金融四大系统。

2. 业务数字化

重点是利用数字技术推动已有的经营活动,提高企业经营效率和创造新的增值空间。能源业务数字化将促进新的经济发展,为未来的发展提供更多的机会。通过实施数字化平台、能源物联网、能源数据中心等,推进企业数字化转型,包括生产数字化、运营数字化、服务业数字化加速数字化技术攻关。如,设立能源一体化服务子公司,是一种为终端用户提供多种能源生产和消费的新型能源服务模式,涵盖能源规划、建设、投资、运营和评价等方面,涉及能源生产、传输、存储、消费等领域,以及通信、感知、计算、控制等多种技术。中国华能公司制定并实施了《数字化转型总体规划》,从电力、燃机等数据逐步接入智慧能源数据平台逐步完成管理业务的数字化转型。

3. 数字业务化

侧重于对数字服务进行增值,将数字资源和数字基础设施作为独立业务,以新模式和新业态方式进行运营管理。数字化资源是企业发展的重中之重,其有效的应用方式有:一是以低成本、快速共享的方式实现核心资源的共享,并以服务的增值为依托实现数据的增值;二是柔性招聘高层次的数字技术人员,重点解决关键技术的研发和积累;三是将核心技术进行整合,并在不同的应用环境中进行有效的迁移。随着传感器网络的不断完善,数据挖掘和应用(也就是数据感知)的能力得到了提高。表 10-1 列出了国内部分能源公司的数字化布局与应用平台。

表 10-1　国内部分能源公司的数字化布局

能源公司	主要实体平台概念
中国石油天然气有限公司	数字中国石油、智能油气田、智能工程等
中国石油化工集团公司	四朵云(管理、生产、服务、金融)、三大体系(数据治理与信息标准化、信息和数字化管控、网络安全)和两大平台(信息技术支撑、数字化服务)"432"工程
国家电网有限公司	生产数字化、运营数字化和服务数字化加快发展数字化技术(电力芯片、人工智能、区块链、电力被动)

续表

能源公司	主要实体平台概念
中国华能集团有限公司	风光数据全接入和水电、燃机等数据逐步接入智慧能源数据平台
中国南方电网有限公司	南网云、"电力+算力"驱动可再生能源协同调度的数字电网
中国大唐集团	数字化管控、数字化运营、数字化基础和引领创新

资料来源:笔者根据数字能源网数据自行整理所得。

　　较为典型的有,早在 2010 年中国南方电网组建了南网一体化能源服务公司,并在创业板挂牌,有效发挥其一体化管理优势,将资源进行充分配置使用的同时,还缩短相关资源支付周期,给予企业足够的时间和空间对各类业务场景进行构造并及时更新升级,满足使用者的需求。建设以"电力+算力"驱动可再生能源协同管理的数字电网,发展数字产业,提升能源产业链的竞争力,成为数字化转型发展实践的领军企业之一。中国大唐集团于2018 年 12 月组建大唐集团智能科技集团,确立了三大发展目标(集团管控、运营生产、创新发展)、五大目标(新定位、新管控、新运营、新能力、新架构)、四大工程(数字化管控、数字化运营、数字化基础和引领创新)和九大数字化结构架构平台的"3549"数字化转型发展策略。

　　(二) 能源产业数字化的国际发展逻辑

　　随着数字技术的飞速发展,移动互联网、大数据、云计算和物联网等出现在大众视野中,并被广大用户接受及推广,能源数字技术的发展推动能源产业的不断变革,成为促进创新驱动的重要保障,推动能源产业逐步向低碳清洁和智能化迈进。为此,德国、加拿大和日本等国纷纷制定了非常规能源的发展战略,从能源来源、数据资源、人工智能和分散电源四个层面,重点发展新材料、新工艺和新技术,尤其是与信息技术、数字技术的深入结合,占领未来能源技术的战略制高点。通过大数据和人工智能技术的有机融合,极大地提升了能源企业的效率,降低了成本,增强了企业的竞争能力。

二、面向碳中和的能源产业数字化未来方向

　　随着"云大物移智链"等数字技术与能源产业深入融合,形成了能源产业变革、创新驱动发展的重要力量。当前,全球都在推进能源生产、运输、交易、消费、监管等方面进行了大量的研究。通过对能源系统进行数字化处理,可以实现智能配置,从而使其在适当的时间和地点,以最小的代价来实现节能。据国际能源署(International Energy Agency, IEA)预计,如果采用数

字技术,将会降低石油和天然气的生产费用10%—20%,从而增加世界石油和天然气技术的可利用储备,并实现效益的最大化。仅是在欧洲就可以使太阳能和风能发电的耗电量由7%降低到1.6%,到2040年减少约3000万吨的二氧化碳排放量。2050年,太阳能电池所占比例将会从3%快速上升至24%,从而成为世界上最大的电力来源。同时在世界范围内,能源的开发、加工、运输、储存、能源分布、废物利用、能源贸易等多个方面已经实现了能源生产优化。数字技术也会加速二氧化碳捕捉和储存等新兴技术获益,进一步提高能源供应的可靠性和安全性。

由于传统能源产业只注重瓦特流,因此很难实现"发、输、配、用、储"等节点协作,从而造成了发电效率低、能源利用率低的问题。且全链路上的"设备"数量庞大,需要人工进行维修,运行的效率也较为低下。借助5G、AI、大数据、IoT等数字化新技术,可以实现能源产业的全链路互联、智能化协作和高效率运营。数字化能源产业的未来发展方向包括:绿电、高效链路、AI供能、能源网、综合智慧能源、储能系统等。绿色电力将成为电力的主流;AI技术的加持使操作、运营、能效得到提升;最小化的能源网络整合使运行费用降低;集成智能能源储存技术加快了能源系统的集成发展。

具体体现在,绿色电力促进了信息与通信技术产业的发展,使其成为一个零碳网络。电力系统将逐步实现绿色化、低碳化的转变。通过采用新的宽频段技术和拓扑技术,以及先进的散热材料,加大了电池的容量,以进一步减少成本,提高用户的投资回报。与AI结合的智能化IV(电流电压)系统可以对电网负荷变化进行预测,从而达到负载和能量的智能化协调。通过架构整合、形态整合、工程产品化等最小化部署的能源互联网,可以达到维护简单、成本低廉且能耗较低的目的。集成智能能源大大提高了能源使用效率,从以往的"孤岛"模式发展到统一的体系结构、统一管理和集成应用,从而达到全链路统一、协调和优化的目的。推动园区、家庭、数据中心、网络、出行、工厂等细分领域的"零碳",以最大限度地利用"绿色"产业的发展。促进中国"零碳国家"的发展,加快实现碳中和的进程。

1.能源智能运营分析

利用大数据和人工智能技术可以对能源系统进行智能分析和处理,结合环境条件、发电条件和运行状况,构建预报和管理的数学模型,保证能源供求平衡以满足时空的动态变化。在欧美等部分国家已有大型数据公司对海量、复杂、无序的能源企业数据与天气数据、建筑物信息等数据进行深入发掘,并利用这些数据进行了智能化的分析,帮助企业的管理者作出决策,对生产业务进行智能调整。德国E.ON公司以大数据为基础,通过对电能的实时查询,不仅可以对电网状况进行监控,而且可以对 24 个月的电量进行记录和加密,进行电能的实时消耗计算和实时的查询服务。加拿大BCHydro 公司通过对用户的大量数据进行分析,可以对电力消耗进行即时的统计和显示,对停电进行通知和快速的回复,对偷盗进行了探测,实现能源节约。当前,智能装备、智能工厂等具有信息和物理双重属性的智能设备将会在未来的能源生产模式中起到主导作用。其中,智能化发电系统能够实现安全、高效、绿色、低碳的发电,自动优化生产流程,对自身的行为进行采集分析和判断规划。比如,以色列的 Raycatch 公司就使用了人工智能技术来经营一个太阳能电站。公司开发了一套以人工智能为基础的智能故障和最佳决策方案,它能够采集和分析太阳能电站的全部生产资料,并对其进行优化和指导。这家公司现在经营着大约 1000 兆瓦的太阳能发电工程,涵盖 35000 台逆变机和 4000000 个控制台,其中有 Enlight,ARAVPOWER,EDF,通用电气等公司。

2. 数据资源透明共享

通过利用开放、透明的区块链技术,可以增强网络上多个利益相关者之间的互信,符合当下能源网络的概念与需求,并将得到更加广泛的重视。瑞典国有电力公司——大瀑布电力(VattenFall)向位于荷兰阿姆斯特丹的新公司 Power Peers 进行了一项数字化互动式的能源区块链项目建设,Power Peers 公司不但可以将数家荷兰的太阳能、风力和水力厂联结起来,让居民们可以自行挑选用电线路,组建自己的能源共同体;与此同时,小区内的居民也可以共享或交换其剩余的太阳能电能。分布式能源共享是当前能源产业发展的全新方式,降低了大额的交易成本,这不仅提高了交易效率,还促进了能源在社区、城市和其他区域之间的流通交换。

3. 设备智能互联互通

2025 年,世界范围内的物联网装置将达到 1000 亿台。其中,智能电网、智能制造、智慧城市等物联网应用将占比超过 55%。目前在能源领域,物联网的应用范围包括智能电网、智能家居、智能能源管理系统、智能合约(智能电能)、智能能源环境等。2020 年,日本东京供电公司委托瑞士的一家计量公司 Landis+Gyr 安装了一座智能电网,是全球最大的公共设施网络项目之一。该智能化电网项目现在已经安装了 1000 万个智能仪表和设备。一旦该网络建成,将覆盖近 2000 万个电子仪表和其他的设备。该电力网采用 Landis＋Gyr 公司的 IPv6(互联网通信协议第 6 版)多技术网,通过RFMesh(射频无线网状网络),G3PLC(全球通用属性物理层电力通信技术)和蜂窝网通信技术,将公共设施和用户设备连接起来。东京电力公司的智慧电网,现在可以发送超 500 万次的读出,而且正在朝着 13 亿个用户的预期迈进,这些都将由 Landis+Gyr 的前端和网络数据管理解决办法来完成。

4.分散电源协调管理

欧美地区利用先进的资讯通信技术及软件系统,将储能系统、可控负荷、电动汽车等各类分布式电源整合起来并进行协同和优化。在对虚拟电站进行理论分析的基础上,国内外已陆续进行了一批虚拟电站的示范工程。德国创业公司 Next Kraftwerke 经营着一家中央控制的"虚拟工厂",拥有超过 4000 座新的电力设备,其发电能力已达 2700 瓦,可与数座核电厂相媲美。其工作方式是把通信和控制部件"Next Box"连接到各个发电站,"Next Box"是由专用的通用分组无线业务通道连接到中心服务器,它一方面向中心服务器发送来自发电机的实时信息,另一方面又从服务器上接收来自中心服务器的控制命令,从而能够及时地对电网和电力市场作出反应。在2017 年,Next Kraftwerke 公司 1/3 的股权被荷兰电力公司 Eneco 所购买。Eneco 公司利用 CrowdNett 家庭电池组来研发一个用于虚拟电站的家庭用电,这个平台可以成为一个云计算的虚拟电站的管理系统,将太阳能和换流站转换成一个分布式的能源控制平台。表 10-2 列出了部分国家能源企业数字化发展情况。

表 10-2 国际部分能源企业数字化发展情况

企业名称	数字化运行体系建设运行情况
德国 E.ON 电力公司	大数据技术实时用电查询等
加拿大 BCHydro 公司	大数据的用户行为分析实时用电消费
以色列 Raycatch 公司	人工智能技术
瑞典国营电力公司	构建数字化、互动式的能源区块链平台
德国能源 Innogy 和 Slock.it 公司	合作推出基于区块链的电动汽车点对点充电项目
东京电力 TEPCO 公司	委托瑞士电表厂商 Landis+Gyr 架设的智能电网
德国 Next Kraftwerke 公司	运营着一个集中控制的"虚拟发电厂"

资料来源:笔者根据中国能源网数据自行整理所得。

数字技术的发展使全球能源供应体系更加便捷高效和智能稳定。全球气候变化与能源枯竭严重影响着人类的生存与发展,各国纷纷将"碳中和"作为一项重要的国家发展战略,而中国也已制定了"2030 年前达峰,2060

年实现碳中和"的远景规划。推进能源革命,实现"双碳"目标,迫切需要加速能源系统数字化和智能化转型。在未来,由于大数据与人工智能、区块链、物联网、信息等技术在能源产业的广泛运用,使世界各国的能源产业出现了大量的技术革新,其应用范围也越来越广泛。本部分从信息数字化、业务数字化、数字业务化三个角度论述了能源产业数字化的国内发展逻辑;从能源流、数据资源、智能设备、分散电源四个角度阐述了面向碳中和的能源产业数字化的国际发展逻辑;并从能源智能运营、数据资源共享、设备智能互联、分散电源协调管理等四个方面阐述能源产业数字化的未来发展。以期为数字化驱动能源产业高质量发展的协同路径奠定前提与基础。

第二节　数字化驱动能源产业高质量发展的战略定位与协同路径

面对能源革命和数字革命的多重冲击,能源产业与数字经济的嵌入式融合发展不可避免。作为数字化变革的核心特征,网络化、信息化和智能化将加快未来我国能源产业的高质量发展。

一、数字化驱动能源产业高质量发展的战略定位

加快数字化转型、发展数字经济,是当前国内外推动能源产业新旧动能转换、培育竞争新优势的必然趋势。能否正确制定能源产业数字化的转型发展策略,直接关系到加快推动中国高质量发展的重要战略计划①。

（一）以数据为关键生产要素是战略核心

数据是继土地、劳动力、资本和技术之后的第五大生产要素。其核心功能是以数据为载体实现信息的透明性与对称性,以促进资源分配与优化。同时,由于区块链技术的发展,数据资料成为一种新型的信贷媒介,可以提升产业价值创造与资源整合。数据作为新型的知识体验与技术,可以增强企业间的开放性与协作性,进而增强社会的整体发展潜力。

因此,企业要在强化数据收集、运用和管理的基础上,不断提高信息化整合程度,优化资源分配;建立信息交换和信息确认的基础设施,并在此基础上发展新的可盈利商业模式。通过贯通数据生产、分配、流通和消费四个环节,实现需求牵引供给、供给创造需求的高水平均衡,开创数据要素畅通的新局面。在资料的制造上,要克服数据标准不统一、结构复杂、理解困难

---

① 金武:《率先碳达峰,电力行业怎么做》,《中国科学报》2021年5月7日。

等问题。在数据分发上，要处理各方权限模糊、开放范围不明等问题，从而充分发挥市场主体的积极性。在数据流转中，面对可能出现的信息安全性和隐私泄露等问题，保障信息的合法、可靠地流转。在用户的数据需求上，解决信息价格和收入分布不合理问题，从而拓展了用户的数据价值。以推进高质量发展为主线，以创新为基本驱动力，以数字技术创新、产业数字化、数字产业化为核心，形成由数字规划设计到数字生态实践的战略落地。

（二）价值体系重构是战略方向

能源产业数字化转型发展的战略方向是要实现价值体系的重构。优化、创新、重构是数字经济发展的基本使命。通过确立数字价值定位、构建价值传导途径、优化获得途径和提高价值创造能力，从而巩固以数字变革为中心的价值支持系统。在系统结构和手段上，必须坚持价值取向，不断提高价值创造能力，不断完善创新价值支持和价值保障支撑体系，稳定转型发展效果。能源产业要实现数字经济的转变，必须从多个维度、全要素的角度进行数字化改造，以提高经营效益和效率，并充分调动各种市场的创造力。能源产业需要从战略、业务、管理、技术、运营等多个层面合力，促进各种资源要素便捷流动；"产业级—企业级—专业级"转型要相互协调、有序发展，通过建立"可观察、可描述、可控制"的经营机制，解决跨时空调节、信息不对称和信贷难以转移等问题，促进了能源产业与碳减排的深入融合。

（三）新型能力建设是战略指导

数字经济系统变革带来的巨大不稳定因素，为能源产业数字化带来了一种新的力量。目前的设计、制造、销售、质检等单一部门运行已不能满足市场要求，必须通过运用信息技术，建立起一种新型协同创新的能力。能源产业应通过在新一代信息技术的基础上建立、提升、整合、重构组织的内部能力，赋能业务加快创新转型，对客户的个性化要求进行动态回应。在业务快速变革和拓展价值成长的基础上，培育竞争合作新优势，改造提升传统动能，形成新动能，不断创造新价值，提高新发展能力。面对数字经济快速发展的大趋势，能源产业必须要创造、共建、共享以信息化为基础的新型能力，赋能业务实现多元化，以应对日益个性化、动态化、协同化的市场需求。

（四）数字化转型发展是战略目标

随着"云大物移智链"等现代信息技术与能源技术的深度融合和广泛应用，中国能源转型的数字化、智能化特征日益突出。无论是为了满足新能源大规模高配消纳的需求，还是为了支持分布式能源、储能、电动汽车等互动式移动设备的普及，都必须利用数字化技术来赋予能源系统更多的能力，促进"源网荷储"的协同联动，推动智慧、泛在和友好的能源互联网升级，持续提升能源供应的清洁化、终端消费的电气化、系统运行的高效化水平,从而在引导能源生产和消费革命中发挥更大的作用。

能源产业数字化是通过技术与经营的协同作用、生产力变革与生产关系变革的互补作用,实现可持续迭代优化的螺旋式上升变革。数字化技术已不仅具有提升单一企业某个特定的商业运作效能,更会对其生产要素、盈利模式等核心基础产生深层冲击,进而驱动组织的全面转型。从战略实施视角看,涉及战略调整、能力建设、技术创新、管理变革、模式变革等一系列改革创新行为,对传统的产业体系、生产方式和产品结构进行系统性重组。

二、数字化驱动能源产业高质量发展的协同路径

中国社会经济正加速迈入新发展格局下的高质量发展阶段,数字经济成为巨大的推动力量。能源产业必须将经营效益与可持续发展、技术效应结合在一起,才能真正发挥减排的作用,树立新的竞争优势,推动产业的绿色、低碳、高质量发展。因此,本节分别针对电力、石油、煤炭、工业等供需双侧能源典型行业,提出以数字化为导向的协同发展途径。

(一)电力行业:完善综合能源系统

推行"双碳"发展战略,建设以数字能源为主导的新型电力系统是中国电力行业发展的基础和方向。不断变化的能源市场与消费模式也将催生出新的经济增长点,使原来的购买者与销售者的关系破裂,而创新的经营模式则给企业提供了更多的发展机遇。综上所述,中国的电力产业正从单一的可再生资源转向更为综合的综合型能源阶段。

1. 充分发挥燃煤对中国电气化的推动效应

煤电作为保障电力系统正常运营的"压舱石",在"双碳"目标实现过程中其重要地位依旧不可动摇。首先,要严格控制新建成的煤炭发电,以节约能源,建立"虚拟电站",以充分满足电力系统削峰填谷的需要。其次,要推进节能减排,促进火力发电厂减排。新建的火力发电厂应建设容量大、参数高、能耗低、零排放、智能化的大型火力发电厂,以煤炭为主,并在县、乡实行集中供热。还要不断地对现有的燃煤电厂进行改造,以达到更加灵活、低碳、高效的目的。

2. 运用数字技术,进一步优化中国电力行业的空间布局

中国电力系统在实现"双碳"目标过程中需进行合理布局,加大输配电力度,降低煤炭运量,促进新能源的跨地区交易。第一,要把重点放在西北地区。着力建成多座大型的电力生产设施,并在特高压输电线路上新建蓄能与燃煤一体化项目,以适应西部地区发展的需要。第二,在"两湖一江"

地区设置交叉电源。依托蒙华高速铁路和"北煤南运"战略运输,保障华中地区电力供应的稳定性。第三,在华东和华南地区,必须加快电网建设和改造速度以保证电力供应的充足。为了加强对东中部地区煤炭生产的管理,率先在东部地区采取了关闭机组容量、减少煤炭消耗和控制污染物排放量等一系列措施,以促进超低排机组之间的协同工作。

3. 以科技创新作为推动高质量发展的推动力,持续降低电力成本

中国是全球最大的电力生产国,也具有全球最大的电力网络,已经成功地解决了"有没有电"的问题。未来,中国电力要从节能减排生态环保、资源再生利用等多个角度出发,实现电力技术创新、电力市场化改革,进一步降低供电成本,让更多的用户享受到"便宜电"。为了在数字化能源、大规模储能、氢能以及燃料电池等多个关键领域取得显著进展,我们必须依赖技术的持续创新,不断提升生产的全要素效率,确保其在能源转型中始终保持领先地位。为此,必须加快推进电网建设与改造。我们需要对电网的架构进行重新设计,增强各省份间的连接和互通能力,最大限度地利用特高压电网的能力,以满足电网堵塞带来的对灵活性的需求。

（二）油气行业:调整结构,实现"一体化"的转变

矿物质资源在一次能源消耗中所占的比例将大幅下降,目前中国油气行业正在由单一的能源供给方式向多元化供给方式转型。但受到融资困难、转型复杂等制约因素,油气行业产业链的二氧化碳排放量不容小觑,再加上自身重资产、广布局的特征,使油气行业的数字化转型具备长期性和挑战性。油气企业应把握"双碳"目标下的重要发展机遇,寻找新的可持续发展道路,调整油气结构,重组经营链,逐步降低二氧化碳排放。

1. 强化专业技术人员能力培养,促进数字化理念普及

强化对高级职业经理人的培养,提升公司的整体运营水平,把"人才强企"作为重点。在新形势下,如何培养高素质的人才是企业转型发展的重要保证。缺乏技术精湛、开拓创新的技术人才很难实现目标,"攻坚"和"创效益"的工作也就成了空谈。为此,应强化科技人员的科学研究与技术革新能力,为企业的发展提供强有力的支撑。加快对技术人才的培养,推动技术成果向外转化。实践证明,高科技人才是一个公司发展的关键因素。加快对高技能人才的培养,强化科技成果的转换,能够推动人才的有效使用。

2. 创新产业核心技术研发,促进国际合作

随着对国外石油资源的依赖程度不断提高,全球石油资源的竞争日益激烈,企业必须进行技术创新以提高行业的国际竞争能力。中国在技术上取得了持续的突破,从模仿到创新。油气管道的互联,为油气领域的进一步

发展奠定了良好的基础。在"一带一路"倡议下,同其他各国开展国际合作,其中涉及提炼、勘探和开发海洋油气、非常规油气,建立国际油气管道,同中亚油气资源国开展多种合作,为油气开发开辟了一条新的道路。多样化的发展,大大提高了油气的勘探与利用技术,提高了石油的利用效率。在核心技术研发上,要注重油气资源的清洁再利用,提高油气固体废弃物综合利用率、节水及水循环利用率等,加大生物浸出、原地浸出、强化堆浸出等方式对活性组分直接提取。

3. 创建学习型组织,及时更新发展模式

激发全体员工的终身学习、团队学习的学习气氛,促使广大员工主动发掘自己的潜能,从工作实际要求出发,本着"缺什么、补什么"的原则,不断开阔眼界,加快个人知识结构和技术技能的更新步伐。随着科学技术的迅速发展,企业在建设"学习型"企业时,必须重视"创新"和"超越",并要主动营造能够激发创造的学习环境,为学习型组织的创建和维系提供持续动力和支持。

(三) 煤炭行业:把握高标准培育新发展模式

目前,中国煤炭行业的排污指数尚未达到10%。与其他行业比较,污染重、起步晚,实现节能降耗和减少污染的转型发展困难重重。尤其是在面临"双碳"目标诸多硬指标限制下,亟须正确认识高质量发展嵌入行业发展的各阶段特点,从生态和资源保障两个方面,寻找出最优解决途径与发展方式。

强化煤炭资源勘查和开采,建立综合勘查技术体系,积极拓展新的勘探范围,增加矿产资源可开采规模,在进行煤炭生产时采用先进的采矿技术,以实现高效率的开采。通过采纳资源使用效率高、扰动小的开采技术,能够确保矿山的建设和开采工作达到"高效"、"安全"和"环保"的标准。因此,加大对煤矿业的投入力度,不断提高煤炭开采的效率,这不仅能促进煤炭资源在勘查、开采、加工和应用等多个方面的全面发展,还能为新型工业化和现代化建设建立至为关键的原材料供应支持体系,从而提高整个产业链的竞争力。

优先考虑资源的保护和综合利用。中国的煤炭资源特点决定了必须走"综合勘查、综合评价、综合开采、综合开发"的综合发展之路,统筹性的综合开发是煤炭行业提升效益、优化结构和实现转型发展的主要途径。要加强技术政策引导,推动矿井技术革新与提高。

制定能源消耗的全程能耗核算体系,有效地控制和减少能源消耗、碳排放,把"双碳"目标作为推动节能减排的重要推动者:通过对煤矿能耗体系的优化、生产管理和采矿方式的改革、减少贫化率、适当提高中选品位,实现节能降耗;从"单纯投资"向"技术驱动"转变,通过对破碎过程进行优化,实现对物料的分级筛选、技术创新、资源使用和社会效益的综合评价体系。加强采煤工艺技术的研究,运用先进的开采技术与设备,提高开采回采率,提高开采技术水平,集成高效开采、低碳节能、安全环保的关键共性技术,加速实现绿色开采的多项技术联合与集约使用,建立起矿区与地表的复合发展新格局。

(四) 工业领域:产业分化,注重工业结构优化

2023 年,我国工业领域的二氧化碳排放量占比已接近 60%,总排放量高达 52 亿吨。面对巨大碳减排压力,探索出工业领域碳中和的可行道路迫在眉睫。

1. 产业调整是工业领域高质量发展的重要基础

工业领域产业结构优化的主要途径有:加速"降油增化",推进淘汰落后产能;通过抑制工业污染物排放总量、碳排放总量、烟粉尘排放总量等推动产业的高端化、绿色化、差异化与定制化发展。

2. 数字技术是工业领域高质量发展的有力支撑

加强信息化和自动控制技术在核心生产过程中的支撑,加强智能化生产和智慧园区的构建。加快促进数字化技术在工业领域的运用,构建高质量工业互联网体系,为中小规模企业提供信息支持。加速中国制造业信息化建设,培育具有国际竞争力的创新型企业。在数字化转型的进程中,注重激发工业部门的内生动力和天然优势。要密切结合行业特点,在生产控制、运营管理、设备维护、安全环保、供应链协同、危化品运输、数字孪生等典型领域,实现一批关键共性技术的有效推广,以形成满足行业需要的智能制造产品和解决方案。

3. 绿色低碳是工业领域高质量发展的现实途径

推动低碳原料和清洁能源的协同利用,逐步增加低碳原料及环保资源的利用。在重点行业,要通过合理进行能源结构优化以提升能效,推动"绿氢""绿电"等的产业化实现,重点发展低碳技术的开发利用。积极推动高耗能与高污染行业环保改造,淘汰落后技术、工艺、设备,提高低耗能的清洁行业比重。持续推进资源回收,促进产业集群发展,大力推广绿色制造、优化能源系统、减少温室气体排放和发展绿氢等从"末端治理"到"源头减排"的系列性有效举措。

三、数字化驱动能源高质量发展的
战略定位与协同路径总结

从薪柴制时代到矿物燃料时代,化石燃料的大量消耗,使二氧化碳及其

他污染物质大量排放,对可持续发展造成了极大的影响。能源转换已是一个不可逃避的问题,需要在未来数十年实现从高碳、高污染的矿物燃料过渡到零碳、低碳、不含矿物的能源。在中国,能源产业的二氧化碳排放量最大。在保证能源安全和供给需求的基础上,逐步改变以煤为主的能源格局,并进一步提升洁净能源的使用效率,是达到"双碳"目标的根本路径。节能降本增效,非化石能源取代化石能源,是中国能源结构转变的关键,而数字化成为驱动能源高质量发展的关键途径之一。

在国内与国际双循环协调发展的新发展格局下,实现碳达峰与碳中和将促进国内大循环的建立;在供给方面,重点关注能源系统重组、能源安全重组、能源结构优化和技术创新;从营销的观点出发,积极提倡绿色、环境保护、增加消费;以全球大流通为导向,进一步健全产业链,促进产业的环保提升;加大对世界各国的科技和技术的投入,促进中国经济的发展,促进中国的高质量发展。这一部分主要从电力、油气、煤炭和工业四大主要的典型行业探讨了数字驱动的高质量发展道路,电力工业着重于向更为复杂的综合能源体系迈进;油气行业注重打破桎梏,向"一体化"转型;煤炭行业注重在艰难中描绘新的发展路线;而工业领域则侧重于在不同的产业细分结构中进行优化,减少污染的排放途径。

第三节　能源产业数字化的政策框架和市场设计

本节从系统性、科学性、完整性等角度出发,结合"双碳"的概念,探讨了中国产业结构调整的大环境,从鼓励研发、监管决策、行业技术和市场服务等角度梳理相关政策框架,提出"电力+碳+能源数据"融合发展市场、隔墙售电市场、多主体激励市场的市场设计理念。在建设以新能源为主的新型能源体系的进程中,一个全新的市场主体参与、多种能源互济互补的市场格局正在成型。在能源产业数字化转型过程中,能源市场与碳市场的相互推动和有力支持,可以使各类主体受到有效激励,并通过市场和政府的协同努力,解决当前能源产业数字化转型发展所面临的各种问题。

一、能源产业数字化的政策框架

碳减排是《联合国气候变化框架公约》该公约的重要部分,包括与国际接轨、政府间谈判小组、公约履约等一系列国际交流和协作,并涉及碳减排、碳汇和其他温室效应减排等具体规定。在我国生态文明体系的总体架构中,明确了实现"双碳"目标的目标、任务和措施,以及与其他相关部门的关系。这部分主要从研发、税收、补贴、价格激励政策,决策监督制度,评估认证制度,市场服务性政策四个方面,建立"双碳"政策体系(见图10-2)。

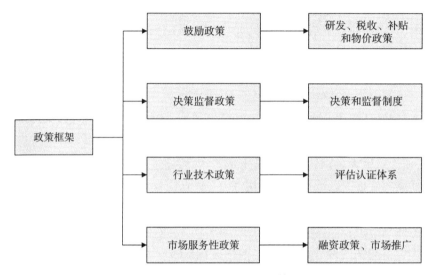

图10-2　能源产业数字化的政策框架

资料来源:笔者根据国家能源局《"十四五"能源领域科技创新规划》数据自行整理所得。

（一）鼓励政策:研发、税收、补贴和物价政策

这项奖励计划是为了减少新能源制造商对新能源的利用。其内容包括:新的研发、新的投资、新的生产、新的消费。在研发政策上建立科技基金,支持科技革新与实施数字能源转型。而在具有特定战略地位的能源数字产业,则因为市场、社会力量或其他原因,需要加大投资力度,或将资金直接用于新的研发与运用。在税收政策方面,采取适当的减税、免税、抵税、退税以及其他的税收奖励,来推动数字能源的发展。在补贴政策方面,政府要对数字能源产业进行适度的补贴,并采用合适的财政扶持模式。对一些资金需求较大、进入门槛较高的新型企业,应予以适当的财政补贴,以降低企业的数字化改造初期成本。在补贴方式上,可以采取直接补贴或补贴方式。在能源数字产业中,许多新产品都是前所未有的,所以在定价之前,必须先对其供给与需求进行调节,才能决定其合理的价格。

2021年2月,国家出台了《关于加快建立健全绿色低碳循环发展经济体系的指导意见》,鼓励建设电、热、冷气等多种能源形式的综合能源项目,大力推广风力和光伏发电项目,同时推动水能、地热能、生物质能和光热发

电。大力推进大容量存储技术的研究与应用,提高电力系统的聚集与输送能力。2021 年,国家能源局又发布了《全国一体化大数据中心协同创新体系算力枢纽实施方案》。拓展可持续发展的电力市场,鼓励电力市场上的数据中心公司积极加入。鼓励利用大用户直供、拉专线、建设分布式光伏等方法提高可持续发展的电能消耗。国家发展改革委、能源局、工信部、网信办于《能源领域 5G 应用实施方案》提出,围绕智能电厂、智能电网、智能煤矿、油气、综合能源、智能制造与建造等领域,开拓一批 5G 典型应用场景,建设一批 5G 行业专网或虚拟专网,探索形成一批可复制、易推广的有竞争力的商业模式。2021 年 7 月 12 日,国家发展改革委等 10 部委发布了《5G应用"扬帆"行动计划(2021—2023 年)》。深入推进 5G 与智能电网产业的整合,在电力工业领域实现 5G 的确定性时延、时精度、安全保障等关键技术的突破,建设集成 5G 的电力通信管理支撑系统和边缘计算平台。推进以 5G 为基础的产业控制和监视系统的更新,致力于推进发电设备的运维、配电的自动化、输电线/变电站的巡检以及电力信息的收集等多方面的应用,旨在实现发电环节生产的可视化、配电环节控制的智能化、输变电环节的无人化监控以及用电环节数据采集的实时化。与此同时,国家发展改革委等 8 个部委发布了《关于加强自由贸易试验区生态环境保护推动高质量发展的指导意见》,提出了推进资源梯次开发的建议。推进新型储能产业化、规模化示范,推进储能技术、设备及业务方式的革新。在保证安全的基础上,进行一批集天然气、储能、氢能和快速充换电量于一体的综合性电力设施,进行绿色能源供给试验。

因此,需要构建一个完善的市场激励体系,以推动绿色和低碳循环的发展,并加强绿色投资与融资的机制建设。加速构建全国范围内的碳排放交易平台,并在能源交易和排污权交易等方面进行协同建设。完善财税政策激励绿色产业的发展。通过实施如"绿色能源证书"交易等多种手段,激励各大企业更加积极地采用新能源,激励节能和节电措施,以提升能源使用的效率,并构建一个更为合理的绿色低碳发展定价体系。同时,加大税收优惠政策的扶持力度,进一步完善有利于推动企业进行环保技术创新的税收政策体系。在"绿色税制"的指导下,通过对高能量消耗和高污染产品的高税收和产品消费税等策略,可以增强市场参与者对环境保护的内在驱动力,并鼓励企业采纳绿色技术和实施绿色生产。另外,还可以使用低成本的政策资金,为绿色中小企业提供资金支持;对重点项目实施"绿色、低碳"循环发展,给予资金补助、贷款贴息等优惠。要充分发挥各种市场主体参与绿色、低碳循环发展的作用,促进投资主体多元化。

(二) 决策监督政策:决策和监督制度

决策与监察体制是建立一套科学、民主、有效、公平、全新的能源开发方案,包括环境、科学技术和市场的要求。根据实际情况,建立先行区和样板区,逐步在国家能源发展中建立新的战略优势。建立有效、公平的能源监管体制能够加强各地区、各相关部门的统筹协调;建立"适当集中、合理分工、科学决策、有力监管"的监管体制,能够增强国家对数字能源发展的总体统筹和宏观调控功能。在这一进程中,要加强监管,确保相关行业的数字能源转换有序。

政府的主动参与、企业的积极作为和市场的有效调节是推进生态文明建设的重要保证。应该最大限度地利用"自下而上"的创新实践方法,深入挖掘"绿色低碳"发展的成功之道,并加强相互之间的交流和学习。通过制度建设来保障政府主导下的绿色发展。同时,还需要加强市场的主体地位,提高市场的调控能力,并充分发挥市场的导向功能和各种市场交易策略,以推动绿色的持续发展。要完善相关法律制度建设,建立健全环境保护法律法规体系,加大执法力度,提高执法水平,保障公众参与,实现依法治污,保护生态环境。与此同时,需要在组织结构上进行一系列改革,以激发广大民众的工作热情和责任感,进一步扩大公众参与的广度,并为其创造一个更为优质的监管环境;完善相关法律法规体系,建立统一高效的政府管理平台,保障社会公众参与环境保护的权利与利益,形成社会共同推动环保事业健康有序地向前发展的良好局面。还需要增强公众对绿色和低碳生活的了解及认知,从而实现知识与行动的完美结合。

(三) 行业技术政策:评估认证体系

产业政策是中国新时期能源发展的关键问题,直接影响到新一代的数字能源技术和数字质量。中国目前能源产业的监管对象较为繁杂,需要制定适应性的法律规章和管理体制。在技术层面,可由政府指定专业机构或者与有关企业共同制定技术标准,以确保符合节能、高效等技术标准。另外,在各行业的能源数字转换中,必须持续地进行技术改造和应用(例如二氧化碳捕获、储存等),并鼓励相关企业和研究机构开展技术创新,以建设拥有自主知识产权的能源数字技术。国家可以承受技术研发的成本和风险,为技术的推广提供一个良好的技术环境;另外,产业数字化转型需要一种适合于数字化的能源特征的评价系统,以保证产业数字化转型、生态环境和市场需要。中国能源产业的发展现状、存在的问题及发展趋势需要及时评估与有效回馈,以使中国能源产业发展具有较强的前瞻性。

为推动绿色经济的全方位转型,需要迅速构建一个促进绿色和低碳循环发展的法律法规、标准和政策框架。目前,我国已经初步构建了生态环境保护的法律体系,但由于新的目标导向,现有的法律框架仍然存在许多不足和空白之处。因此,需要从顶层设计上进一步完善相关法律法规,以保障绿色发展战略顺利实施。为实现全方位的绿色转型,有必要在气候变化、能源、煤炭、电力、节能和其他可再生能源等方面进行法律和法规的协调制定和修订;对《中华人民共和国清洁生产促进法》和《中华人民共和国循环经济促进法》进行全方位的修订,以不断加强绿色生产和资源的综合利用;需要进一步完善污染控制的法律体系,并加大环境风险的管理力度。为此,我国应进一步健全法律法规,加快立法进程,并尽快形成与国际接轨的环境保护基本框架和技术支撑体系,为经济社会可持续健康发展提供法治保障。同时,需要全面推动绿色标准体系的建设,完善科学的方法、有效的实施、及时更新的标准制定和修订机制,建立体现国家和地区特色、先进的指标水平、系统完整的绿色环保、节能低碳和资源循环利用标准;进一步深化生态文明体制改革,加快构建有利于节约资源、保护环境的经济体制,推动形成人与自然和谐发展现代化新格局。在进行宏观经济调控、市场激励机制以及财税制度等多个方面时,需要依据"绿色、低碳"的原则来对现有的政策体系进行全面改革。

（四）市场服务性政策:融资政策,市场推广

从市场的视角来考虑,可以采取鼓励私人资本参与到能源产业数字经济转型发展的融资体制。对小企业来说,利用其灵活的筹资手段,可以促进其开发利用新的资金,促进其市场化、多样化的供给。尤其是面对能源产业数字化大规模的资金投资,私人资本的参与能够缓解对政府资金的依赖,从而降低其财政压力。而在推进和销售过程中,必须建立起可靠的信贷体系和行之有效的推行方法。在媒体上大力宣传和传播节能教育,传递其对可持续发展的重大影响和战略意义,以及通过普及知识,建立起消费者信任。

表10-3列出了当前能源产业数字化相关的各类支持政策。《关于构建更加完善的要素市场化配置体制机制的意见》提出,要在新一轮的建设中,加快发展新的数字经济,加快推动企业数字化转型,建设数据链,以数据流引领物资流、人才流、技术流、资金流,形成产业链上下游和跨行业融合的数字化生态体系。《关于支持新业态新模式健康发展,激活消费市场带动扩大就业的意见》提出,培育产业生态,加快传统企业数字化转型,打造"虚拟"工业园区和产业集群,以新技术为基础发展"无人经济"。中国人民银行、发展改革委、证监会在2020年4月发布的《绿色债券支持项目目录

(2021 年版)》中新增了绿色环保项目,其中包括二氧化碳捕集、利用和封存、农村清洁供热等绿色项目。国家发展改革委印发的《污染治理和节能减碳中央预算内投资专项管理办法》规定,节能减碳项目按不超过项目总投资的 15% 控制。中央和国家有关项目原则上全额补助。重点支持电力、钢铁、有色、机械等重点领域的节能减排,重点企业和园区的能源梯级利用、能源系统优化等能效提高,城镇建筑、交通、照明、供热等基础设施节能升级改造与综合能效提升。2021 年 7 月,国家发展改革委印发了《关于进一步做好基础设施领域不动产投资信托基金(REITs)试点工作的通知》。其中,能源基础设施支持包括风力发电、光伏发电、水力发电、天然气发电、生物质发电、核电等清洁能源工程,以及特高压输电工程、增量配电网、微电网、充电基础设施、分布式冷热发电等。这些都为能源产业市场化的推广与融资提供了较好支持,有待于在后续实践中强化政策力度和跟进实施效果。

表 10-3　部分相关政策汇总

政策类型	发布日期	政策名称
鼓励政策	2021 年 2 月	《关于加快建立健全绿色低碳循环发展经济体系的指导意见》
	2021 年 5 月	《关于加强自由贸易试验区生态环境保护推动高质量发展的指导意见》
	2021 年 5 月	《全国一体化大数据中心协同创新体系算力枢纽实施方案》
	2021 年 6 月	《能源领域 5G 应用实施方案》
	2021 年 7 月	《5G 应用"扬帆"行动计划(2021—2023 年)》
决策监督政策	2019 年 6 月	《禁止垄断协议暂行规定》《禁止滥用市场支配地位行为暂行规定》《制止滥用行政权力排除、限制竞争行为暂行规定》
	2021 年 5 月	《碳排放权登记管理规则(试行)》《碳排放权交易管理规则(试行)》《碳排放权结算管理规则(试行)》《关于进一步加强节能监察工作的通知》
行业技术政策	2018 年 3 月	《2018 年能源工作指导意见》
	2020 年 6 月	《2020 年能源工作指导意见》
	2020 年 3 月	《关于加快煤矿智能化发展的指导意见》
	2020 年 9 月	《关于加快能源领域新型标准体系建设的指导意见》
	2021 年 4 月	《2021 年能源工作指导意见》
	2021 年 6 月	《能源领域 5G 应用实施方案的通知》

续表

政策类型	发布日期	政策名称
市场服务性政策	2020 年 4 月	《关于构建更加完善的要素市场化配置体制机制的意见》
	2020 年 7 月	《关于支持新业态新模式健康发展,激活消费市场带动扩大就业的意见》
	2021 年 4 月	《绿色债券支持项目目录(2021 年版)》
	2021 年 5 月	《污染治理和节能减碳中央预算内投资专项管理办法》
	2021 年 7 月	《关于进一步做好基础设施领域不动产投资信托基金(REITs)试点工作的通知》

资料来源:笔者根据国家能源局数据自行整理所得。

要始终坚持全球性的开放理念,致力于低碳发展,并加强国际合作。需要从立法上明确绿色低碳的概念及内涵,完善相关法律法规,并将其贯穿于整个经济社会的全过程,从而形成完整的绿色经济法律规范体系。首先,需要加强与全球各国在绿色产业和技术方面的合作与对接,"一带一路"共建国家与我国有许多相似之处,尤其是在发展的需求和社会资源条件上,这使它们在选择协同发展路径时更容易达成共识。可以通过国际的联合研发、技术协作、企业联盟等方式来提升技术水平和管理水平,加快推进产业转型升级和结构调整,为实现可持续发展提供坚实保障。同时,还需要将绿色和低碳的发展观念作为"走出去"策略的核心指导原则,以促进政策、基础设施、贸易往来、资金流动和民众满意度等多个方面的绿色可持续发展。同时要加大国际环保投资力度,加快国内企业绿色转型步伐,实现产业结构升级和经济结构优化。此外,需要将"绿色、低碳"的发展理念转化为国家的形象,以此来履行中国对全球生态安全的庄严承诺,并在全球范围内树立绿色、低碳、可持续发展的中国典范。

二、能源产业数字化的市场设计

为了应对全球政治经济发展新局面,中国政府制定了加快能源结构调整的新发展策略,将进一步深化能源制度的改革作为中国国家发展的重要保证,并以电力市场化为主要内容。电力市场化运作,就是电力市场主体计划安排、电力输送路径的市场化重组,将生产经营的物理过程和市场主体紧密联系起来。新的市场环境要求实现电力数字转换。这部分主要是根据"双碳"目标下中国电网未来运行和市场运行所面对的主要制约因素,从未来电源结构、电网运行特点、发电资源与收益的关系三个角度出发,提出"电力+碳+能源数据"融合发展市场、隔墙售电市场、多主体激励市场的市场设计理念。

（一）构建"电力+碳+能源数据"融合发展市场

电力市场与数据市场整合发展有助于形成实时准确和真实可靠的产业生态。在此基础上,利用新的电网大容量的电能信息,对其进行清洗、分析和价值发掘,推出一系列低碳数字产品和碳减排的特色服务。目前,中国的碳汇交易主体与中国的电力市场存在较强的交叉性,一方面,随着中国的碳汇交易规模不断增大,各发电企业之间的竞争能力也会随之增强;另一方面,通过对电网的分析,可以帮助政府部门和相关机构对优质电厂进行有效的甄别,从而实现对落后电网的淘汰。以数据资料为基础的能源经济必然会推动电力市场、碳市场、电力市场等多方面的整合与发展(见图10-3)。

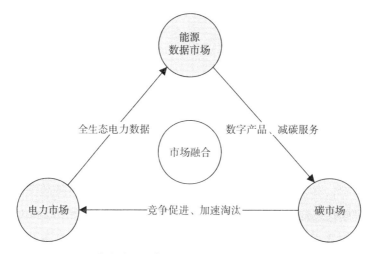

图10-3　"电力市场+碳市场+能源数据市场"融合发展示意

资料来源:笔者根据国家能源局及中电联数据自行整理所得。

2021年7月16日,中国统一的碳权交易正式启用,意味着全球的碳交易步入一个崭新的繁荣时期。为了保证国内碳排放交易市场平稳高效运行,本次中国碳市场的统一试点,将电力行业列为首个碳权交易行业。电力产业之所以成为国家统一的碳交易,除了因为电力部门消耗了大量的煤炭和大量的二氧化碳之外,还有一个重要的因素,那就是电力工业自身具备一定的优势。首先,电厂电价计量表、并网点上网计量表等被大量采用,这就使其在电力生产过程中具有与生俱来的真实性和实时性优势,而且发电企业数据和电网企业数据可以相互印证,大幅压缩了弄虚作假的空间;其次,从人工录入向自动上报的转变,实现了电能质量的数字化改造,并利用该系统实现了对电能质量的规范化管理,实现了对电能质量的自动化、智能化,便于实现对电能质量的及时统计;最后,由于中国电网企业拥有多年的资料,在行业内建立了标准化的数据,采用全国统一的碳源交易定价方法来进行发放,这些数据的累积有助于制定各电厂目前的碳排放基准,精确地控制基准提高的速度。2025年3月,钢铁、水泥、铝冶炼三个行业纳入全国碳排放权交易市场,标志着全国碳市场的扩围进入正式实施阶段。

由于电能大数据价值密度高,实时准确,全方位真实可靠,以及整个系统的独占优势,这不但有助于发电企业的碳排放量计算和分配,而且还能将其他产业纳入全国统一的市场中。一是由于电网的广泛联网特点,它与其他行业有着紧密联系,钢铁、化工、建材、造纸等行业的电能消耗情况,可以从某种意义上反映出电能的利用,而供电部门则可以向其他行业提供电能报表,可以帮助其他行业计算二氧化碳排放量;二是利用大数据特征进行动态监控,能够根据用户的负载变化特征,获得该公司的生产运营状况,从侧面证实该公司的碳排放量报表是否属实,如国网信用公司已经正式完成了公司信用信息系统的运营,具备了合法合规对外开展企业征信服务资格,未来可在碳排放报告真实性核查方面积极发力;三是大容量的电能是经济发展状况的“晴雨表”,利用“电能计量经济”能够对其他产业或区域在碳交易市场中的经济、产业发展状况进行比较,从而为政府把控碳市场推进节奏、优化碳交易指标模式及方法提供决策参考。

(二) 构建隔墙售电市场

在“产消者”的市场中,有序地培养出了一批按需销售的客户,这种销售方式是在新的电力体制下,实现对电力的最优分配,提高了电网的运营效益,推动了电力市场化的发展。在这种方式下,分布式电源工程的单元可以与邻近地区的供电客户进行电能交换,由电网公司负责供电、组织电力交易,并按照国家规定的收费标准对其进行收费(过网费)。这种方式使能源使用者能够“投入产出”,使其能够参加永续经营,并推动电网公司转变为“平台”,相对于自发自用,隔断销售具有市场弹性,可以有效地避免自发自用的问题;与全部发电项目比较,采用隔离式发电方式可以得到一种比较高的交易价格,与传统的电能交换方式相比较,这种方式既可以让买方和卖方受益,又可以免除最大的输电成本和交叉补助,从而让买方和电网企业受益。未来能源市场的发展离不开对终端和终端使用者的培养与孵化。在政府补助退出后,市场则起到了积极的推动作用,而在新能源领域,创新驱动了整个行业的发展。

　　隆基公司的成本优势战略,通威公司的"渔光一体"模式,氢能重型卡车的突破,都是新的模式和新的路径,在未来的发展中,将会产生新的商业机会。虽然很难预料"产消者"在一个群体中会有多少人愿意进行这种双向交互,但可以肯定的是,"柔性能源+太阳能"的多能源补充方式将会有很大的发展前景。当然,这一切都要以"为使用者带来更大的利益"为基础,在能源使用的环境和使用方便上,强化设备的易用性设计。一是要加强对具有生产和销售潜力的企业的市场推广和指导;二是将增量配电网络的建设与其他工作相衔接,以保障配电系统的正常供电,保障电力系统的正常运营;三是创新分布式发电的交易平台,支持多种形式的分布式发电、挂牌发电、集中发电等;四是要大力发展电力用户的市场,保证在邻近地区实现分布式清洁能源的生产,并保证其使用效率。

　　(三) 发展多主体激励市场

　　多个主体的市场化是中国能源融资服务的重要组成部分,其核心是企业自身制度和外部产品融资机制的改革。在数字化技术改造过程中通过多市场整合,将促进制度优化和市场拓展,发挥能源大数据的可用价值与潜力。

　　在能源产业的内部制度改革方面,需通过结构的调整和优化来实现能源企业的数字化改造。要尽快构建起涵盖整个数据生命周期的一体化的管理体制,加速构建层次分明、分工合理的信息系统,提高能源公司的数据管理和保障水平。通过不断优化和调整综合计划预算和绩效评估,以适应创新空间、资金保障和审计监督等需要。从企业的数字经营角度来看,通过对企业的经营过程进行改进与重构,使企业在传统的经营模式下实现业务中断,从而为企业提供有效的经营服务。通过灵活的联合工作组等方式,将各个业务单位的核心人员集中起来,共同推动数字化转型和数据价值挖掘。在对能源企业进行数字产品融资的过程中,能源的数字化改造既要依靠其自身的数字化产品的开发与创新,还要依靠其自身的市场化机制,即准入机制、推广机制、信用机制、价格机制、交易机制、监管机制、激励机制、退出机制等一系列市场机制的创新支撑。通过对市场参与者的资格要求进行研究,并制定出一套有效的安全进入与撤出的制度;运用与区块链技术相似的多方协作、数据溯源和不可篡改的特点,建立多方数据共享的体系;研究商品价格形成机制、中介机制和规则模型,以保证包括中小微企业在内的多个主体的利益链条;对交易方式和系统进行系统的规划,实现对能源电子商品的基础认证、智能交易、核销和可溯源等方面的工作(见图10-4)。

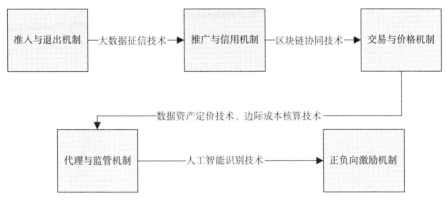

图 10-4　能源数字金融产品市场机制体系

资料来源：笔者根据中国金融新闻网数据自行整理所得。

三、能源产业数字化的政策框架和市场设计总结

中国作为全球能源消耗与二氧化碳生产大国，其能源转型面临着经济、技术、安全、社会等多个方面的压力与挑战，能源产业要强化统筹谋划，突出重点，拧紧关键，精准发力，狠抓落实，加速化石能源与新能源融合发展，加快建设以化石能源兜底、以新能源为主体的清洁低碳、安全高效的新型能源体系，为国家按期完成"双碳"目标下能源产业数字化作出新的努力。

可以预见的是，新的市场环境呼唤能源产业数字化转型的落地生根。在建设多种能源互济互补的市场进程中，多主体激励和多场景融合必将成为能源产业发展的重要方向。必须通过市场机制的有效调节和有为政府的调控力量，切实化解能源转型和数字化革命中的各种问题与挑战。

第四节　实现碳中和的未来能源
产业数字化对策与建议

能源产业的数字变革涉及能源生产、供、储、运等各个方面，是一个涉及资源、数据、技术、工艺、管理和安全的综合过程。在"双碳"目标下，能源产业数字化管理是保障新形势下安全高效保障的重要手段①。

---

① 温馨：《"双碳"目标下的能源转型：多维阐释与中国策略》，《贵州社会科学》2021年第10期。

一、安全为先,综合提升数字化转型基础

中国的能源供应保障问题是当前中国能源结构调整的主要任务,关系到中国的经济和社会发展大局。要实现稳定过渡,保障能源供应的稳定,必须从全局考虑、系统谋划,把污染减排与能源保障结合起来,妥善解决减排与发展、短期与中长期、局部与整体之间的矛盾;要以资源的优势为基础,保证新能源安全、稳定地取代传统化石能源,实现稳定的自力更生;优化技术路线和时间安排,为技术上的突破留下充分的发展余地,同时考虑到技术的更新换代和最佳的路径。

在此基础上,应强化网络的技术和观念,并完善相关的网络安全管理体系。一是加强对数据加密传输、访问控制、数据脱敏等技术的研究,以增强安全性与柔性。二是建立和完善信息安全相关法律法规,建立和完善相关的信息安全责任体系;界定公司的安全责任,并确定公司的安全管理和政府的监督责任;提高员工资料的安全性,确保资料及网络的安全性。三是制定能源信息的安全标准,建立完善的能源信息质量等级评定体系,加强对关键信息的分类,降低企业运行成本。四是要强化对能源的预警,增强能源的防御与防护体系,增强对其态势感知、测试、预警处理的能力与水平,并持续进行测试与升级;此外,还需要制定出一套完整的突发事件预案、闭环操作以保证信息的安全。

为了促进国家能源信息系统的发展以及智慧能源与智慧城市的整合,必须确保中国的能源行业向数字化、高质量和可持续的方向发展。在未来几年内,国家将投入大量资金来推动能源信息化进程。加速新能源电厂和智能燃煤电厂的发展是最为关键的环节。一是加快国家天然气管道智能化的发展,建立国家天然气管道智能化信息系统和智能化调度系统。加快城市天然气调压站等设施的智能化改造。二是利用新一代信息技术,加速构建"汽车—充电桩—智能电网—互联网"等多项增值服务的智能充电网络。三是加强对电力行业数据中心和能源工业网络的支持,建立生产管网与用户数据中心,以适应各种业务数据的需要,提升中国能源产业的信息化水平;并加强对工业企业的信息化管理,包括生产管理、管网运输、气体分销等方面的信息化建设,运用互联网技术提高企业信息化管理的能力。

二、数据破局,充分激发能源数据要素潜力和价值

建立能源数据培育、收集和共享的综合协调的能源数据处理过程。支持能源企业进行设备的数字化改造,并积极引导大型企业开放数据接口,以

便于全面地采集和分析。要加快建立健全能源产业数据标准,强化能源产业与相关行业通信协议的相容性,克服能源品种、业务数据标准、数据口径差异等问题;要完善跨行业数据的流通监管,突破数据的障碍,构建全国、省级数据资源共享平台,促进中国能源数据的高质量聚集。

在能源数据的创新与运用上,将重点解决如资源调度与深度分析等关键技术的突破,推动物联网、人工智能、区块链、大数据、数字孪生等前沿技术与能源产业的融合,共建安全可信的能源数据共享空间,推动建立完善的能源数据资产评估与价格形成机制,构建公平开放透明的数据交易规则,完善相关的财税政策,建立互利共赢的能源数据流通共享机制,激活能源数据市场活力,提高全要素生产率和创新水平。加快在可调整的网络结构中建立高灵活性和适应性的网络,并进行大容量的可更新电力系统的弹性加强等。在源网中建立"荷—储"互动平台,实施多能转换、存储和协同调节集成的示范工程,实现多种资源的优势互补。建设节能环保指标体系,促进建设节能型城市。通过构建节能评价指标,加强对终端服务意识的培养,挖掘企业社会治理中的软肋,为基层节能治理打通"最后一公里"。建立基于需求的电力市场供需关系和动态信息发布体系,推进能源企业和互联网企业深度合作,为能源产业信息化建设工作提供强有力的支撑。

三、技术改进,加快新型技术研发与应用推广

一是提高天然气储量和产量。随着"双碳"目标的不断发展,天然气成为洁净的一次能源,既肩负着中国在能源结构调整过程中的能源安全任务,又是中国今后新一轮能源体系建设的重要基础。为此,必须加强对油气的勘探和开采,以保证国内的供应和安全,促进中国天然气的稳定发展。与此同时,重点解决石油天然气的勘探和开采技术问题,争取在新的大中型油田的基础上,实现单井产能和原油采收率的显著提升;要大力发展新的石油储备和生产动力,加大海上石油的勘探和开采力度,进一步发掘非传统石油的潜能。

二是可持续发展的能源和核能技术。世界范围内的气候变迁和生态问题越来越受到世界的重视,世界各地都在积极地进行着能源策略的改革和开发,并在新的技术领域取得了一些突破性进展。在可持续发展的资源方面,中国具有世界一流的生产实力和优质产能,以及相对充裕的资金和巨大的内需。要加强技术投资,以提高现有电网的灵活性,促进可持续发展资源和其他传统资源的协同发展。发展太阳能、风能等新的能源技术,提高效率,降低成本。近年来,美国、俄罗斯、阿根廷等国都开始了大规模的核电发

展,根据国际原子能机构的数据,全世界已经有 70 多座小型的核电站在进行中。针对中国能源的特殊结构,在保证核电的安全性的基础上,大力发展核能是解决能源供需矛盾的关键。所以,应该理性地看待核电,并在尖端技术如小型核反应堆和第四代核电领域实现突破,以稳步发展核电。

三是洁净的煤电行业和灵活的燃煤发电技术。在"双碳"目标下,煤的主体地位已经发生转变,成为一种高碳的资源。为此,必须围绕清洁利用、重点领域节能减排等方面,不断地研究发展新技术。在此基础上,对煤炭发电技术进行深入的探讨,提出绿色、低碳、循环的组合技术。

四是新型能源储存技术和氢能源技术。从世界上许多国家的发展策略和趋势来看,世界各地都在大力发展高效能、高安全性、高容量的储能、氢能和燃料电池。在今后的发展中,应重点发展高能源密度、低成本的新型储能技术,并在一定程度上实现百万千瓦的规模储能;加强氢能源的制备、运输和利用等技术的研究,加速在不同场合进行试验和示范,争取早日实现商用。

五是对碳的回收技术。近几年,世界范围内的碳捕集利用与封存产业示范工程数量逐渐增多,规模逐步扩大,发展态势十分明显。但是,中国二氧化碳的大部分工业项目还没有商品化,没有形成相应的产业链。碳捕获项目成本高、能耗高、与碳利用期脱离、不能实现效益等问题一直是限制碳捕获项目发展的主要因素。比如,在 2021 年 7 月,雪佛龙称 Gorgon 项目并未达到二氧化碳捕获与储存的指标,该项目原本预计每年将捕获 400 万吨的二氧化碳,但从 2019 年 8 月项目开始后,两年只捕集与封存了 500 万吨二氧化碳。由此可见,碳捕集利用与封存工程的执行要在具有可持续发展的基础上进行。因此,研究低成本低能耗碳捕集利用与封存技术,有利于加快二氧化碳的利用,加快规模化应用,完善技术链条。

四、模式创新,构建能源产业数字化生态保障体系

为了确保市场在资源配置中的决定性作用,需要加强制度建设和模式创新。在推进可再生能源的规模发展、控制增长和调整结构的过程中,需要同步完善激励和约束机制,强化法律法规和标准体系,并利用财政补助、税务优惠等经济刺激措施,结合绿色金融工具,明确高碳能源的高成本消费。通过制定相关政策促进可再生能源技术研发创新,提高技术水平和生产效率,增强产业竞争力。需要将可再生能源的应用纳入量化指标的评估过程中,将能源消耗双控转向碳排放双控,强调低碳能源和零碳能源的优势,以推动能源结构的调整和优化。加快风电产业发展,提高风能利用率,促进风

力发电规模化发展。需要加大对全国碳市场和电力市场的建设力度,促进电力交易、能源权交易和碳交易等领域的协同合作,并完善电力市场的定价机制。要加大节能减排技术研发投入,提高能源利用效率和效益,降低污染物排放水平。构建公平而高效的市场竞争环境,强化对知识产权的保护措施,激发各个行业内部的发展潜能,促进成本降低,形成有组织、专业化的分工合作模式,从而推动整个行业朝着自主、健康和可持续的方向发展。要完善能源监管体制机制,促进企业依法合规经营,强化市场监管,加大处罚力度,提高执法效率。需要充分利用能源产业、装备制造、信息技术、互联网、大数据等行业协会的优势,构建能源产业的全方位数字化生态系统,并以新的业态和模式为指导,加速能源产业的数字化转型。

加强对能源企业数字化改造的支持,推动能源企业的信息化建设,构建灵活高效的新型数字化技术和技术系统;以多元化的方式推进数字化转型,推进 5G 通信、大数据、人工智能、物联网、云计算等技术与当前能源产业的深度融合,构建各环节业务数字化、智能化运行的互联平台和决策平台。在"双碳"目标指引下,强化新能源系统建设,推进能源产业在数据共享、基础设施建设和改造、油气运行调度等智能化标准的制定和实施。通过数字化技术和能源技术的创新和突破,推动节能环保、新能源、分布式能源等领域的发展。重点在节能减排、碳汇交易、绿色消费等方面进行试点,以电力质量和环境保护为重点,探索以市场为导向的新能源配置模式、服务分担共享机制和市场交易体系。

五、实现碳中和的未来能源产业数字化对策与建议总结

要加快创新型国家的步伐,必须加大应用基础的研发力度,扩大国家重点项目的支持力度,重点突破关键共性技术、前沿引领技术、现代工程技术和颠覆性技术创新。应该清醒地看到,目前中国能源技术、数字技术和自主创新能力还有待进一步提升,尤其是面对"双碳"目标的约束性要求,亟须在能源开发、转换、配置、储存和利用等领域进行根本性的理论创新、技术创新和制度创新。可以预见的是,新型能源发电技术、先进电网技术、大规模新型储能技术、绿氢产业技术、碳捕集应用和储存技术,以及新一代先进核能技术等绿色低碳技术攻关,将成为中国能源产业未来重要的主攻方向。中国能源产业数字化要以"安全稳定"为第一核心,以数据要素为潜在突破,全面挖掘能源转型契机中的潜能与增值。通过加速科技进步和技术推广,逐步打造能源企业之间的综合性数字生态系统,大力推进数字化和智能化技术在能源产业供需双侧的多层次、全方位创新融合。

总结与展望

实现碳达峰、碳中和是着力解决资源环境约束突出问题和国内外新发展格局的重大战略决策。在这场广泛深刻和全面系统的经济社会变革中，能源产业成为实现"双碳"目标不可或缺的重要阵地和关键领域。适逢新一轮科技革命和智能化浪潮的历史节点，能源产业的高质量可持续发展必须依托数字化转型升级这一有效手段。能源产业数字化已经成为实现"双碳"目标的重要路径和必然选择。

目前，我国现有的能源产业数字化还处于起步发展阶段，传统能源行业需要继续与高新技术实现进一步的深度融合。在落实"双碳"目标与构建新型能源系统的双重驱动下，能源行业数字化转型面临的系统性、全局性、复杂性和紧迫性前所未有，在能源产业数字化推进过程中还存在诸如数字化与碳减排不相适应、能源数据孤岛、网络安全风险以及能源大数据商业化潜力有待挖掘等突出问题。因此，能源产业数字化要"以需求为牵引，以供给为基础"，从供需双侧协同发力，在供给端通过数据实现设备能耗的管理，提升产能效益；在需求端通过数据实现产品多元化，提升用能稳定性。

本书首先从中国面向碳中和的未来能源产业数字化时代需求出发，剖析经济、技术与环境等方面总结我国能源产业数字化的现实及存在问题，从理论高度加以凝练和总结我国实现能源产业数字化的基础、选择与路径。本书以动态能力理论和战略一致性理论为主，构建了能源产业数字化转型的分析框架。从战略、模式、技术、业务、管理、运营等六个方面全面系统地分析了能源产业的数字化转型实践对能源高质量发展和推动"双碳"目标实现的影响机制。

其次，本书较为全面系统地从能源需求侧和能源供给侧进行能源产业数字化趋向分析。一方面，从需求侧出发，剖析了传统能源产业数字化的现实背景、转型障碍，探讨了需求侧传统能源产业数字化的影响。另一方面，从供给侧出发，梳理煤炭、油气、电力等各类传统能源子行业，以及光伏、风电、水电、氢能等各类清洁能源子行业对数字技术应用和产业数字化的创新探索，总结能源产业数字化在再造流程、降低成本、提高效率和节能降耗等方面的积极成果，并对供需双侧能源产业数字化可能面临的障碍挑战进行了深入剖析。

再次,本书就能源企业数字化转型进程与主业绩效评估进行实证分析。通过选取2011—2022年沪深两市A股913家能源上市公司为样本,将能源企业数字化转型特征变量与反映主业绩效的财务指标相结合,验证能源企业数字化转型进程与主业绩效的中介效应、门槛效应和异质性差别。其结果较好地揭示了企业数字化转型显著促进企业绩效的提升效应,为能源企业数字化转型赋能主业绩效提升和高质量发展的理论机制和实践效果提供坚实的数据支撑。

同时,本书较系统地分析了全球能源市场与数字化转型的发展现状,在此基础上对全球能源产业数字化的未来发展趋势和重点国家战略布局进行深入分析,进而探究未来能源产业数字化面临的经济波动、信息安全和新贸易保护等跨领域风险。

最后,基于现状分析、实证探索以及对比研究,明确以"数字生态创新→产业数字化→数字产业化"的分级衔接协同路径,并针对性提出有效助力"双碳"目标实现的政策框架、支撑体系与对策建议。

由于"双碳"目标下我国能源产业数字化的发展成效、空间分布等还存在诸多复杂性和不确定性,政策落地和实践推进的过程中仍面临多方挑战和更高要求,这就为理论探索提供了更大的拓展空间。本书研究还存在一些不足与局限,主要体现在能源产业数字化数据采集难度较大、调研时间短以及干扰因素多等,部分观点还有待更加细致地论证。希望今后在以下两方面做进一步深入研究:

1. 深化能源产业数字化的商业模式研究

在能源产业的研发设计、生产制造、运维管理、能耗监测、风险预警和消费服务等各环节,对数字技术深度应用和融合发展的成效进行更深入的评估和剖析,厘清权责归属、盈利方式、产品服务模式等问题,深度挖掘能源大数据的商业化潜力和资源价值。

2. 深化能源产业数字化与碳减排的协同方式研究

在能源产业百万亿级规模的广阔市场加持下,多方主体如何建立强耦合协同关系推动能源产业数字化、进而实现碳中和的路径需进一步明晰。站在更深远的能源变革和升级方向来看,打通传统能源和清洁能源系统间的综合调配联系和产业链上下游环节,也是能源产业和企业面临的重大长远考验。

面向碳中和的未来能源产业数字化,正在推动中国站在低碳工业革命的最前沿,同时也为未来的经济增长提供充足和可持续的能源供应。关于"双碳"目标下能源产业数字化的研究尚在探索中,该领域处于国内学术研究的"新边疆",亟待开拓和探索,时代呼唤理论创新。面对我国未来能源产业数字化发展中存在的各种难题和挑战,有待我国学术界攻坚克难,进行创新和突破,为我国"双碳"目标下数字化转型助推能源产业绿色低碳发展贡献应有力量。

后　记

推动数字技术与实体经济深度融合,赋能传统产业数字化、智能化转型升级,是把握新一轮科技革命和产业变革新机遇的战略选择。能源是经济社会发展的基础支撑,能源产业与数字技术融合发展是新时代推动我国能源产业基础高级化、产业链现代化的重要引擎,是落实"四个革命、一个合作"能源安全新战略和建设新型能源体系的有效措施,对提升能源产业核心竞争力、推动能源高质量发展具有重要意义。

在当前,能源产业数字化、智能化技术在加速发电清洁低碳转型、助力油气绿色低碳开发利用、加快能源消费环节节能提效和促进数字能源生态构建等方面已初见成效。本书以跨学科和跨领域融合的崭新视角,旨在全面梳理能源行业数字化的理论与实践,探讨数字化、智能化技术在能源需求侧、供给侧等各环节的应用,全面梳理数字技术与能源产业融合发展对能源行业提质增效与碳排放总量和强度"双控"的支撑作用,为行业从业者和相关研究人员提供有益的参考和启示。

在创作过程中,我们深入研究了国内外能源行业数字化的最新动态和发展趋势,借鉴了众多专家和学者的研究成果,力求使本书内容更加科学、系统、前沿。同时,我们也积极与能源企业、研究机构等合作,收集了大量真实案例和数据,使本书更具实践性和可操作性。

本书的完成得益于各位专家和老师的共同协作。在此,要特别感谢所有为本书创作提供支持帮助的专家和老师们。他们的智慧与经验为本书增色添彩,也让我们在创作过程中受益匪浅。教育部"长江学者奖励计划"特聘教授周德群老师为本书题写了序言并提出了宝贵修改意见;任阳军博士为本书的计量经济学实证部分作出了重要指导;刘小炎、吴桃凤、孙芳怡等研究生同学承担了本书部分内容的校对工作。

展望未来,能源行业数字化的发展前景广阔而充满挑战。数据要素潜能有待进一步充分激活,能源系统运行与管理模式加速向全面标准化、深度数字化和高度智能化转变。我们将继续关注行业动态和技术创新,聚焦原创性和引领性创新成果,不断更新和完善本书内容。恳请各位专家学者以及读者朋友们给予批评与指正,共同推动能源行业数字化的持续稳定发展。

2025 年 6 月于南京